1946-1950
国共生死决战全纪录

陈 冰 ◎ 编著

保卫延安

长城出版社

图书在版编目（CIP）数据

保卫延安/陈冰编著.－北京：长城出版社，2011.4
（国共生死决战全纪录丛书）
ISBN 978-7-5483-0063-2
Ⅰ.①保… Ⅱ.①陈… Ⅲ.①延安保卫战（1947）－史料 Ⅳ.① E297.4

中国版本图书馆CIP数据核字（2011）第 058782 号

责任编辑/徐 华 萧 笛

保卫延安

编　著/陈　冰
图　片/解放军画报社授权出版　gettyimages 授权出版
　　　　资深档案专家王铭石先生供稿
出　版/长城出版社
地　址/北京甘家口三里河路40号
邮　编/100037
电　话/（010）66817982　66817587
开　本/720×1000mm　1/16
字　数/260千字
印　张/20.5 印张
印　刷/北京龙跃印务有限公司
版　次/2011年4月第1版
印　次/2014年3月第2次印刷

标准书号/ISBN 978-7-5483-0063-2/E · 994
定　价/49.80元

解读国共生死大较量的历史
重温先辈们激情燃烧的岁月

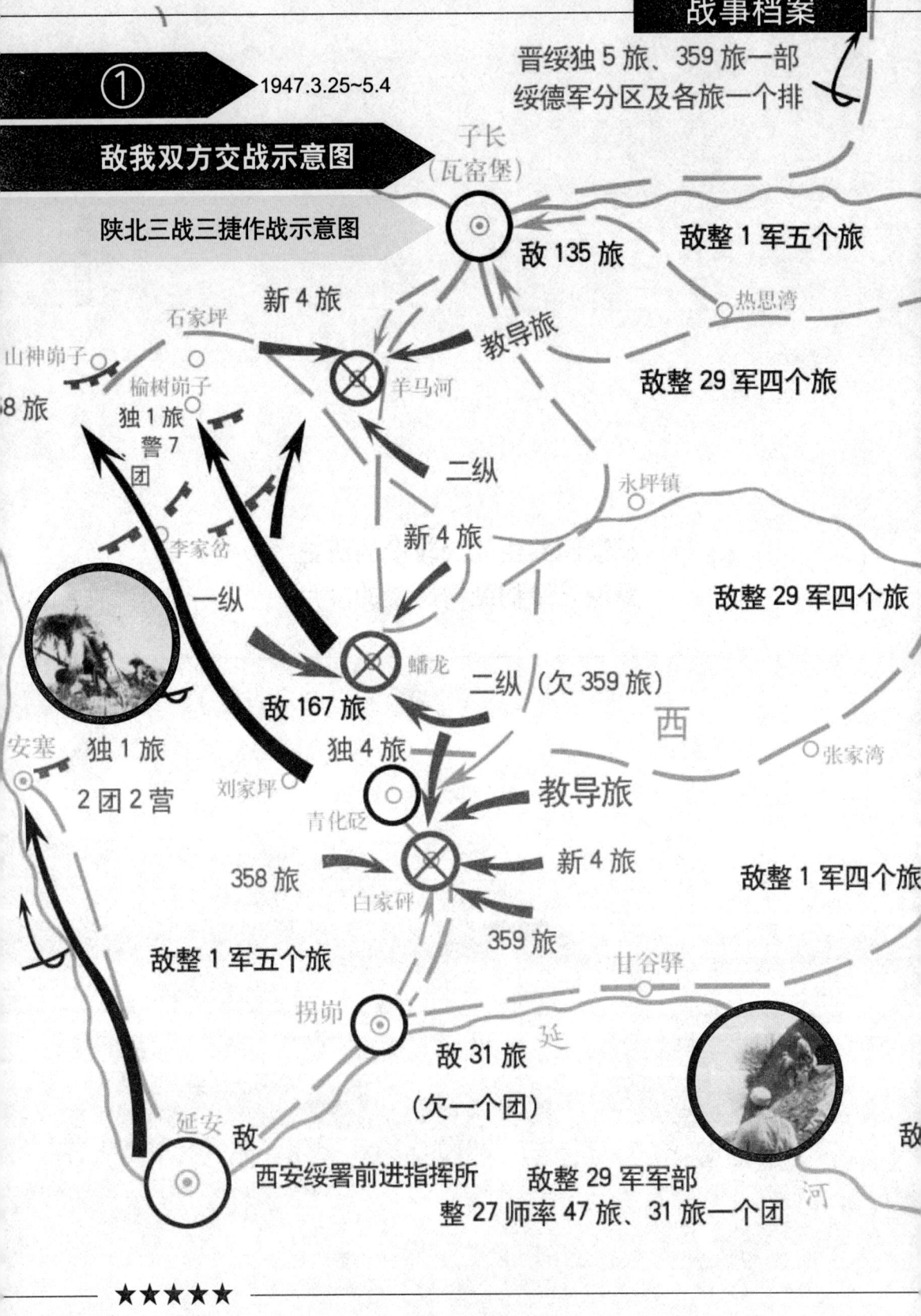

敌整 76 师 24 旅

② 作战时间

1947 年 3 月 13 日 ~ 19 日

③ 作战地点

陕北延安地区一线

④ 敌我双方参战兵力

我军：
西北野战兵团第 1 纵队，辖第 358 旅、独立第 1 旅；第 2 纵队，辖第 359 旅、独立第 4 旅等；晋绥第 2 纵队（辖 2 个旅）。

敌军：
国民党军第一战区司令长官胡宗南部所属整编第 1 军、整编第 29 军及整编第 15 师、第 38 师各一部共 15 个旅 14.5 万人从南面担任主攻；另以 10 个旅从西南，以 2 个旅从北面，5 个旅为预备队等，共计 34 个旅 25 万人。

⑤ 作战结果及意义

人民解放军西北野战部队共歼灭国民党军 5,000 余人，打击了进攻延安的国民党军的气焰，成功地掩护了中共中央及党政军机关的转移，也掩护了西北野战部队主力的隐蔽转移，为以后打击国民党军创造了条件。

我军主要指挥官

战事档案

西北野战兵团司令员兼政治委员彭德怀，晋绥军区司令员贺龙，西北野战兵团副司令员张宗逊，副政治委员习仲勋，参谋长张文舟，第1纵队政治委员廖汉生，第2纵队司令员兼政治委员王震，教导旅旅长罗元发。

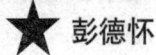 ★ 彭德怀

 ★ 贺 龙

 ★ 习仲勋

湖南湘潭人。1916年入湘军。1922年考入湖南陆军军官讲武堂，毕业后在湘军任营长、团长，参加了北伐战争。土地革命战争时期，任中国工农红军第5军军长，红三军团总指挥及军团前委书记，中革军委副主席，东方军司令员，陕甘支队司令员，红一方面军司令员，红军前敌总指挥等职。抗日战争时期，任八路军副总指挥。1940年指挥百团大战。解放战争时期，任中央军委副主席、总参谋长，解放军副总司令，第一野战军司令员兼政治委员。1955年被授予元帅军衔。

湖南桑植人。早年加入孙中山领导的中华革命党。1926年参加北伐战争，任国民革命军第9军1师师长，第20军军长。1927年参加领导南昌起义，任起义军总指挥。土地革命战争时期，历任红4军军长，中共湘鄂西前敌委员会书记，红二军团总指挥兼红2军军长，红3军军长，红二、六军团总指挥，红二方面军总指挥等职。参加了长征。抗日战争时期，任八路军120师师长，晋西北军区司令员等职。解放战争时期，任晋绥军区司令员兼晋绥野战军司令员，陕甘宁晋绥联防军司令员，西

陕西富平人。早年参加组织进步学生运动，后从事农民运动。1933年起，历任陕甘边游击队总指挥部政治委员，中共陕甘边特委军委书记，陕甘边革命委员会主席等职。抗日战争时期，历任中共关中地委书记、军分区政治委员兼警备第1旅政治委员，中共绥德地委书记，中共中央组织部副部长。解放战争时期，任中共中央西北局书记，陕甘宁晋绥联防军政治委员，陕甘宁野战集团军政治委员，西北野战兵团副政治委员，西北野战军副政治委员，西北军区政治委员等职。

 张文舟

时任西北野战兵团参谋长。1955年被授予少将军衔。

 张宗逊

陕北渭南人。黄埔军校五期毕业。参加过北伐战争和湘赣边界秋收起义。土地革命战争时期，历任红4军3纵队9支队支队长，红一军团第12军代参谋长，红12军第36师师长、军长，红五军团第14师师长，红军中央纵队参谋长，红四方面军第4军参谋长，红军大学参谋长，军委一局局长。参加了长征。解放战争时期，任晋绥军区第1纵队司令员，西北野战兵团、西北野战军、第一野战军副司令员。1955年被授予上将军衔。

 廖汉生

时任西北野战兵团第1纵队政治委员。1955年被授予中将军衔。

 王 震

时任西北野战兵团第2纵队司令员兼政治委员。1955年被授予上将军衔。

 罗元发

时任西北野战兵团教导旅旅长。1955年被授予中将军衔。

战事档案

⑦ 敌军主要指挥官

国民党军第一战区司令长官胡宗南，整编第1军军长董钊，整编第29军军长刘戡。

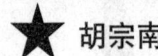
★ 胡宗南

浙江孝丰人。国民党一级陆军上将。黄埔军校一期毕业。历任军校教导团排长、副连长、营长等职，曾参加两次东征陈炯明及平定滇、桂军阀杨希闵、刘震寰叛乱诸役。曾参加两次北伐。先后任团长、副师长、师长。后随蒋介石参加蒋桂战争、蒋冯阎战争，战后任第1师师长。1932年指挥所部参加"围剿"鄂豫皖苏区。1936年4月任第1军军长。抗日战争期间，任第十七军团军团长，第34集团军总司令，第八战区副司令长官，第一战区代司令长官等职，先后率部参加淞沪会战、武汉保卫战等。解放战争爆发，率部进攻延安，后历任西安"绥靖"公署主任、川陕甘边区"绥靖"公署主任。

★ 董 钊

陕西长安人。国民党陆军中将。黄埔军校一期毕业。1931年任国民党军第28师参谋长，1934年升任师长。1938年9月升任第16军军长。1942年4月，任第34集团军副总司令。1945年初，升任第38集团军中将总司令。1946年5月，任整编第1军军长。1948年5月，任第十八"绥靖"区中将司令官，后去台湾。

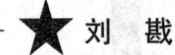
★ 刘 戡

湖南桃源人。国民党陆军上将。黄埔军校一期毕业。参加了北伐战争。1931年11月，任国民党军第83师中将师长。1939年3月，升任第93军军长。1944年10月，任重庆卫戍副司令。1945年任整编第29军军长。1948年所部在瓦子街被解放放军全歼，刘戡举枪自杀。死后被追授为陆军上将。

目 录

第一章 > 胡宗南杀气腾腾，延安城空无一人 / 2

蒋介石说：三个月消灭共军，最多六个月。
胡宗南说：三天踏平延安，我再完婚。
34个旅25万人杀气腾腾直捣延安。
延安成了一座空城，清清的延河水再也映不出祥和的灯火，巍巍的宝塔山再也听不到欢乐的歌声，红色都城黯然失色，死一般的寂静。只有高耸的大山依然坚定地挺立。

1. 犁庭扫穴，蒋介石面授攻占延安方略 / 3
2. 临危不惧，熊向晖传递重大军机 / 9
3. 洛川会议，胡宗南发布进攻延安命令 / 18

第二章 > 彭德怀临危请缨，横刀立马 / 30

上有飞机保驾，下有火炮开道。胡宗南的两路人马就像两条毒蛇嘶嘶啸叫着向延安扑来。
2万人对25万！
我们的战士每人只有10发子弹，他们能坚持多久呢？
"我们还要回来！""我们一定能回来！"

1. 誓师大会，万众一心保卫延安 / 31
2. 临危请缨，彭大将军前线视察 / 35
3. 七天七夜，铁血捍卫赤都延安 / 45
4. 一无所获，弄虚作假邀功受赏 / 63

第三章 > 彭德怀设计青化砭，敌整编31旅被全歼 / 76

胡宗南急着寻找解放军主力决战，一个营的兵力率着国民党军主力去了安塞。彭德怀青化砭设伏。战士们雪地里潜伏一整天，敌人并没有来，敌人会听从彭总的指挥吗？31旅告急，刘戡按兵不动。青化砭一战，全歼敌整编第31旅，活捉旅长李纪云等三名将官。彭德怀说："如果不是在陕北，这一仗是很难打胜的。"

1. 运筹帷幄，彭德怀巧布口袋阵 / 77
2. 首战告捷，青化砭活捉李纪云 / 87
3. 当头棒喝，胡宗南忍痛瞒军情 / 94

第四章 > 毛泽东决定不过黄河，留在陕北与敌周旋 / 102

　　胡宗南接受教训，制定方形战术。彭德怀致电毛泽东：要随机应变。抓住29军的尾巴。彭德怀说：这一仗的关键有两点：南面要坚决把敌人主力堵住；北面要速战速决。一个旅阻击敌人两个兵团9个旅，一整天敌人只能前进五六里。

　　敌135旅被全歼，代旅长麦宗禹被活捉。新华社社论说："135旅的被歼灭，是西北战场的转折点，也是全国战局的转折点。"

1. 审时度势，毛泽东执意留陕北 / 103
2. 又急又气，胡宗南组织大扫荡 / 108
3. 虎口拔牙，羊马河再歼一个旅 / 114

第五章 > 蟠龙大捷，敌167旅悉数被歼 / 132

　　由于后勤补给困难，彭德怀说："这就要求每战必胜，粮食、弹药、被服、人员的补充，主要取之于敌人。"毛泽东、彭德怀不约而同地看上了蟠龙。359旅诱董钊、刘戡两个兵团北上绥德，为我主力打下蟠龙创造了条件。蟠龙告急，李昆岗求救，却被胡宗南训斥。蟠龙大捷，全歼167旅6,700人，生俘旅长李昆岗，缴获面粉1万多袋，子弹百万余发，极大地解决了西北野战军的当前困难。

1. 一筹莫展，胡宗南被牵着鼻子走 / 133
2. 调虎离山，彭德怀要强夺蟠龙镇 / 135
3. 负隅顽抗，李昆岗求救兵挨训斥 / 141
4. 奋勇攻坚，野战军占蟠龙换夏装 / 152

目录

第六章 > 我军北上打"二马",一举收复三边 / 162

周恩来宣布:毛主席还在陕北,党中央、毛主席和大家共同战斗。

彭德怀决心北上打"二马"。

合水城与敌初交兵,王震沉痛总结教训。

穿越沙漠无人区,官兵们再讲"望梅止渴"。

马家军一触即溃,解放军一举收复三边。

1. 三战三捷,真武洞召开庆功会 / 163
2. 出击陇东,彭德怀决意打"二马" / 168
3. 合水之战,马莲河畔遍洒热血 / 169
4. 攻克环县,彭德怀北上定三边 / 184

第七章 > 遇险不惊,小河村定反攻决策 / 190

刘戡的四个半旅离王家湾只隔一个山头,毛泽东说:"不要慌,我等看见了胡宗南的兵再走。"

党中央陷入绝境,情况十分危急!彭德怀彻夜未眠。

小河村。在敌人眼皮底下,党中央召开军事会议,制定了"三军配合,两翼牵制"的战略部署,把进攻的尖刀插向了国民党统治区的心脏。

1. 临危不惧,三支队遇险王家湾 / 191
2. 千难万险,毛泽东绝不渡黄河 / 201
3. 相聚小河村,党中央召开军事会议 / 208

第八章 > 围打榆林,国民党整编师被歼 / 222

胡宗南老实多了,十几万人马抱成一团,同行同宿,不敢分散。我军突袭榆林城。邓宝珊说,共军是醉翁之意不在酒。蒋介石亲临延安督战,扬言要一战而定陕北。"留得青山在,不怕没柴烧。"彭德怀当即立断:撤兵榆林。钟松比狐狸还狡猾,又躲过了我军伏击圈。毛泽东说:"老彭啊,打好了这一仗,下次我们要到蒋介石那里去打!"

1. 调敌北上,野战军围攻榆林 / 223
2. 急速增援,蒋介石督战延安 / 239
3. 背水列阵,沙家店全歼钟师 / 247

第九章 > 贺龙借粮，大军兵围清涧 / 260

缺粮！缺粮！缺粮！彭德怀面临两个敌人，一个是胡宗南，一个是饥饿。
贺胡子向兄弟解放区借粮。
彭德怀说：我们现在还吃不下这么大的肉丸子。
清涧久攻不下，伤亡严重，彭总急了。
许光达致信黄埔校友廖昂：劝兄认清形势，弃暗投明。

1. 筹集粮草，岔口截击歼敌军 / 261
2. 兵分两路，攻克两延围清涧 / 264
3. 围城攻坚，廖昂无奈成俘虏 / 270

第十章 > 决胜宜瓦，刘戡举枪自尽 / 282

毛泽东亲自起草《中国人民解放军宣言》：打倒蒋介石！新中国万岁！新式整军运动，使人民解放军无敌于天下。胡宗南急了，急令刘戡驰援宜川，若丢了宜川，军法处置。一贯对蒋介石忠贞不二的刘戡，举起左轮手枪，结束了自己的性命。刘戡抗日时有功，彭德怀命令好好装殓其尸首，并通知其家属将尸首运回。1948年4月22日，胜利的红旗重新插上了延安城头。

1. "打倒蒋介石，解放全中国" / 283
2. 新式整军，诉苦三查士气高涨 / 284
3. 高歌猛进，西北野战军攻宜川 / 294
4. 宜瓦大捷，刘戡全军覆没而自戕 / 299

第一章

胡宗南杀气腾腾，延安城空无一人

红色大本营——延安。

蒋介石说：三个月消灭共军，最多六个月。
胡宗南说：三天踏平延安，我再完婚。
34个旅25万人杀气腾腾直捣延安。
延安成了一座空城，清清的延河水再也映不出祥和的灯火，巍巍的宝塔山再也听不到欢乐的歌声，红色都城黯然失色，死一般的寂静。只有高耸的大山依然坚定地挺立。

1. 犁庭扫穴，蒋介石面授攻占延安方略

1947年的春天，似乎要比往年寒冷得多。从西伯利亚吹来的冷高压气流，携带着铺天盖地的雨雪横扫欧亚大陆，给刚刚有些春意的延安，又披上了一层银装。从横亘在陕西北的白于山脉发源的延河，一路夺关斩将，涉谷越川，夹杂着块块破碎的冰凌，滚滚滔滔向清凉山下的古城延安猛扑过来。

延安，自古以来就是一个以爱著称的城市，至今在当地群众中还流传着这样一个故事：相传很久很久以前，佛教信徒尸毗王在清凉山打坐修行，无意中救了一只被恶鹰紧追的幼鸽，并割下自己身上的肉喂它，使它终于能重新飞上蓝天。幼鸽在天上盘旋了三圈才离去，并发誓报答它的恩人，这个地方因此得名"肤施"。后来，因延河常闹水患，人们非常向往幸福安定的生活，而将之更名为"延安"。

此时的延安，正成为全中国乃至全世界瞩目的地方。

自共产党人刘志丹、谢子长在这里扯起红旗，闹起了革命之后，毛泽东等领导的工农红军经过二万五千里长征也来到这里，开辟了一块不断壮大的红色根据地。

陕北军民经历了八年抗日战争的洗礼，如今刚刚过完1947年的农历春节，胜利的喜悦还在人们心中泛着甜蜜的涟漪，一场更大规模的战争却已经临近了他们。

住在这里的中共中央的领袖们，早就察觉到这场就要来临的暴风雨。延安枣园窑洞的灯光彻夜长明。在窑洞里，毛泽东伴着一盆炭火，在作战地图前观察思索，运筹帷幄，冷静地指挥着各战场的战斗进程，酝酿着粉碎蒋介石进攻延安的策略。

消灭共产党，对于蒋介石来说，一直是他心目中的头等大事。早在1930年，他就调集重兵，欲将共产党井冈山根据地的军民斩尽杀绝。前四次围剿都以红军的胜利告终，最后一次蒋介石亲自出马，调集百万大军，200多架飞机，步步为营，迫使红军进

∧ 刘志丹，陕甘革命根据地主要创始人之一。　　　　∧ 谢子长，陕甘革命根据地主要创始人之一。

刘志丹

陕西保安（今丹东）人。黄埔军校第四期毕业。1928年参与领导渭华起义。1929年任中共陕北特委军委书记。九一八事变后，组织西北反帝同盟军，任副总指挥，后改编为中国工农红军陕甘边游击队，任代理总指挥。1932年创建红26军，发动土地革命，创建陕甘革命根据地。1935年9月后，任红十五军团副军团长兼参谋长，红军北路军总指挥兼红28军军长等职。1936年4月率部参加东征，在山西中阳县三交镇战斗中牺牲。

行战略转移，经过进行了艰苦卓绝的二万五千里长征，到达陕北。抗日战争爆发，蒋介石依然奉行"攘外必先安内"的方针，掀起一次次反共高潮，直到张学良、杨虎城二位将军发动西安事变，实行兵谏，才不得不作了抗日的许诺。中国共产党从抗日救国出发，派出以副主席周恩来为团长的代表团，赶赴西安使事变得到了圆满解决，促成了国共第二次合作，推动了抗日民族统一战线的形成，在政治上给日寇以致命打击，对中国人民取得抗日战争的胜利，起到了重要作用。

抗日战争一结束，全国人民还沉浸在胜利的欢乐中，蒋介石就迫不及待地挑起了内战，向共产党领导的根据地发起全面进攻。

气势汹汹的国民党军队，经过1946年7月至1947年2月8个月的作战，先后占领了解放区105座城市，也付出了惨重代价：8个月被解放军歼灭71万人，平均每占一座城市就要损失7,000人。而且占领的105座城市几乎都是空城，不但得不到任何物资补给，还得分兵驻守，变成了105个沉重的包袱。我军抱着一定能打败蒋介石的坚定信念，在解放区人民群众的大力支持下，越战越强，不断壮大，兵力发展到137万人，并以大批缴获补充自己，装备也有所改善。由于蒋介石坚持内战和独裁，人民群众与国民党政府之间的矛盾就日益扩大和尖锐。种种迹象表明，时局正向着有利于共产党的方面转变。

在南京黄埔路的总统官邸，蒋介石坐立不安。军事、政治、经济的多重失败让他气急败坏，心神不宁。他坐在桌边，盯着墙上的挂毯，眼神却好像空得什么也没有看见。

谢子长 ────────────────────────── ◀

陕西子长人。曾参与领导清涧、渭华起义，后任中共陕北行动委员会军事指挥部总指挥。九一八事变后，组织西北反帝同盟军，后改编为中国工农红军陕甘边游击队，任总指挥，开展游击战争，创建陕北革命根据地。1933年后任中共中央北方代表派驻西北军事特派员，陕北红军游击队总指挥部总指挥等职。1934年8月在青涧河口战斗中负伤，次年2月21日因伤势恶化逝世。

第二次国共合作 ────────────────────── ▲

即抗日民族统一战线。九一八事变后，民族矛盾逐渐上升为国内主要矛盾。为了团结各阶层一致抗日，中国共产党提出停止内战，一致抗日的政策。西安事变后，国民党在各方压力下被迫向与共产党共同抗日的立场上转变。七七事变后，中国共产党向国民党交付了两党合作宣言，并派周恩来等人与国民党谈判。1937年9月，国民党宣布承认中共的合法地位。这样以国共合作为基础的抗日民族统一战线正式形成，并在组织动员全国人民奋起抗战，争取抗战最后胜利的斗争中发挥了重要的作用。

< 1942年，蒋介石与他的得意门生胡宗南在一起。

他真后悔当初没听从美国顾问要重点进攻的建议，打蛇打七寸，擒贼先擒王嘛，延安是共产党的神经中枢，必须集中优势兵力全力摧毁之。

一个想法在蒋介石的脑海中慢慢成形，要变全面进攻为重点进攻，重点就是延安，还有跟陕北相对的山东，一个"哑铃"，两个拳头打向共产党。鲁中和延安正是共产党的左膀右臂，先砍掉这两支胳膊和一个脑袋，然后再出兵东北，夹击中原，一统河山的大好前景就在眼前！这样的重任交给谁才能放心呢？

蒋介石想起了胡宗南。

胡宗南，黄埔军校一期，蒋介石的学生，现任第一战区司令长官，拥兵40万，人称"西北王"。他是蒋介石的浙江老乡，一直对蒋忠心耿耿。他家里最醒目的地方悬挂着蒋介石的照片，上面还有蒋本人的亲笔题词。胡宗南作为蒋介石的得意门生和心腹，一直都盼望着能有一个建功立业的机会。他人虽在西北，心里却是时时刻刻揣摩着蒋介石的心思，知道消灭共产党是蒋介石的既定方针。早在抗日战争期间，他就炮制出一份《攻略陕北作战计划》上呈给蒋。因迫于当时的政治形势，蒋介石没有批准执行。现在蒋介石再翻出这份《攻略陕北作战计划》，真是觉得说到自己的心里去了。他一边缓缓地翻阅着，一边叫秘书打电话给胡宗南，令其马上飞来南京。

胡宗南刚下飞机，蒋介石就迫不及待地召见了他。3月10日苏、美、英、法四国外长要在莫斯科开会，其中还有中国问题的内容，蒋介石要用一个响当当的即成事实证明，在中国，共产党政权已不存在，让四国外长目瞪口呆，为自己争取国际上的支持。蒋介石对胡宗南下了命令：3月10日拿下延安。

胡宗南知道，这次蒋校长是下决心了，所以对进攻延安作了周密的安排。蒋介石对胡宗南的要求尽量满足，要钱给钱，要人给人，要枪给枪，光是飞机就调来

美制C－47运输机

美国道格拉斯公司于1935年12月研制、1940年装备部队的一种双发动机活塞式军用运输机。其主要特点为：机身较短粗呈流线型，机头上部是驾驶舱，后机身左侧有一个大舱门；机翼为悬臂式下单翼，两侧内翼前缘对称装双发动机；尾翼由悬臂式的中平尾和单垂尾组成；采用可收放后三点式起落架。当时，C－47主要装备于美国陆军航空队，用来空运物资和兵员，也可空投伞兵。

了当时国民党飞机总数的3/5，什么C－46、C－47、P－51、B－25等各种型号近百架停在西安机场，供胡宗南随时调用。还特意把陆军总司令部郑州指挥所主任范汉杰派来，作为自己与胡宗南联络的专职联络官。

"寿山（胡宗南字寿山）啊，我一直对你寄予厚望，你也老早就想对陕北共产党动手了。现在时机已到。共匪在延安现有兵力不过2万多人，你要集中至少10倍于敌的兵力，一举拿下延安，消灭共产党中央机关，活捉毛泽东，这可是你为党国立的首功啊。"

"校长放心，学生一定尽忠尽责，为党国鞠躬尽瘁，死而后已！拿不下延安，学生甘受军法处置！"胡宗南连忙起身，两腿"叭"的一磕，斩钉截铁地回答。

蒋介石对胡宗南的回答非常满意，他相信胡的忠诚。早在黄埔军校时，胡宗南就有一股灵气，加上肯用功，成绩虽说不能名列前茅，也还算不错，尤其是他那憨厚忠诚的

国民党整编第1军

国民党中央军嫡系部队。1946年6月后，原国民党军第38集团军被改编为整编第1军。该整编军组建后，曾先后隶属于第一战区、西安"绥靖"公署。该整编军下辖整编第1、第27、第38、第90师，首任军长董钊。三大战役结束后，该整编军番号被撤销。所辖部队转隶第5、第18兵团。

性格，给蒋介石留下了深刻印象。所以，蒋介石将他重点栽培，委以第一战区司令长官之重任。抗日战争期间，蒋介石有意将胡的几十万大军蛰伏在富庶的汉中和八百里秦川休养生息，养精蓄锐。八年抗战蒋介石没让他对日本人打过一仗，反而将共产党的第八路军划归他统一指挥。其目的也是让他在与共产党的交往中，摸清对方的底细，做到知己知彼，以便日后动手时占据主动。胡宗南几次请战，蒋介石从大局考虑，都没有答应。可见胡宗南早就急得手心发痒了。此次剿共，无论从人数上还是装备质量上和士气上，他都占绝对优势，占领延安，消灭共产党中央机关，具有绝对把握。想到这里，蒋介石心里非常兴奋。你想，二十几万人马织成的是一张天网，足以把小小延安包围好几层，连一只麻雀也难飞出去。他暗暗盘算着，好像毛泽东已成为他的网中之鱼了。

胡宗南走后，蒋介石立即电令西北行辕副主任马鸿逵、马步芳，要他们集中整编第18师、第81师、第82师共10个旅5.4万人，由宁夏之银川、同心、甘肃之镇原向东攻击，又电令晋陕绥边区总部主任邓宝珊，集中第22军两个旅共1.2万人由榆林向南攻击，牵制共军力量，配合胡宗南夺取延安。又命令空军副总司令王叔铭亲自指挥从郑州、太原、西安等地调来的94架飞机，轮番轰炸陕北共军各驻地，务必将陕北的共产党一网打尽。

2. 临危不惧，熊向晖传递重大军机

胡宗南踌躇满志地回到西安，立即召来参谋长盛文等一起部署进攻延安的军事行动。命令驻扎在晋西南的整编第1军军长董钊，率领其下属整编第1师、整编第9师，共8个整编旅，外加火箭炮营和迫击炮营，立即由运城西进，渡过黄河后集结于宜川待命；命令

国民党整编第29军军长刘戡

湖南桃源人，国民党陆军上将。黄埔军校第一期毕业。曾任国民党军第9师26旅51团团长、26旅旅长、第10师28旅旅长、第83师师长等职。抗日战争爆发后，任第93军军长、中央军校第七分校13总队队长、第36集团军司令、重庆卫戍副司令等职。抗日战争结束后，任第37集团军司令、整编第29军军长等职。1947年，在宜（川）瓦（子街）战役中所部被歼，自杀身亡。

驻扎在陕甘宁边区的整编第29军军长刘戡，率领所辖整编第17师、整编第36师、整编第76师共8个旅，立即向洛川和富县靠近，做好战斗准备，随时准备发起攻击。电报特别强调：此次调动要特别保密，可采取昼宿夜行的办法，务必不要打草惊蛇。

胡宗南完成大战前的军事部署，还是不能放心，他对参谋长盛文说：

"委座指示，这次打延安要'三分军事，七分政治'，这军事上我可以调兵遣将，那政治上怎么个搞法？陕北被共党赤化多年，老百姓个个都是死硬分子，想要争取过来不容易啊。再说像共产党那样收拢人心，也不是很快就能做到的。"

盛文想了想，不紧不慢地说：

"政治攻略嘛，司令身边就有一个人才，让他来做这件事，保证做得天衣无缝，司令可以无忧也。"

胡宗南忙问：

"是谁？"

盛文压低声音说：

"司令身边最可依赖的人。"

"你是说熊汇荃？哈哈哈哈，我们是不谋而合啊！"胡宗南大笑着说。

熊汇荃很有政治头脑，是胡宗南的侍从副官和机要秘书，一直很受胡的赏识。胡宗南去各个部队训话的讲稿，

△ 延安民兵在宝塔山下加紧练兵。

< 时任胡宗南侍从副官和机要秘书的熊向晖。

> 伟大的革命先行者——孙中山。

都是他起草的。现在要对延安进行政治攻势，胡宗南和盛文自然不谋而合地想到了他。要把自己打扮得比共产党还革命，要把军事进攻和国父孙先生的三民主义联系起来，如此大作，非熊汇荃动笔不可。

不过，胡宗南只知道熊汇荃谈起政治来才华横溢，却并不知道熊汇荃的真实身份。

熊汇荃是周恩来早在抗战时期就投放在胡宗南身边的一枚棋子，非到关键时刻不轻易启用。熊汇荃，原名熊向晖，学生时代就读于清华大学，是"一二·九"学生运动的骨干分子，后秘密加入中国共产党。在抗战初期，胡宗南奉蒋介石的命令，率军接管武汉、西安防务，一是就抗日作一个姿态，二是取代和消减张学良、杨虎城在西北的势力，三是对延安共军根据地完成一个军事大包围，以便时机成熟时对共产党动手。

三民主义 ▲

　　孙中山所倡导的民主革命纲领。由民族主义、民权主义和民生主义构成，简称"三民主义"。三民主义的发展过程分为旧、新两个阶段。在早年同盟会的政纲中，旧三民主义被表述为"驱除鞑虏，恢复中华，创立民国，平均地权"四句话，它反映了中国人民在旧民主主义革命时期所面对的三大斗争任务。后来，孙中山接受了中共和苏俄的建议，确立了联俄、联共、扶助农工的三大政策，把旧三民主义发展为新三民主义。

一二·九运动 ▲

　　1935年，"华北事变"爆发。为了反对日本的侵略和国民党的妥协政策，北平大中专学生于12月9日举行大规模游行，高呼"停止内战，一致对外"、"打倒日本帝国主义"等口号，同前来镇压的国民党军警展开英勇的搏斗。第二天，学生实行总罢课。12月16日，北平学生和各界群众1万余人举行了更大规模的游行示威。北平学生的爱国行动，得到了全国人民的支持，形成了抗日民主运动的新高潮。

蒋介石自以为这是一步妙招，可对他早有深透了解的周恩来一眼就看穿了他的险恶用心。为了战胜胡宗南这个未来的对手，周恩来当即指示在八路军武汉办事处任青委书记的蒋南翔，组织一批政治上成熟，立场坚定的青年，打进胡宗南部。熊向晖就是那时化名熊汇荃，作为青年战地服务团成员进入胡部的。

很快，熊向晖以他的精明、干练和出色的政治头脑，赢得了胡宗南的赏识和信任。胡宗南对第一次见到熊向晖时的情景一直记忆犹新：

"熊先生为什么到本军来？"

"为了革命。"

"为了革命？好大的口气！"胡宗南显然对这个年轻人很感兴趣，"你知道什么叫革命？"

"国父孙中山先生遗嘱第一句就是'余致力国民革命凡四十年'，贵军是国民革命军第1军，到贵军来当然是参加革命。"

胡似笑非笑，问：

"怎样才是革命？"

"中山先生最初提出的革命任务是'驱逐鞑虏，恢复中华'；现在，'驱逐鞑虏'就要抗日，抗日就是革命。胡司令亲率大军进驻武汉，接管西安，亲临抗日前线，就是革命。我愿跟随司令抗战到底，洒血抛头在所不辞！"

熊向晖几句话说得胡宗南心花怒放。从此，胡宗南便把熊向晖当作亲信，留在自己身边，形影不离。几年来胡在军内军外的重要讲话稿，都是熊向晖起草的。那些吹破天的大话、瞎话、好听的话特别对胡的口味。熊向晖被人视为胡的心腹，甚至连相约周恩来副主席来到西安谈判这等大事也委派他作全权接待。

此时，熊向晖正按照胡宗南的安排准备去美国深造，在上海已订好了由上海开往旧金山的船票。因登船时间还早，便携带新婚妻子谢筱华到杭州度蜜月。

胡宗南当即拿起电话，请保密局毛人凤局长帮忙，务必尽快找到熊汇荃，要他立即返回南京。

这天，熊向晖及妻子游完灵隐寺、六和塔，刚回到下塌的大华饭店，就听得"叭、叭、叭"有人敲门。

熊向晖将门打开，一闪身进来两位陌生人。

"请问是熊汇荃先生吗？"

"是！"熊向晖满怀疑虑地回答。

"兄弟贱姓王，在保密局管点事，特来奉告熊先生。奉上峰指示，接先生去南京一趟。"

熊向晖心里一惊。保密局不是戴笠的特务机构军统局的新名称吗？他们找我有什么事？莫非我的身份暴露了？

"我正准备出国，是胡长官亲自安排的……"熊向晖仍一脸镇静地说。

> 时任国民党国防部保密局局长的毛人凤。

国民党国防部保密局局长毛人凤

浙江江山人。国民党陆军上将。黄埔军校第四期毕业。1934年后加入军统特务组织，曾在浙江省警官学校、武汉与西安行营第三科、军统局任职。抗日战争爆发后，主持军统首脑部情报作业。抗战胜利后，升任军统局副局长。后改组为国防部保密局，仍任副局长，1947年，擢任局长。1949年去台湾。

"兄弟是奉命行事，不管这些，车子在门外等你了。熊先生，请吧。"

熊向晖知道此时多说也没用，便说：

"好吧，请二位门外稍等，我们收拾一下东西。"

熊向晖把门关上，对惊慌的妻子安慰说："胡长官是了解我的，不会有事的，你放心，先回西安，在家等我。如果五天还听不到我的消息，就是出事了，赶快离开家出去躲躲。"妻子紧紧地抱住他，默默地流泪。

保密局将熊向晖一直送到南京胡宗南的住地。

胡宗南正同参谋长盛文看地图。一见熊向晖，便高兴地对参谋长盛文说：

"怎么样？还是毛人凤有办法吧？不出两天就在偌大的一个杭州城把汇荃给我找到送回来了。"

盛文说："可不是，天随人愿嘛！"又转脸对熊向晖说："汇荃，胡长官可是离不开你呀，你不来，他连觉都睡不着。"

熊向晖毕恭毕敬地说："司令叫我来，不知有什么急事？"

胡宗南说："急事，大事，天大的事，非要你来做不可！我们马上要攻打延安，去美国留学的事先放放。根据委座的指示，此次战役要三分军事，七分政治。打仗嘛，我懂，搞政治，我是一窍不通，这个戏非你唱不可。你马上搞一个七分政治预案，提出我们攻打延安的理由和占领延安后的施政纲领。要把调门唱得高高的，比共产党还共产党。这样的大文章非你这个秀才来做不行啊！"

熊向晖听到这里，一颗悬着的心才算放下了。但立刻又为远在延安的党中央紧张起来。他从参谋长盛文手里接过两份卷宗，便被盛文反锁在房间里，做起文章来。

当熊向晖看到盛文留给自己的绝密文件时，几乎惊呆了。原来这就是经蒋介石亲自批准的《攻略延安方案》。他屏住呼吸一行一行地看下去。方案详细拟定了进攻延安的开始时间和兵力部署，对这么重要的情报他当然是照抄不误。

第二天，胡宗南从熊向晖手里接过他连夜起草的国军解放延安及陕北地区的《施政纲领》，急速地翻阅着，越看越兴奋。什么人民当家作主，彻底实行政治民主啦；减低租税，实行耕者有其田啦；还有军队所到之处，不吃民粮，不住民房，不抓壮丁，不征民夫啦等等，每一句都符合胡宗南的口味。便张开大嘴笑着对熊向晖说：

＜1946年熊向晖与谢筱华订婚照。

熊向晖

安徽凤阳人。早年就读于清华大学，期间秘密加入中国共产党。抗日战争期间，受周恩来指派，到胡宗南部队"服务"，从事秘密情报工作。1938年后，任国民党军高级将领胡宗南的侍从副官、机要秘书。1947年9月，赴美国留学，获威斯特恩·里塞夫大学社会学硕士学位。

"汇荃，真有你的！怪不得有人怀疑你是共产党，你这调子唱得真好听啊！"

"司令不是说吗，我们要装得比共产党还共产党，这都是按司令的意思写的。"熊向晖谦恭地说。

"是啊，是啊，有了这个，我就好向委座交代了。"

胡宗南当即批示：送总统审阅。但胡宗南万万想不到的是，当这些绝密文件在送到蒋介石办公桌上的同时，随着无线电波飞越重重山岭，也落到了毛泽东、周恩来的手里。此时，他们正根据胡宗南的布置，在地图上紧张地布兵排阵，而国民党的军长、师长、旅长们，对进攻延安的大计还都蒙在鼓里呢。事后毛泽东对人说："一个熊向晖至少顶两个师！"

3. 洛川会议，胡宗南发布进攻延安命令

3月11日，洛川城里戒备森严，岗哨林立。大小店铺一律关门，大街小巷闲杂人等不准随便走动，因为胡宗南要在这里召开军事会议，对进攻延安作最后的部署和动员。

会议在洛川中学的一孔中型窑洞里召开。会议桌两边分别坐着西安"绥署"副主任裴昌会、副参谋长薛敏泉、整编第1军军长董钊、整编第29军军长刘戡、参战部队各师长旅长，还有空军战区司令、特种兵部队长等。

身材矮小的胡宗南操着浙江口音说：

"奉委员长命令……""委员长"3个字刚一出口，在座的将领们便"刷"的一下全都站了起来。

"奉委员长命令，"胡宗南继续说，"我军将对延安发起攻击。延安是共匪的心脏。拿下它，将摧毁共匪的指挥系统，在军事上、政治上、外交上意义重大。委座把这样重大的任务交给我们，是对我们的信任和器重。我在南京委座面前已经表示，我们第一战区全体官兵决不辜负委座希望，我们一定要奋力完成这一光荣使命。为党国立功的机会就在眼前！"

胡宗南说完，伸出右手向下按了按，示意大家坐下。然后说，下面由薛副参谋长作具体军事布置。

薛敏泉迅速站起，用木棍指着地图说：

"据侦察,共匪正规部队驻扎在临真、金盆湾、劳山一带,还有一部在延安周围,总兵力不过2万人,就是再加上杂七杂八的部队也不会超过5万人。"说到这里薛敏泉故做姿态,停顿了一下:"各位,此次进攻兵分两路。一路由整编第1军军长董钊率所属3个师7个旅,从左路由宜川经临真、南泥湾、金盆湾向延安进攻。另一路由整编29军军长刘戡率所属3个师8个旅从右路由洛川沿咸榆公路向延安进攻。"薛敏泉舔了舔嘴唇继续说:"76师师长廖昂率部为预备队,接应两路进攻;17师师长何文鼎率部,由洛川沿公路进攻。144旅留守,担任后方运输护送任务。友军方面的行动请裴主任给大家介绍。"

裴昌会站起来,接过薛敏泉手里的木棍说:

"此次进攻延安,委座是下了大决心的,志在必得。国防部已电令延安周围的我军全力配合你们的行动。整编第30师主力驻扎晋南的运城、临汾一线,派一部在壶口、禹门口一带担任河防,掩护我军的右侧背。命令西北行辕副主任马鸿逵、马步芳向庆阳、合水进攻,晋陕绥边区总部主任邓宝珊部由榆林向绥德方向进攻,牵制

晋南战役

    1947年春,胡宗南为进攻陕甘宁解放区,从晋南战场抽调走大批兵力,使得晋南地区的防御力量被削减到3万余人,其在晋南防御由实变虚。为此,晋冀鲁豫野战军集中5万人的兵力,于4月初向敌发起进攻。至4月25日,在晋南三角地区,解放军连克北起霍县,南至芮城、东自浮山、翼城、西抵黄河共20余城,控制了禹门口、风陵渡两个重要的黄河渡口。

共军主力,策应我军作战。这样,我军的人马合起来有近34个旅,近25万人,与共匪的兵力对比是10∶1啊!另外还命令空军第三军区和郑州、太原、武汉等地的飞机近百架,统一听从胡长官的指挥,随时投入战斗。"裴昌会推了推眼镜,继续说:"在座的都是久经沙场的战将,党国的栋梁,自然深谙用兵之道,按照胡长官的要求,三天拿下延安不是轻而易举的吗?"

裴昌会的一番话,似乎大大增强了在座将领们的信心,引来一阵热烈的掌声。可是,坐在胡宗南左边的董钊却一直紧锁眉头,脸色阴沉,两只手慢慢地拍了两下,便沉重地放下了。原来,在日本人投降之后,董钊曾奉胡宗南的命令,率第1军全部人马与阎锡山配合跟解放军打了一仗,惨痛的教训至今记忆犹新,一想起来还心惊胆战。

那次战役是晋南战役,当时董钊趾高气扬地率第1军并亲自指挥整编第27师,由潼关北渡黄河占领运城和闻喜。谁知陈赓、谢富治兵团早有准备,将整编27师紧紧围

∧ 1946年9月在晋南临浮战役中，胡宗南的嫡系部队有"天下第一旅"之称的整编第1师第1旅被解放军全歼。中将旅长黄正诚（左三）、副旅长兼参谋长戴涛（左二）等人被俘。

困于闻喜城。眼看整编27师就要被陈、谢兵团吃掉，董钊急得像热锅上的蚂蚁，急忙请求胡宗南增援。胡宗南急令整编第1师师长罗列率该师师部和整编第78师，由陕西东渡黄河前去救援。谁知罗列又中了陈赓、谢富治围城打援之计，长长的行军队列被共军斩成数段，机枪扫射、手榴弹雨点般砸下，整编78师溃不成军。幸有整编27师从闻喜城拼命突围前来会合，两师才免遭灭顶之灾，但人马已损失过半，3个团长成了解放军的俘虏。

内战刚刚开始，就遭此重创，胡宗南极不服气，立即从河南、陕西急调整编第30师鲁崇义部和整编第90师严明部增援晋南，并亲自到闻喜作了新的部署。

整编第1师第1旅，是胡宗南的王牌，嫡系的嫡系，也是蒋介石向外炫耀的专供外人参观的"天下第一旅"。旅长黄正诚是中将军衔，曾留学德国，毕业于希特勒的军事学校，号称"百战百胜将军"，其2个团长刘玉树和王亚武都是少将军衔，这在国民党军队中是不多见的。就是这样一张王牌，在奉命驰援闻喜途中，遭到陈赓、谢富治兵团的伏击，不可一世的旅长黄正诚和副旅长杨厚采，以及旅参谋长戴涛、团长刘玉树统统成了解放军的俘虏，另一位少将团长王亚武被当场击毙。全旅5,000官兵被俘，不可一世的"天下第一旅"骤然凋落在涑水河畔。

第1旅被歼灭，胡宗南除了心疼，还觉得是奇耻大辱，决心复仇。年底，他又令董钊率整编第1师、整编第90师、整编第27师之第47旅和整编第30师之第67旅共计6个整编旅，向驻扎在昕水河畔蒲县、大宁的陈谢兵团杀气腾腾地扑去。

陈赓、谢富治见敌人来势凶猛，便再次祭起运动战的法宝，将蒲县、大宁县拱手让出。董钊不费一枪一弹就占领了两座县城，便得意地致电胡宗南报捷。他们在县城里住了几天，没有听到解放军的动静。因为两座县城都是空城，连老百姓也撤退了，国民党得不到补给，很快粮食草料就吃完了。董钊只好留下整编第67旅守城，亲自带领主力返回临汾。此时，陈赓、谢富治，突然发兵强攻蒲县。第67旅手忙脚乱，军心动摇，除了一个营突围而去外，其他均被打得焦头烂额，死伤惨重。

就是这一连串的惨痛教训，使董钊真正领教了解放军的厉害，使他一提起和共产党作战，就感到心惊肉跳。尽管薛敏泉和裴昌会把此次战役说得把握十足，而董钊还是心存疑虑，眉头难展。

在座的师、旅长们为薛敏泉和裴昌会的讲话所鼓舞，脸上现出跃跃欲试的神情和必胜的信心，然而，胡宗南从刘戡和董钊的表情上还是看出了几片阴云。这可是他所倚重的两员大将啊。他们如果没有信心，这仗就难打了。等掌声告一段落后，胡宗南以居高临下的姿态问：

"怎么样？大家还有什么要说的吗？"

师、旅长们都看着刘戡和董钊的脸色，他们都知道，长官不发言，自己是万万不能抢先说话的。

"刘军长、董军长，讲讲吧。"胡宗南的意思是想让他们带头表个态，以便鼓舞一下士气。

刘戡见胡宗南点了他的名，便站了起来，说道：

"我想说的是，此次战役，我军以10∶1的兵力对付共匪，如果再打不胜，我们还有脸穿这身军装吗？指日夺取延安是轻而易举的。"说到这里，刘戡有意停了停。胡宗南满脸堆笑地又带头鼓起掌来。刘戡接着说：

"我现在考虑的是，占领延安之后，共匪决不能善罢甘休，大仗恶仗还在后面，我们决不可轻敌。"

"对，对，刘军长想得很远。"胡宗南接过来说，"在南京时，委座还再三告诫我，不要轻敌，要做到万无一失，即使不能全歼共匪中央机关，也要把他们赶出陕北去。"胡宗南嘴

上是这样说,其实他心里并没有想得那么远。眼下的当务之急是3天拿下延安,好向蒋介石兑现诺言。他转而又对董钊说:

"董军长,你说说。"

董钊脸上挤出一丝苦笑:

"我没有什么说的,一切按照胡司令的部署行事。"

胡宗南说:

"好,明天各部队再准备一天,13日清晨6点整发起进攻!务必在3天之内占领延安,向委座报喜!谁先打进延安城,我就给他向蒋总统请功!散会。"

P-47"雷电"战斗机

美国共和航空公司研制的单座战斗机,1941年5月首次试飞。战斗机全长10.7米,全高3.87米,翼展12.4米,装一台功率为1,470千瓦4叶螺旋桨发动机,最大速度664千米/小时,实用升限12,800米,爬升率782米/分,最大航程1,770千米。该机在机翼内装有8挺12.7毫米机枪。它是美国生产数量最多的战斗机机种。

就在同一天,美军观察团也从延安撤走了。国民党立即出动B-25轰炸机,在P-47战斗机的掩护下,对延安狂轰滥炸。往日和平安宁的延安城被战火笼罩,全城硝烟弥漫。

春寒料峭,寒气袭人,刺骨的北风中宝塔山依然挺立。在敌重兵进攻面前,中共中央果断决定撤离延安。西北局指示:全部撤出,留空城一座。《解放日报》出了最后一期,新华广播电台也转移了,最后播音员用响亮的声音广播了《解放日报》3月9日的社论。

人们开始了大撤退。

延安大学校长李敷仁挥舞着手臂,号召大家:"今天我们撤离延安,走出校门,就是要到人民中间去了,我们的大学就叫野战大学!"师生们坚壁清野,含泪埋藏了自己心爱的图书和教具。延安的中央各机关单位清理资料,烧毁文件,掩埋公物。延安中学按照上级命令,年纪大的学生组成第四野战医院,年纪小的学生跟老师转移,在战火中继续办学。延安的农民大众虽对自己亲手建造的家园依依不舍,也都在紧张有序地撤退。他们挖地窖、埋粮食,牵牛拉羊发誓不让敌人得到任何东西。延

∨ 抗战时期,美国援华航空队装备的P-47"雷电"战斗机。

安市政府撤退前从南桥到北关，到处都写上了标语："毛主席万岁！""延安万岁！"

暮霭沉沉，延安城沉浸在茫茫昏暗中。警察大队随同最后一批主力部队铺设地雷，待国党军入城后撤出。彭德怀在30年后回忆起这段往事还感慨地说：

"我军撤出延安是最有秩序的，这也证明毛泽东思想教育下的人民军队是何等镇静，何等可佩啊！"

撤退命令一丝不苟地在执行，可是人们心里也充满疑惑。延安是我们的心脏啊，这么多年来，延安人民和军队一起生产，一起战斗，延安是革命者的美好家园，怎么忍心离开呢？怎么能轻易放弃呢？

"主席，可否设法保住延安而不撤退呢？"毛泽东的秘书代表大家说出了心中的疑问。

毛泽东摸出一支烟点着，微笑着说：

"你的想法不高明，不高明啊。现在胡宗南20多万人，我们只有2万人，装备和力量的对比都十分悬殊。如果我们跟敌人硬拼，不但保不住延安，还消耗了自己的有生力量。我们只能实行'运动防御'，集中优势兵力，各个歼灭敌人。"

毛泽东吸了一口烟，继续说，

"你知道吗？蒋介石的阿Q精神十足，占领了延安，他就以为自己胜利了，他就可以向全国、全世界宣布："共匪巢穴"已被捣毁。但实际上占领延安决不是蒋介石的胜利，而是他彻底失败的开始。"略一停顿，毛泽东郑重地说：

"全国人民乃至全世界就都知道了是蒋介石背信弃义，破坏和平，发动内战，祸国殃民。"

毛泽东胸有成竹地说：

"少则一年、多则两年，延安还是要回到人民的手中。我们还要争取更大的胜利。他可以打到延安来，我们也可以打到南京去，来而不往非礼也嘛！"

"明白了，我们要用一个延安换一个全中国的胜利！"

Ⅴ 毛泽东与彭德怀在延安。

战争宽银幕

❶ 我军某部正在向前挺进。

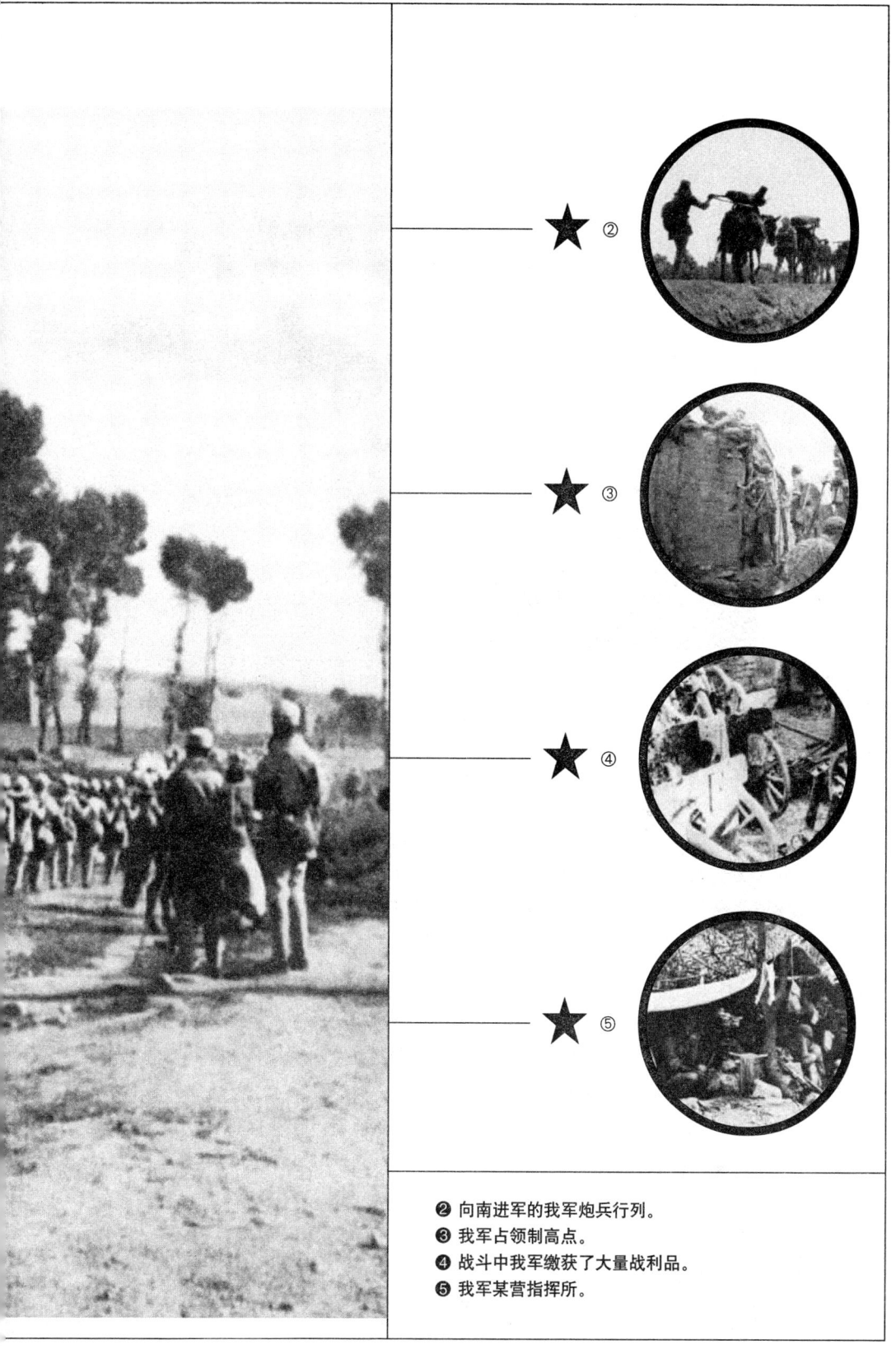

❷ 向南进军的我军炮兵行列。
❸ 我军占领制高点。
❹ 战斗中我军缴获了大量战利品。
❺ 我军某营指挥所。

[亲历者的回忆]

熊向晖
(时任国民党军西安"绥靖"公署主任胡宗南的侍从副官)

3月2日晚,胡宗南外出。我倒锁房门,细阅攻略延安方案抄件。

方案规定:右兵团指挥官整编第1军(简称整1军)军长董钊,率整1师3个旅、整27师2个旅、整90师2个旅、工兵2营,于宜川北面平路堡至龙泉镇之间就攻击准备位置;左兵团指挥官整29军军长刘戡,率整36师3个旅、整17师2个旅、工兵1营,于洛川北面段仙子至旧县之间就攻击准备位置;总预备队整76师3个旅,配属战车1营,驻洛川待命。以上共15个旅,总兵力14万余。另由整36师副师长指挥1个旅及陕、甘保安团约1个旅,组成陇东兵团。

发起进攻时间为3月10日拂晓。发起进攻前一日起,调集上海、徐州飞机94架,分批轰炸延安地区,一部监视黄河各渡口。

发起进攻时,陇东兵团向保安方向佯攻,眩惑敌人;右兵团占领临真、金盆湾等地后,沿金延大道两侧,向延安攻击前进;左兵占领鄜县(今富县)、茶坊、甘泉等地后,向延安攻击前进;右兵团依左兵团协力,以闪击行动迅速夺取延安,并会同左兵团于延安附近包围歼灭共军主力。

我细阅后记在脑中,将抄件焚毁,余烬投入抽水马桶冲掉。

——摘自:熊向晖《我的情报与外交生涯》

彭德怀
（时任西北野战兵团司令员兼政治委员）

……1946年蒋介石发动内战，向解放区进攻以后，至当年冬11月，被我人民解放军歼灭35个旅，蒋军受到严重打击，他的机动兵力有些近于枯竭，想以开伪"国大"和进攻延安两着，一方面从政治上来打击人民解放战争；另一方面以压倒优势兵力，歼灭陕甘宁边区我军，压迫我军和我党中央、解放军总部到黄河以东，然后沿无定河、黄河封锁之。

这样，蒋介石可以抽出嫡系胡宗南部主力控制于中原或华北，加强机动兵力。这是蒋介石当时的阴谋企图。

——摘自：《彭德怀自述》

第二章
彭德怀临危请缨，
横刀立马

∧ 1947年3月8日，延安军民举行保卫延安动员大会。

上有飞机保驾,下有火炮开道。胡宗南的两路人马就像两条毒蛇嘶嘶啸叫着向延安扑来。

2万人对25万!

我们的战士每人只有10发子弹,他们能坚持多久呢?

"我们还要回来!""我们一定能回来!"

1. 誓师大会,万众一心保卫延安

3月8日,陕北高原和煦的春风使人感到一丝暖意。党中央在延安召开了战斗动员大会。参加会议的有从延安附近特意赶来的老乡、民兵,还有未撤走的机关人员、学校师生和解放军战士,整个会场人山人海,红旗招展。老乡们扛着锄头、铁锹,儿童团拿着红樱枪,战士们握紧手中的步枪,人人心中都充满了保卫家园的激情。

这是个振奋人心的誓师大会。朱德、周恩来、彭德怀、林伯渠站在台上,看着台下群情激昂,自己也被感染得热血沸腾。这是多么好的人民啊!从党中央长征到此,老百姓和军队一起把延安建成了心中顶天立地的擎天柱。现在到了最危急的时刻,老百姓们又一次站了出来,他们贡献出自己的粮食,组织担架队,赶做军鞋,组织民兵埋设地雷,制造手榴弹,开展投弹、射击训练。人民就是保卫延安的坚固长城!看着台下一张张朴实的面容,几位中央领导都觉得心里有一股热流在涌动。彭德怀还没有开口,就已经觉得浑身都在燃烧,他激动地挥舞着手臂:

"今天,我们开一个动员大会。胡宗南已调了17个旅、35个团来进攻边区,进攻延安。他们侵犯合水、庆阳,已被我们打出去了!"

"打垮胡宗南!消灭胡儿子!"台上台下一片震天动地的怒吼。

"洛川、宜川方面,敌人集中了13个旅,正准备进攻延安,我们也一定要把它打出去!"彭德怀挥动拳头,坚定地说。

"保卫党中央!保卫毛主席!"人们的呼声此起彼伏。

"蒋介石、胡宗南调动大军打我们的边区,破坏和平,我们为了和平就要消灭它,不消灭它就不能和平。我们农民要分土地,土地没有分好的地方还要继续分,敌人来了也要分。因为地分了,敌人纵然来了也抢不走。要给我们的儿子孙子成家立业,我们的子子孙孙要种地,我们农民不种地就没有饭吃。胡宗南的进攻就是来破坏我们分地,使我

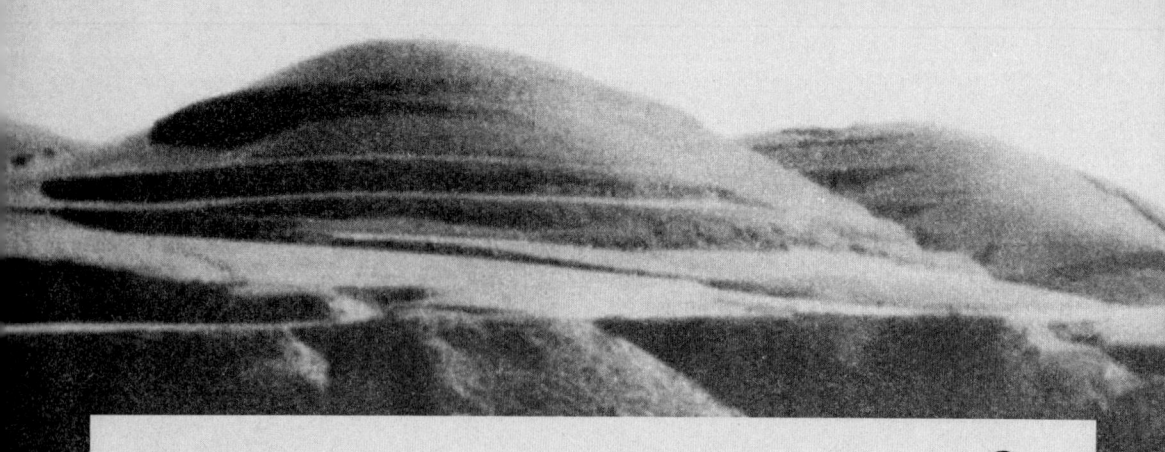

山城堡之战

1936年红军东征、西征取得了重大胜利，开辟了陕甘宁革命根据地。国民党军胡宗南部追随东进，于同年11月20日侵占山城堡。11月21日，红军向敌人发起反击。经过一昼夜激战，胡部两个团被全部歼灭，主力西撤，国民党军对陕甘宁根据地的进攻就此被粉碎。山城堡战役是红军长征胜利后所进行的第一战。

们农民永远没有翻身的机会。他是保护大地主、保护反革命的，所以我们要彻底粉碎胡宗南的进攻，保卫延安！保卫边区！保卫胜利果实！"彭德怀越说越激动。

"保卫延安！保卫边区！保卫胜利果实！"人们沸腾了！

彭德怀精神抖擞，挑起浓眉：

"老乡们，同志们，我们一定能粉碎胡宗南的进攻！大家还记得前几年的事吧？当时陕北刘志丹只不过3,000人，后来来了一个徐海东，也不过3,000人，最后中央红军开到陕北也只是7,000人，共计不超过15,000人。可是，那时候的敌人有多少呢？那时敌人有101个团30万人。今天胡宗南却只有35个团。那时候我们只有15,000人，现在可就不同了。边区那时只有三四十万人，5个县，现在的边区是大得多了。我们的军队也比那时更强大了。我们还有党中央、毛主席的英明领导，我们一定能打胜！"

"能打胜，一定能打胜！"万人异口同声地回答。

"是的，一定能够打胜！当时我们在南线过黄河到山西，后来又回渡黄河到西线，都是战无不胜。打得东北军讲了和，去抗日；打得阎锡山心惊肉跳，在太原坐不稳；打得马鸿逵损兵折将；打得胡宗南兵败山城堡；最后，蒋介石也在临潼受到了教训。"

彭德怀最后说：

"11年前我们打胜仗，现在我们打胜仗，将来还要打胜仗！"

> 山城堡战斗旧址。

< 瓦窑堡会议旧址外景。

彭德怀的讲话极大地鼓舞了军民战胜敌人的信心,台上台下不断振臂高呼:"保卫边区!保卫延安!保卫党中央!保卫毛主席!"这声音如春雷响彻了延安的天空。

2. 临危请缨,彭大将军前线视察

3月12日,延安城东方的天空刚露出一丝鱼肚白,国民党的飞机就像乌鸦一样一批一批地飞来,一串串炸弹在延安城里炸响,震动了每个窑洞。

鉴于形势严峻,朱德、刘少奇、任弼时、叶剑英等先行撤离原来在延安的居住地枣园,北去瓦窑堡。毛泽东和周恩来也搬到王家坪解放军总部。当晚,王家坪毛泽东的办公室内,一盆木炭火烧得正旺,毛泽东、周恩来正在商讨着军情,彭德怀一推门跨了进来。

"彭总啊,快来烤烤火,南线的情况怎么样?"周恩来一边让座一边问。

彭德怀来不及坐下就说:

"按照党中央部署,部队都已进入阵地,做好了准备。教导旅在金盆湾、南泥湾一线固守,警备第7团和延安分区第3团在临真、麻洞川一线抗击。为了保卫延安,保卫党中央,部队情绪非常高涨,战士们个个劲头都很大。"彭德怀接过周恩来递过来的水杯接着说"部队准备得很充分,指战员们决心很大,修筑的防御工事也很牢固。只是弹药

瓦窑堡会议 ————————————————————

1935年12月,中国共产党在陕北瓦窑堡召开中央政治局会议。会议通过了《关于目前政治形势与党的任务决议》,决议总结了两次国内革命战争时期的历史经验,深刻批判了党内在过去长时期内存在着的狭隘的关门主义和对于革命的急性病。瓦窑堡会议是土地革命战争到抗日战争的伟大转折时期中国共产党召开的一次极其重要的会议,有力地推动了全国抗日民族运动的进一步发展。

太少,每个战士配备不足10发子弹,每挺机关枪也不到50发,每门迫击炮只有20发炮弹,要尽快解决。"彭德怀说得很快。

毛泽东站起来,踱了两步不慌不忙地说:

"《三国演义》中诸葛亮草船借箭,老彭啊,看来,今天我们是要向蒋介石借武器弹药喽。"

"主席,还有一个问题。"彭德怀喝了一口水,"大敌当前,陕北即将开战,陕甘宁边区的野战部队只有第1纵队和教导旅、新编第4旅、警备第1、第3旅约1.7万余人,谁来统率这17,000人呢?论理,应由贺龙同志来指挥。他是陕甘宁晋绥联防军司令员。"

周恩来接着说:

> 张文舟,1955年被授予少将军衔。
< 朱德在保卫延安动员大会上讲话。

张文舟

山西沁县人。土地革命战争时期,任红26军第2师副连长,中共陕北省委军事部参谋长,延川县委军事部部长,红29军参谋长等职。抗日战争时期,任八路军留守兵团司令部参谋处处长,陕甘宁晋绥联防军警备第3旅参谋长。解放战争时期,任陕甘宁晋绥联防军参谋长,西北野战军第4纵队参谋长,第一野战军第4军参谋长,第2兵团参谋长等职。

"但是,1945年8月日本投降时,中央已让他'下山',当晋绥野战军司令去了,人不在延安。为了不失去战机,这边应该有个统一的领导才好。"

彭德怀大声说:

"是否由我暂时统一指挥?"

"很好,非常必要,同意你的意见。"毛泽东果断地说。

周恩来微笑着说:

"彭大将军临危请缨,胡宗南要回老家喽。你还有什么要求吗?"

"给我几个人就可以了。"

"人没问题。"毛泽东回答得很干脆。他走到近前握住彭德怀的手说:"老彭,你这是为党分忧,肝胆照日月,忠心垂千古啊!人民不会忘记你的。"

大敌当前,彭德怀立即从西北局调来张文舟作参谋长,配备了两部电台,调来几个参谋临时组成了保卫延安的前线司令部。

3月16日,毛泽东以中央军委主席的名义,发布了关于保卫延安的作战命令。命令明确了边区一切部队,自3月17日起,统归中共中央军委副主席兼总参谋长、人民解放军副总司令彭德怀和中共中央西北局书记习仲勋同志指挥。

其实,在此之前彭德怀就已全面进入了角色,他深感责任重大,对这场事关党中央生死存亡的战事极为谨慎,从兵力部署,到粮弹准备、防御工事、通信侦察、伤亡安置、群众疏散等事无巨细全都仔细过问。

当日誓师大会后,他即赴金盆湾至鄜县(今富县)一线的主要防御地带视察。

金盆湾位于延安东南方向四五十公里的地方,高山大川,草木丛生,咸榆公路从中穿过,战略位置十分重要。在这里负责防守的是教导旅,旅长兼政治委员名叫罗元发,他是1929年参加龙岩起义,而后在井冈山根据地锻炼成长,有着丰富的战斗经验。

彭德怀见到罗元发就单刀直入地问道:

"你们准备得怎么样?"

罗元发响亮地答道:

"报告彭总,指战员们决心很大,情绪很高!一切都准备好了!"

望着精干的罗元发旅长,彭德怀点点头说:

"部队士气高昂,完成任务就有把握。但是我们的部署一定要周密。经验证明,我们的战士不怕敌众我寡,不怕打硬仗恶仗,只要部署周密,指挥得当,就能打胜。"

彭德怀顾不上休息,马上和罗元发等人骑着马前往金盆湾,沿临真、麻洞川一线阵地向南察看,一直走到第一条防线的标家台、小李坪。一路上山高坡陡,道路崎岖,树林密布,彭德怀本来就很破旧的棉衣又被树枝刮了几个口子,露出了棉花,他也毫不在意。来到1团1营阵地时,战士们正忙着加固工事。彭德怀关心地问:

"同志们,怎么样?准备好了吗?"

战士们齐声回答:

"准备好了,迎接战斗!"

彭德怀满意地点点头:

"家里的坛坛罐罐就要被胡宗南打烂喽,你们舍得吗?"

战士们情绪高昂:

> 时任中共中央西北局书记的习仲勋。

V 1947 年 3 月，毛泽东在窑洞里察看军事地图。

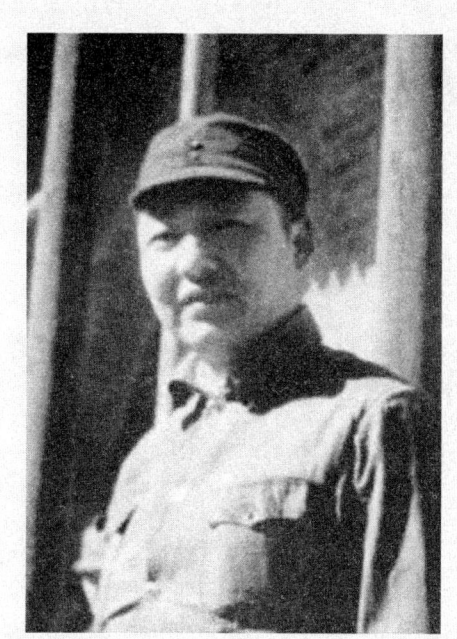

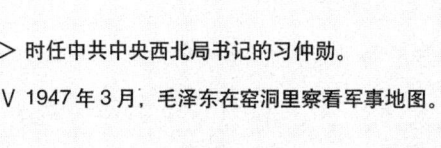

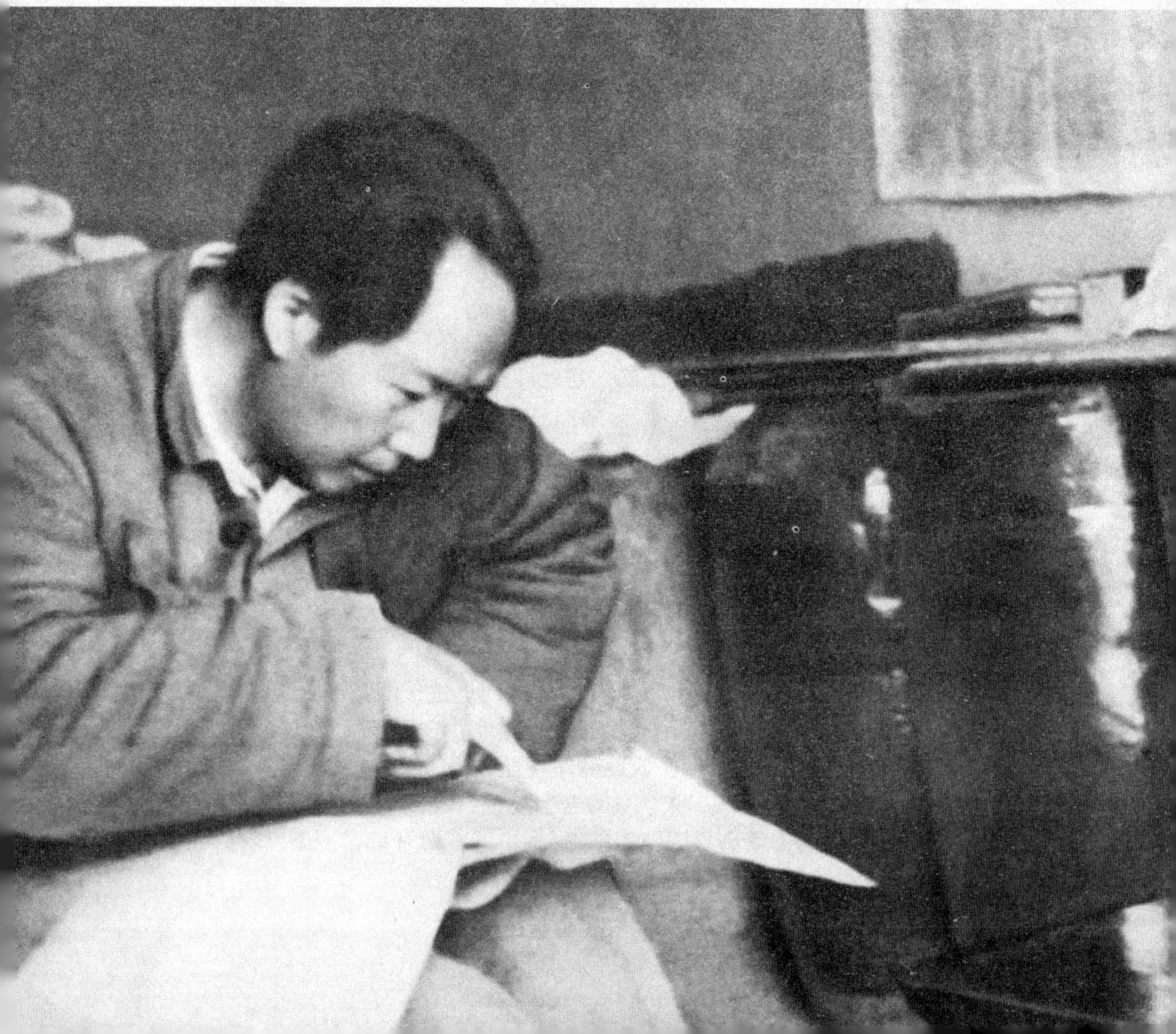

> 井冈山。毛泽东在此创建了第一个农村革命根据地。

"打倒国民党反动派!"

看到战士们斗志昂扬,彭德怀又鼓励了大家一番。回头向罗元发问道:

"你们的弹药情况怎样?"

罗元发脱口说:

"就是子弹太少!平均每人只有10发。"

"这是老问题,我们还是只能用老办法解决。子弹少没有关系,蒋介石这个运输大队长会派胡宗南给我们送来的。"彭德怀风趣地说,说得大家都哈哈大笑。

笑声未落,彭德怀突然问:

"你们在这里能坚持几天?"

罗元发想了想,谨慎地说:"5天。"这个"5天"还是他鼓足勇气说出来的,他觉得每个战士只有10发子弹,以一个旅的兵力要守卫上百里防线,5天已经是很艰难了。

彭德怀盯着罗元发说:

"你们教导旅要想尽一切办法,争取守一个星期。你们防守的时间长,党中央和延安机关、群众就能安全地转移。"

想到自己肩负着对中央首长和延安群众的责任,罗元发响亮地应道:

"保证完成任务!坚守一个星期!"

彭德怀拍了拍他的肩膀说:

"辛苦你们了。毛主席指示我们,要以运动防御为主,以少胜多,以弱胜强。你们记住要巧战不能死守,要在运动防御中,机动灵活地达到大量杀伤敌人的目的。"

彭德怀离开教导旅,又到新4旅防区进行了视察和部署。他没有休息,对防御地段的每一个阵地都仔细地察看了一遍。回来后,他面对作战地图伫立良久。

自从参加湖南陆军讲武军堂投身军旅,彭德怀就立志要为拯救多灾多难的祖国母亲献出一切,乃至生命。从领导著名的平江起义,到保卫井冈山红色革命根据地;

井冈山革命根据地

1927年10月,毛泽东率领秋收起义的部队到达位于湘赣边界的井冈山,在这里创立了中国共产党领导下的第一个农村革命根据地。1928年4月,朱德率领南昌起义余部和湘南农军与毛泽东领导的工农革命军在此会师。两军会师后,成立了中国工农红军第4军,毛泽东任党代表,朱德任军长。此后,红军粉碎了敌人的多次"围剿",根据地不断扩大。井冈山革命根据地的创建,为中国革命开辟了一条以农村包围城市,最后取得全国胜利的正确道路。

< 1947年，罗元发时任陕甘宁晋绥联防军教导旅旅长兼政治委员。1955年被授予中将军衔。

从二万五千里长征，到八年抗战，他入枪林，沐弹雨，打了多少恶仗硬仗啊！多少次负伤与死神擦肩，多少次临危受命，他总是挺身而出，横刀立马，身先士卒！面对强敌，他是那样从容不迫，指挥若定，成竹在胸。而今天，他却感觉到了从来没有过的巨大压力。保卫党中央，保卫毛主席，这是多么神圣的使命啊！然而，10：1的兵力，每人10发子弹，以及延安动员大会上无数激动的面孔和如雷的吼声……这一切，都像千斤万斤的重量，压在了他的肩头！此时，从地图上洛川那个小小的圆圈里，好像又钻出来一个身材短小又满脸横肉的胡宗南。他一脸的骄横，正不可一世地要3天拿下延安向蒋介石请功。狭路相逢勇者胜。彭德怀一拳狠狠地砸向洛川："胡宗南，来吧，老子等着你呢！"他坐下来，擦了擦灯罩，窑洞里立即又亮了许多。而后铺纸挥笔，飞快地起草了《关于保卫延安的战略部署》，第二天便上报了党中央，毛主席。

> 张贤约,1955年被授予中将军衔。

  3月13日,当美军记者团的飞机从延安机场起飞去了北京,胡宗南就急不可待地下达了进攻命令。

  当天下午一批批轰炸机从西安、郑州、太原起飞,像黑色的苍蝇一样扑向延安。一颗颗炸弹呼啸着落下,延安立刻笼罩在一片硝烟和战火中。窑洞外爆炸声震耳欲聋,山崩地裂。一颗重磅炸弹落在解放军指挥部附近,粗壮的大槐树被拦腰削断,满地都是散落的泥土和弹片,气浪裹着呛人的火药味冲进了毛泽东所在的窑洞,他却若无其事地继续查看军事地图,茶杯端在手里抖也没有抖一下。面对气势汹汹的胡宗南,毛泽东并没有一丝慌乱,他依然留在延安王家坪解放军总部,像平常一样冷静自若地指挥着全国各战场。

  傍晚,新4旅旅长张贤约、副旅长程悦长等干部都赶来劝毛主席赶快撤离,毛泽东一

∧ 1946年12月，毛泽东在晋绥军区第1纵队司令员张宗逊的陪同下出席保卫陕甘宁边区动员大会。

挥手说："我是要最后撤离延安的。"提到撤离延安，张贤约有点激动："我们决不能便宜了姓胡的！主席，只要你一声令下，我们就是死也不能让他胡宗南占咱延安一寸土地！"

毛泽东不紧不慢地点上一支烟，笑着说，

"留得青山在，不怕没柴烧。我们的部队就是青山，要是都跟胡宗南拼光了，以后还有什么柴烧啊？我送你们十六个字：'存人失地，人地皆存；存地失人，人地皆失。'你们想明白这里面的道理，还要回去说服战士们。"毛泽东又详细地给他们举出了这些年来"人"、"地"得失的例子，大家都听得入神，心中的疑虑消失了。

毛泽东又对他们说：

"我军要在大山里跟敌人周旋。陕北群众基础好，地形险要，就像老乡们磨粮食用的石磨，我们就要牵着胡宗南的部队在陕北的大山里磨呀磨，把它们几十万部队磨个稀巴烂！"毛主席深入浅出的解说，让大家心里一下子明亮起来。原来保卫延安只是一个开头，以后毛主席还要调动敌我大军在陕北转起来，最后在运动中消灭敌人。

3. 七天七夜，铁血捍卫赤都延安

在数十架飞机的掩护下，胡宗南的地面部队兵分两路从洛川、宜川出发，采取钳形攻势，向延安发起了进攻。

右路是国民党整编第1军，军长董钊指挥罗列率领的整编第1师，下辖吴俊的第1旅、沈第的第78旅、李昆岗的第167旅；王应尊率领的整编第27师下辖李纪云的第31旅、李达的第47旅；陈武率领的整编第90师下辖的邓宏仪的第53旅、邓钟梅的第61旅，共7个旅，另附战车重炮部队，由宜川经临真镇、南泥湾、金盆湾向延安进攻，目标是占领延安东北地区。

左路是国民党整编第29军，军长刘戡指挥钟松率领的整编第36师，下辖刘子奇的第123旅、李日基的165旅；何文鼎率领的整编第17师，下辖陈子干的第12旅、康庄的第48旅、张淇的第84旅共5个旅，由洛川经牛武镇、清泉镇向延安进攻，目标是占领延安西南地区。另外还有廖昂率领的整编第76师，下辖张汉初的第24旅、麦宗禹的第135旅做为总预备队，于进攻后策应两兵团作战。

国民党军队所到之处尘土飞扬，鸡飞狗跳，砸门破窗，搜人搜粮，无异于日本鬼子的大"扫荡"。

在金盆湾教导旅的阵地上，我军战士们早就把工事修了又修，正摩拳擦掌，跃跃欲试，等待着国民党军队送上门来了。可是左等不来，右等不来，性急的战士跳上壕沟眺望，急得跺脚大骂胡宗南。

跟随过彭德怀的老兵，讲起了彭总的故事来：

"彭总的故事多了去了！三天三夜也说不完。"老兵说完一句，卖了个关子，就停顿下来，抽了几口烟，急得小战士们眼睛睁得大大的，耳朵都竖了起来。

< 抗战初期徐州会战期间，中国军队奔赴台儿庄阵地。

徐州会战

1938年初，日军在攻占南京后，先后集中8个多师团的兵力，企图打通津浦铁路。3月，日军南北对进，突击徐州。中国第五战区所部2个集团军布防于徐州。4月，日军在进攻台儿庄失败后，以少数兵力牵制正面守军，集中主力进行侧翼迂回。5月中旬，日军形成对徐州的包围态势。中国军队主力向豫皖边界突围。5月19日，徐州沦陷。徐州会战历时5个月，消耗了日军的有生力量，为保卫武汉赢得了时间。

"今天不讲百团大战，说说彭德怀和蒋介石的故事吧。"战士们一听来了兴致，"快讲，快讲"，异口同声地催促。

"那是在抗战初期，老蒋准备在徐州会战，抗击小日本鬼子，想约八路军配合作战，所以邀请了我们彭总。谈话中，老蒋故作关心地问道：'彭将军府上安否？我即嘱何主席多加照拂。'彭总不动声色地回答：'多承委座垂念，彭德怀一家早经何主席照拂过了，连祖宗三代的坟都被他掘光了。'老蒋一听，不知道说什么好，幸好他脸皮厚，又拿出一张支票递给彭总：'将军家里的情况敝人不知，这10万元给将军聊表慰勉。'彭总一看就识破了老蒋的诡计，他站起来，大声说：'八路军孤悬敌后，浴血奋战，十万人只领4.5万的饷，弹药全靠从敌人手中夺获。政府真要嘉勉抗日战士，请给八路军如数发饷吧。'蒋介石拍拍脑门，无言以对，讨个没趣。"战士们听到这里都哈哈大笑起来。

正在说笑，国民党的飞机来了，战士们跳进掩体，准备战斗。几十架敌机把一串串炸弹投掷下来，山坡上腾起十几米高的尘土。战士们辛苦盖起来的金盆湾大礼堂也被掀了房顶。

一阵狂轰滥炸过后，国民党士兵蝗虫般向我军阵地压来。教导旅1团团长罗少伟、政委魏志明，直接深入到战斗第一线去指挥战斗。

敌人越来越近，为了节约子弹，解放军战士们屏住呼吸，等待战机。100米，50米，只有10米了，罗少伟团长一声令下，步枪、机枪一起开火，子弹、手榴弹暴风雨般扑向敌军。敌军做梦也想不到中了伏击，有的口哨还没吹完，就飞上了西天。其他

魏志明

河北文安人。1937年参加八路军，次年加入中国共产党。曾任冀中军区独立2支队宣传科科长、营教导员、支队组织科科长，冀鲁豫军区、陕甘宁晋绥联防军团政治委员，西北野战军旅政治部主任等职。参加了延安保卫战和青化砭、羊马河、扶眉、兰州等战役。

人稍稍缓过神来,扭头就跑。敌军在哭爹喊娘中如退潮般败下阵去。阵地前到处是敌军遗弃的尸体和弹药。这下,可乐坏了解放军战士,他们在打扫战场时,还连声说谢谢蒋介石这个运输大队长。

看到这种情况,敌人改变了战术,国民党整编第90师代师长陈武,命令部队采取集团进攻,迂回包围我军阵地。

国民党军队仗着自己的美式装备优势,整连、整营地冲过来。

教导旅1团小炮班的翟连之,是个山东大汉,特别能吃苦,军事训练更是积极,白天黑夜地苦练,手腕练肿了,吃饭都端不起碗,还是练,终于练出了百发百中的真本领。看到敌军如此嚣张,翟连之心里早憋了一股火,他支好炮架,装上炮弹,瞄准敌军中心,"轰"地一发炮弹打过去,在敌群中开了花,炸得国民党士兵魂飞魄散,抱头鼠窜。翟连之马不停蹄一手提着炮架,一手拎着弹箱,在这里打一炮,换个地方在那里又打一炮,炸得敌军晕头转向,伤亡惨重。陈武忙安排人员侦察解放军炮兵阵地,终究也没弄清解放军到底有几门炮。

1团参谋长冯配岳和营长张顺园,率部队坚守陈子池东北阵地。敌军攻势很猛,解放军弹药严重不足了。大家在阵前紧急磋商作战方案,决定佯装后撤,先放弃阵地,再杀他个回马枪。这边国民党军队攻上了山头,占领了壕沟阵地还没来得及咧嘴笑一下,那边冯配岳和张顺园安排的投弹手们,顷刻间就把仅存的百来颗手榴弹抛进了壕沟。敌军中就是眼尖腿快的也是一只脚刚刚登上战壕就都上了西天。没费多大力气,解放军又夺回了阵地,还缴获了不少弹药。

天渐渐黑了,英勇的解放军战士依然坚守着阵地。敌整编第90师的代师长陈武,一心想在这次战争中立功,去掉头上的"代"字。他想出一条毒计,令所辖各部组建敢死队。这时的国民党兵都被解放军的气势吓怕了,只想保命,谁也不愿上前。在陈武的淫威下,连哄带骗地拼凑了一支百人敢死队,陈武亲自敬酒,每人赏10块大洋。有酒壮胆的敢死队员们硬着头皮来到阵地前。教导旅的战士们爱惜子弹,"嚓"地一声推上刺刀,跃上阵地跟敌人展开了肉搏拼杀。陈武的敢死队员们哪想到这般阵式,胆小的抱头就逃,只恨爹娘少给自己生了两只脚。刚刚逃回自己的地盘,陈武的督察队黑洞洞的枪口像蛇一样吐出毒焰,不用解放军动手,自己就报销了。胆大点的留在阵地上,想跟解放军比划比划,也很快被解放军战士消灭了。

这时,张宗逊司令员率领的晋绥军区第1纵队正在富县区域内勇猛抵抗着刘戡率领的左兵团。刘戡命令坦克、重炮、骑兵配合作战，妄图实施弧形包围1纵。解放军战士们巧妙利用山区地形，抑制刘戡的重型武器发挥，抓住有利时机狠狠反击，打得刘戡只好暂停进攻，调整战术。

夜深了，彭德怀拿起电话：

"我要1纵，要张司令。"

张宗逊对着电话说：

"彭总，现在敌人伤亡惨重，停止进攻了。"

彭德怀笑着说：

"很好。要依托阵地，交替掩护节节抗击。随时实施反冲锋。"

张宗逊应道：

"是，彭总。敌人使用了大炮坦克重型武器。"

彭德怀说：

"重型武器不可怕，你们要灵活机动，边打边退，与敌周旋，迟滞敌人的进攻。争取更多的时间，掩护中央机关和延安群众安全转移。"

这时的洛川城内，胡宗南急躁地踱着步，抬头对薛敏泉副参谋长说：

"你打电话给董钊、刘戡，要他们加快速度，不要恋战，急速攻入延安！"

薛敏泉要通电话，刚要开口，胡宗南又大声说：

"告诉他们，要不惜一切代价前进。三日之内会师延安城。谁若延迟，军法论处！"

这一夜，无论是董钊还是刘戡谁也没有睡好觉。14日，天刚亮就命令部队不惜一切代价攻击前进。胡宗南也是一夜未眠，满眼血丝，杀气腾腾地又下令加大空中轰炸的力度。飞机遮天蔽日，一批又一批把重磅炸弹倾泻到我军的阵地上。国民党地面部队的大炮也大发淫威，解放军阵地上土浪冲天，散落下来的泥土把战士们埋在下面。延安城在颤抖，延河上的冰层发出了令人揪心的破裂声。

在金盆湾教导旅的防线上，弥漫的硝烟使人窒息，被埋在泥土中的我军战士们钢枪紧握，怒火满腔。炮火过后，国民党军队饿狼般扑了过来。解放军战士们从泥土中一跃而起，猛虎下山一般冲向敌军。雪亮的刺刀一下子就把敌人杀得鬼哭狼嚎，丢下一片尸首狼狈逃窜，战士们冲上去赶快解下尸体上的武器弹药。就这样，国民党军队的一次又一次猛烈进攻都被打了下去。

行伍出身的陈武，毕竟是在战火中滚爬过几年，很有点作战经验。他看到屡次进攻均不奏效，就举着望远镜四处张望，同时绞尽脑汁思索对策。别说，这时幸运女神还真的向他微笑了一下。陈武发现教导旅1团、2团阵地接合部标家台、油房台、小林坪方向防守较弱。这一发现让陈武兴奋起来。

标家台在清朝曾经是个秘密的保镖站，一度还很繁华，如今这里却是树林密布，漫

∧ 晋绥军区炮兵正在进行战前操练。

无人烟了。战斗打响前,教导旅分析敌人是装备辎重的大兵团,行动困难,不可能从这里突破,所以主力部队大多设防在临真镇和牛家原一带。这里只布防了1团8连和2团侦察排、旅直警卫连这3个不同建制的部队。但是,如果敌人真的拿下了标家台,那么再翻过两座山就到了金盆湾的南山,等于突破了教导旅的防线,再向前就可以直接进入延安了。

急于立功的国民党整编第90师代师长陈武,放下望远镜,向部队下令,集中兵力攻向标家台。陈武志在必得,一出手就采取集团冲锋,调动整营整团的兵力向上冲。解放军战士们英勇抵抗,但是终究兵力薄弱,装备差子弹少,大有被敌军突破的危险。

看到这种情况,为了巩固这一线的阵地,保障两侧1团、2团主力部队的安全,教导旅罗元发旅长当机立断,令旅直属特务营火速增援。

在标家台坚守阵地的战士们发誓:

"誓死保卫延安,保卫毛主席,人在阵地在!"

排长鼓励大家说:

"没有子弹算什么,我们用刺刀、用枪托、用石头、用牙齿也要拉几个敌人垫背!"

危急时刻特务营赶到了，机枪、手榴弹一阵猛打，打得敌人抱头鼠窜，阵地前沿敌尸横陈。

陈武看着自己的士兵溃不成军，狼狈不堪，乱成了一窝蜂，忙从掩体中窜了出来，一把掏出手枪，"呼、呼"几声枪响，大叫道"给老子冲！往上冲，谁后退，我毙了谁！"士兵们在陈武的威逼下又转回头冲向解放军阵地。

经过这一段激烈的厮杀，我军许多战士的子弹打光了；手榴弹也没剩下几颗。后方没有弹药补充，战斗中又没有时间夺取敌人的弹药。

怎么办？战士们没有丝毫的慌乱。警卫营副营长雷华高声喊道：

"坚决打退敌人的进攻，为中国人民解放事业而奋斗！只要还有一口气，阵地就不能丢！"话音未落，"刷"地亮出了刺刀，战士们都跟着端起了明晃晃的刺刀。雷华大吼一声："冲啊！"跃上战壕，如猛虎下山般冲入敌群。白刃格斗，血光四溅，杀声阵阵，惊天动地。茫茫山野，遍洒鲜血，在阳光的照耀下更加鲜艳。

旅直特务营战士王俊才，一天之中多次冲入敌群。杀得性起时，他甩掉早被汗水浸透的棉衣，光着膀子喊："同志们！为延安百姓流血的时候到了，冲啊！"他端着刺刀奋力刺杀，转眼间10个国民党士兵倒在他面前。一个挎着手枪的国民党军官吓得忘了开枪，扭头就想跑。王俊才一个健步冲上前，一刺刀捅了个透心凉。用力猛了点，刺刀戳到了地上，折断了刀刃。十几个国民党士兵一见立马扑过来，王俊才舞起枪托，打倒几个敌兵，终究寡不敌众，被国民党士兵从后面死死抱住。王俊才也不挣脱，有力的双臂扭住两个敌兵，一个侧滚，带着敌兵一起滚落悬崖，壮烈牺牲了！

看到战友的牺牲，我军战士们眼都红了，高喊："为王俊才报仇！"一齐冲向敌群。国民党军队虽然人多势众，可一见这阵式，吓得浑身哆嗦，转身就跑。溃退的队伍丢下200多具尸体缩了回去。

入夜，国民党整编第90师依然被我军阻挡在西吊庄、临真镇和南泥湾以南地区。

此时，胡宗南正在作战室内大发雷霆：

"怎么搞的？都是些饭桶！我们是10，共匪只是1，竟然前进不得！"裴昌会、薛敏泉和参谋们，围着地图看。图上，进军箭头像死蛇一样一动也不动。

"去，快去打电话，问董钊，问刘戡，为何如此缓慢？"胡宗南对着副参谋长薛敏泉嚷。

薛敏泉不情愿地拿起电话机，胡宗南又补充说：

"通告董、刘二位，谁先进入延安城，赏法币1,000万！"说完头也不回地走了。

薛敏泉急忙拨打电话，绥署副主任裴昌会上前说：

"老弟且慢，咱们商议一下再打不迟。"

薛敏泉拿着话筒，疑惑地看着裴昌会问道：

"老兄有何见教？"

裴昌会早年毕业于保定军官学校，和陈诚是同学。对于军事还是很有见地的。他习惯性地推了一下金丝眼镜，老谋深算地说：

"如果军队受悬赏引诱，孤军深入，进了共军的圈套，怎么办呀？"

薛敏泉一听，觉得有些道理，低声问：

"你说这如何是好呢？"

裴昌会说：

"命令董钊、刘戡两兵团改变战术，慎重出击，步步为营，尤其在共军的根据地作战，应当天明攻击，黄昏宿营，避免夜战。"

薛敏泉点头说：

"此法甚好，只是进军的速度怕受影响。"

裴昌会晃着头说：

"哪里，老弟也要把胡司令长官的悬赏训示揉进去。"

在前线临时指挥所里，董钊召来了自己的3个师长商讨进攻策略。

董钊说：

"这两天的进攻，收效不大。胡司令长官恐怕又在发脾气了。"

整编第27师师长王应尊撇撇嘴不服气地说：

"共军防守严密，地形复杂，重型武器使不上劲，每前进一步，都要付出血的代价。三天占领延安，说得太轻巧了。"

董钊道：

"刚刚收到洛川来电，又催促我们前进了。不过要慎重出战，当心共军的埋伏。要求我们天明攻击，黄昏宿营，避免夜战。"

王应尊、罗列、陈武有气无力地回答：

"知道了，属下一定照此执行。"

∧ 蒋介石与曾任国民党军整编第1师师长的罗列合影。

董钊笑了笑说：

"还有，胡司令长官有令，谁先进入延安城，赏法币1,000万！"

陈武一听来了精神：

"赏多少？"

董钊伸出一个指头对着陈武晃了晃，重复一遍：

"1,000万！"

陈武心里窃喜，暗暗盘算起来。

3月15日，国民党在南京召开六届三中全会。会上蒋介石公然宣称，国共和平谈判破裂，下令向解放区作重点进攻。他一手掐腰，一手挥舞，光头锃亮："凡是匪军区域，必须加以彻底清剿。其发号施令的首脑机关所在地，必须犁庭扫穴！"

前线的胡宗南更加疯狂了。他指挥拥有飞机大炮美式装备的国民党军队，潮水般向教导旅防线猛攻，解放军战士们英勇抵抗，一次次打退敌人的进攻。3天了，敌军仍然滞阻在马坊、南泥湾、麻洞川一带，不能向前挪动一步。胡宗南3天占领延安的梦想破灭了。

激战了3天的国民党整编第90师，人困马乏，伤亡惨重。遵照"天明攻击、黄昏宿营"的战术原则，晚上，他们停止了进攻，在前沿阵地露宿。

初春的天气，夜晚十分寒冷，国民党军队为了取暖生起了篝火。我边区小分队和民兵，在夜暗的掩护下向着篝火的方向不断射击、投手榴弹，对敌人进行骚扰，吓得敌人魂飞丧胆，昼夜不得安宁。他们赶快灭掉篝火，忍受着夜间的风寒。

3月16日，气急败坏的胡宗南再也坐不住了，把董钊的所谓"天下第一军"的第36师和第27师都调了上来，在大炮飞机的掩护支援下，以密集的队形向麻洞川、金盆湾、马坊后山发起了强攻。

国民党军兵分几路轮番进攻，我军的阵地就像铜墙铁壁一样横在敌人面前，使敌人前进不得。

几次冲锋失败后，国民党军吸取了教训，把飞机、大炮的火力点集中到前沿阵地，以少数兵力正面进攻，主力部队由两翼包抄。经过几番较量，教导旅罗少伟率领的1团阵地被冲破，出现了一道缺口。这时候，2营长张顺国指挥部队像匕首一样反插到敌人的侧背。眼看着就要突破了，反被解放军先戳了一刀。国民党军队急了，整编第1师为了拔掉这颗钉子，不惜血本猛扑过来。炮弹雨点般落在2营阵地上，战壕被炸平了，工事也被炸塌了，战士们从炸得松软的泥土中爬出来，继续战斗。

一颗炮弹把连长阎徐山的右臂炸断，他趴在地上用左手拿着手榴弹，用牙齿咬断拉火索，拼命向敌人扔去，带领战士们顽强地打退了国民党整编第1师十几次进攻。

不甘心失败的国民党军队，又以两个团的兵力向教导旅2团固守的金盆湾东侧进攻，妄图抢占制高点，迂回到2营的侧背进行反扑。但是2团在王季龙团长的指挥下，配合2营利用有利地形穿插敌人侧翼，打得敌人进退两难。

毕竟是敌众我寡，情况越来越严重。4连、6连伤亡很大，弹药也打完了。敌人已经冲进了4连阵地。教导旅旅部工作人员纷纷请求："旅长，让我们上吧！"正在此时，已经没有了弹药的4连战士们，从战壕中一跃而起，端着刺刀冲杀下去。5连、6连随着杀声从左右两侧包抄敌人后路。杀红了眼的战士们犹如猛虎下山一般，刀光闪闪，势不可挡，国民党军队顷刻间被杀得退了下去。

下午3时，随时掌握着战斗进程的彭德怀给教导旅打来电话：

"罗元发，告诉战士们，毛主席说，你们打得很好，打得英勇顽强，给敌人很大的杀伤，掩护了中央和延安人民的转移。"听到毛主席和彭总的表扬，罗元发响亮地回答：

"决不辜负党中央、毛主席的期望，狠狠打击敌人，坚决完成阻击任务！"

浓烈的硝烟笼罩在马坊后山还未散去。1团罗少伟团长，命令2营张顺国营长、朱中新教导员，把部队转移到松树岭附近阵地迎接新的战斗。2营的同志炸了锅："为什么撤，毛主席交给我们的任务怎么完成？"罗少伟团长也劝不住，便向罗元发旅长请求继续抗击。罗元发旅长理解战士们的心情，笑着说：

"你们部队已经胜利完成了3天的阻击任务，还没打过瘾？明天，我们还要利用有利地形，再狠狠地教训敌人，仗有得你们打。"

苦战了3天3夜的教导旅，天黑时将阵地转移到松树岭及其东南地区。旅机关人员和预备队都派到各团加紧修筑工事，并派出小分队和民兵一起袭扰敌军。

战士们问："毛主席转移了吗？"当得知党中央、毛主席还在延

∧ 延安人民自卫军的战士们。

安,还打来电话表扬大家打得好,大量杀伤了敌人时,坚决完成阻击7天的决心更加坚定了。

为了给胡宗南更大的打击,16日毛泽东以中央军委主席的名义,发布了保卫延安的作战命令,命令指出:

敌以5师12旅约8万人进攻延安,经过三天猛烈攻击,突破我军第一线阵地,由于我军坚决英勇抵抗,敌伤亡甚大,困难增加,颇疲劳,今后将更甚。

并且根据目前的形势重新部署了部队:以第1纵队和警备第3旅7团组成右翼兵团,由张宗逊、廖汉生指挥,在道佐铺、甘泉、大劳山、小劳山、清北沟、山神庙地区组织防御;以教导旅和第2纵队组成左翼兵团,由王震、罗元发指挥,在南泥湾、临真、松树岭地区组织防御;新编第4旅为中央兵团兼延安卫戍部队,以不少于4个营的兵力在庙尔梁、程子沟、三十里铺地区组织防御,其余为预备队……要"利用地形组织短促火力,大量使用手榴弹、地雷杀伤敌人"……

3月17日,胡宗南调整了作战方案,以更加猛烈的炮火在飞机的掩护下,兵分几路以密集队形向新4旅九股山阵地、教导旅2团金盆湾阵地发起攻击。从前沿到纵深,整个阵地燃烧成一片火海。整团整营的国民党军队潮水般涌来,密密麻麻,机关枪一扫,倒下一片。我驻守在松树岭东南的部队,由于伤亡过大,敌军趁机突破防线,直逼旅团指挥所。教导旅2团2营在极其艰难的情况下,英勇顽强,统一组织各连力量,夺回了阵地。

＞廖汉生，1955年被授予中将军衔。

廖汉生

湖南桑植人。土地革命战争时期，任红3军第9师政治委员，红二方面军政治部组织部部长，红二军团第6师政治委员等职。抗日战争时期，任八路军第120师358旅716团副团长、政治委员，独立第2旅副政治委员、代旅长，中共襄南地委书记，江汉军区政治委员等职。解放战争时期，任晋北野战军副政治委员，晋绥军区第1纵队政治委员，第一野战军1军政治委员等职。

激战到中午，松树岭南部的磨盘山阵地陷落了。1团防御阵地的侧翼暴露出来。罗元发立即命令教导旅1团1营这个预备队冲了上去。机枪、步枪、手榴弹，劈头盖脸打过去，敌军死伤众多。

松树岭是最后一道防线，后面就是延安，有毛主席呀！战士们一想到这里，浑身便热血沸腾，不顾一切，坚决打击敌人，阻止其前进。

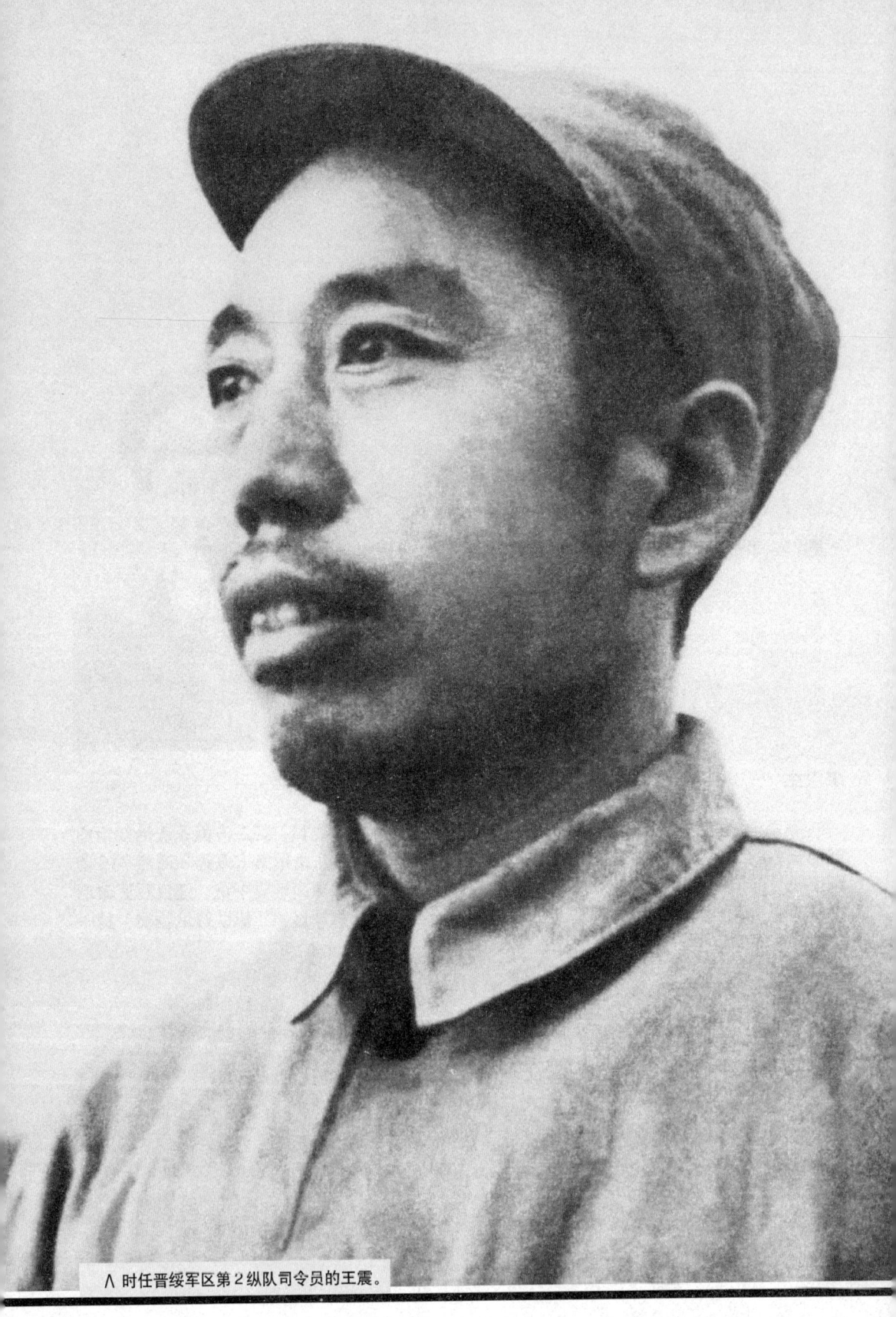

∧ 时任晋绥军区第2纵队司令员的王震。

敌军迅速越过教导旅已经撤离的金盆湾阵地向西北进攻，和新4旅16团交上了手。

激战中，16团9连的一个尖刀班左右冲锋，一直冲到了敌人侵占的九股山。

九股山在金盆湾的西北角，与松树岭对峙。山上密林环抱，衰草凄凄。这时天色已黑，班长和大家商量怎样才能冲出包围。根据敌情和地形，战士们巧妙地穿插于敌人之间，顺便摸了个哨兵，得知了敌军的口令、番号。战士们这下来了劲，大模大样地来到敌军团指挥所附近，几颗手榴弹投过去，敌营大乱，互相砰砰叭叭地打了起来。尖刀班的战士们押着俘虏，喊着敌军的口令，顺利地突出了包围。

南京总统府里的蒋介石，每天都翘首期盼延安的消息。胡宗南3天攻下延安的牛皮已经吹破，5天还没攻下来。面色苍白的蒋介石见等不来消息，便急不可耐地要通胡宗南的电话：

"寿山，打进延安没有？"

胡宗南不敢正面回答：

"报告委座，我军苦战，已达宝塔山下，即刻攻城……"

蒋介石忍不住了：

"等你进了城，共匪早就跑光了！"

胡宗南顾不得擦去额头上流下来的冷汗，低声道：

"即刻攻城，即刻攻城！"

蒋介石啪地扣下电话，又是一个不眠之夜。

3月18日，教导旅收缩了防线。陈武指挥的国民党整编第90师总算前进了几步，可这几步还未走稳，又遇到了新的麻烦：到处遭遇民兵埋设的各式地雷。这些地雷大多是边区军民土法制造，美国的扫雷仪器也不好测量，工兵们也经常挨炸上天。村里老百姓的房舍、窑洞、门槛、灶台、水缸等等地方都埋了地雷，举手投足间，就被炸死炸伤，可让陈武伤透了脑筋。他气急败坏地叫士兵们赶来老百姓来不及藏起来的牛羊去踏雷开路。畜牲被炸得血肉横飞。

枪炮声离延安城越来越近了，彭德怀打电话到教导旅了解情况。罗元发旅长紧握话筒说：

"彭总，请您放心，请党中央放心。我们誓死守住松树岭防线，直到最后一个人！现在弹药快打光了，我已经把机关后勤人员全都派上去了！"

听完汇报，彭德怀用不容置疑的口气命令：

"一定要坚持到天黑，主席还没有走。"

罗元发立正回答：

"誓死保卫毛主席！保卫党中央！敌人越来越近了，请毛主席快走吧。"

彭德怀放下电话，快步跑向毛泽东住的窑洞。

∧ 王震率部中原突围回到延安时，向毛泽东汇报南征北返的经过。

此时已是深夜，毛泽东正在接见刚刚赶到延安的王震。

王震留着大胡子，双眼炯炯有神，精明干练。中原突围后，他率部回到延安，后又东渡黄河到山西，与活动于吕梁地区的独立第4旅组成了晋绥野战军第2纵队。现在接到彭德怀命令，率部隐蔽在甘合驿一带休息待命。

毛泽东谈性正浓，彭德怀喘着粗气跑步进来：

"主席，怎么还不走？快走，快走，一分钟也不要再待了！"

王震忙站起来说：

"主席，您必须尽快撤离，不能再耽搁了。"

毛泽东摆手说：

"不要紧，来得及。大路朝天，各走一边，他走他的，我走我的。他在那个山头，我在这个山头，怕什么呀？"

警卫排长阎长林也上前劝说：

"主席，该走了，是时候了。"

毛泽东问：

"中央机关和延安人民都转移了吗？"

"早撤光了。"阎长林答道。

彭德怀有些火了，对阎长林说：

"还愣着干什么？东西都搬出去了吗？你们要对主席的安全绝对负责，主席再不走，你们弄副担架，抬也要把他抬走！"

毛泽东离开椅子，对彭德怀说：

"你不要批评他们嘛，我这就走。这次撤出延安城，你要让战士们最后把房屋打扫得干干净净，家具也一点不要破坏。"说完环顾一下室内，这才恋恋不舍地走出了门，坐上车驰过清凉山，向东奔去。

从这一天开始，到1948年3月23日东渡黄河，毛泽东、周恩来率领中共中央机关在陕北坚持战斗，历时一年零5天，行程1,000多公里，继续指挥着全国人民的解放战争。

毛泽东离开王家坪后，彭德怀马上给各前线部队下达命令，通报了中央机关及延安居民已疏散完毕的情况，通知了各部队撤退的时间和撤退路线。第1纵队集结安塞以北地区，新4旅集结青化砭以东，教导旅撤至何家岔隐蔽集结，准备新的战斗。他又一次派人检查了延安撤退的情况，还亲自到西北局、联防司令部、杨家岭等地察看，看着各地都人走屋空，却依然打扫得干干净净，器物摆放得整整齐齐，才放了心。直到19日凌晨，彭德怀才带领指挥机关的全体人员撤出了延安，给敌人留下了一座空城。

4. 一无所获，弄虚作假邀功受赏

这时，胡宗南的整编第90师第61旅已前进到了延安南郊二十里铺，离延安只有几公里的距离了。代师长陈武铺开地图，打电话向董钊军长汇报：

"军座，我师已经攻到延安南郊之二十里铺，明天就可以攻打延安了。"他喜滋滋地想：这下那1,000万元的奖金就是我的啦！没想到电话里传来董钊的命令："根据胡长官指示，你们第90师19日9时方可从现在位置进攻，方向是延安宝塔山至清凉山及其以东地区。延安城由整编第1师进攻。"陈武一听，马上变了脸色，这分明是让我们给整1师让道嘛！他们这几天跟在老子屁股后面像蜗牛一样慢慢爬，我们天天强攻，提着脑袋才赶到这里，凭什么让他们先进城！他扔下电话就破口大骂：

"第1师在晋南让陈赓打得全军覆没，连旅长都被人捉走了，丢人现眼，现在还有什么资格抢老子的功劳！"

参谋长话里有话地劝解：

"师座，胡长官就是从第1师起家的。在他眼里，第1师比亲儿子还亲啊，咱们怎么能比，还是忍了吧。"

这时，整编第1师早就争先恐后地上路了。这几天，他们本来一直都是白天进攻，晚上休息，现在为了抢头功，半夜就出发了。行动从来没有这么迅速过。天亮时，先头部队第1旅已经赶到了第90师的前面。他们同样受那1,000万法币的诱惑，横冲直撞，像潮水一样涌上来。陈武的部队毕竟心中不甘，一起上前阻拦，可是还没开口，第1师第1旅的一个团长就指鼻子骂起来：

"老子是奉胡长官的命令进攻延安，你们这些乌龟王八蛋，哪个敢挡路，延误了军情，老子这就枪毙了他！"他手下的士兵也把枪栓拉得哗哗乱响，第90师只能眼睁睁地看着他们扬长而去。

别看在自己人面前这么蛮横，真到了延安城外，第1师第1旅的国民党军可就胆小喽，不敢轻举妄动，连大气也不敢出。但是又不能没有行动，只好装模作样地佯装攻城。他们在城外先占领了嘉岭山，后来又顺利地占领了凤凰山，都没有遇到一点抵抗。他们猜不透共军这是玩的什么把戏，惟恐中了埋伏，不敢大步前进，只是从两山之间向延安城中远距离射击。其实，就是躲在飞机大炮的后面胡乱放枪。后来发现城中确实没有一兵一卒，这才咋咋呼呼、争先恐后地进了城。

∧ 共产党人留给胡宗南的是一座空城。

这边胡宗南早就按捺不住了,本来在167旅攻占宝塔山的时候就想向蒋介石报捷了,可是他又想给蒋介石一个突然的惊喜,所以一直不哼不哈,直到第1师进了延安城,这才给南京发电报:

我军经过七日浴血奋战,节节击溃共匪,已获大胜,第1师之第1旅,率先于19日晨攻占共匪首府延安。是役俘敌5万余人,缴获武器装备无数,正在清查中……

蒋介石在南京已经急得坐立不安。他先从空军方面得知攻克延安的消息,可是就

∧ 蒋介石对胡宗南占领延安颇为得意。

是不见胡宗南的报捷,不知道具体的情况。于是不断地给范汉杰这个专职联络官打电话:

"我军占领延安了吗?捉到毛泽东没有?得到了什么重要文件?中共的主力是否被全歼?"范汉杰被问得说不出话来,只能点头哈腰地说:

"马上查问,马上查问。"

望穿秋水,终于盼来了胡宗南的电报,总统府里一片欢腾。蒋介石长叹了一口气,三天也好,五天也好,收复了延安就是大功一件,叫秘书立即回电嘉奖:

宗南老弟，

将士用命，一举而攻克延安，功在党国，雪我十余年来积愤，殊堪嘉尚，希即传谕嘉奖，并将此役出力官兵报核，以凭奖叙。戡乱救国大业仍极艰巨，望弟勉旃。

中　正

蒋介石瘫坐在椅子里，激动和兴奋难以抑制。跟共产党打了十几年的仗，远在井冈山五次剿匪不说，仅从1935年10月就开始攻打延安，11年过去了，都说十年磨一剑，这一仗打得谈何容易呀，耗用了国民党大半的战略资源，也倾注了他全部的精力。今天共产党的"老巢"已被攻克，怎能让他不兴奋呢？

第二天，国民党三中全会继续召开。半道拾个喇叭，这下蒋介石可有的吹啦。会上，他神采飞扬地说：

"……好事不说传千里，我军收复延安的喜讯大家都知道了。延安是什么地方？是共匪的老巢。从今以后，共匪就是一股流寇，他们的首脑机关已没有立足之地。我可以向大家保证，再用三个月，我们就可以彻底消灭共匪，实现真正的和平！"会场上响起一阵热烈的掌声和欢呼声。蒋介石意犹未尽，清了清嗓子接着说：

"过去，我们由于忙于抗日，从大局出发，停止了剿共。日本投降后又囿于和谈，谈谈打打，打打停停，没有给他们致命的打击。今天的事实证明，只要我们下大决心，共匪是不难剿灭的！"台下又是一阵热烈的掌声和欢呼声，还有人高呼："蒋总统万岁！""和平万岁！"蒋介石伸手示意要大家安静，然后继续说：

"昨天，我已经给宗南发去电报，嘉奖他为党国立了一大功。今后谁在反共的战场上立了功，我蒋某人都要给他嘉奖！"台下的欢呼声更加热烈，蒋介石心高志满地掏出雪白的手绢擦了擦嘴，光头在电灯的照耀下显得更加油光发亮。

可是，胡宗南得到的延安只是一座空城。不但没有捉住一个中共首脑人物，也没有获得一份有意义的文件，甚至全城都找不到一粒粮食。这使他大失所望。士兵们在延安城里大肆搜刮抢掠，都想在这大名鼎鼎的红都里捡个金娃娃。可是无论哪间房屋，除了有限的几件家具外，全都空空如也，不小心还会踩上地雷。发财的想法落了空，他们就开始在城里撒野烧砸。当时的《晋察冀日报》发表

了一篇报道,揭露胡宗南部队在延安城里的恶行。报道的题目是《民主圣地延安变成人间地狱》。文中说道:

……胡军纪律败坏已极,群众呼为"败军"。延安市北门外大砭沟至联防司令部一带民房全部被拆毁,用木料去做工事,土墙推倒,锅碗等掷于路旁或山下。据延安县南二区二乡一个村的统计,被胡军抢去的牛驴60余头,羊100余只,猪、鸡不计其数。胡军经过不论柴草门窗,见着即烧火,许多村庄房屋成空窑。胡军奸淫之风极盛,延安总部旧址王家坪一带妇女大部被奸,北门外何庄坪卞某之妻被8个胡军轮奸。胡军还自称"不过火",一个刚生孩子三天的产妇,因拒绝强奸被捆在树上冻死……

当然,这并不妨碍胡宗南的晋升,也不会妨碍他得到蒋介石颁发的二等大绶云麾勋章。

胡宗南占领延安后,请来了大批中外记者,又是召开庆功会,又是授勋颁奖。胡宗南骄傲地宣布:是役全歼陕北共军主力,击毙、俘虏各数万。这时的胡宗南气焰嚣张,不可一世,命令西安等地的商店和居民燃放鞭炮,悬挂国旗,报纸杂志纷纷出号外、发述评,弹冠相庆。胡宗南陶醉在鲜花与掌声里,觉得自己真的成了英雄。

不久,胡宗南又趁兴宣布了自己跟叶霞翟的婚事。

直到这时,胡宗南还没意识到已经钻进了我军为他设的圈套,严厉的惩罚正等待着他。正如新华社社论指出的那样:"蒋军侵占延安将标志着蒋介石的灭亡,人民解放军的放弃延安,标志着中国人民的胜利!"

胡宗南可没想到这么多,他现在发愁的是怎么打发这些来延安采访的记者。按照他上报的战果,毙敌俘敌5万余,缴获武器无数。可是国民党国防部清楚得很,陕北共军全部加在一起才2万多人,即使都让胡宗南活捉了,也凑不够5万这个数啊。不过蒋介石为了鼓舞士气,默认了胡宗南这个说法,别人也就不好再说什么了。记者们把胡宗南吹捧成了天兵天将,文章做得越来越不沾边,还要用照片报道来个眼见为实。一时间全国的大报小刊,还有国际新闻机构驻中国的记者们,也都向延安蜂拥而来。胡宗南对记者是又恨又爱,他一心想让记者把自己占领延安的功绩大肆渲染一番,最好是天下有口皆碑,这样自己就能青史留名了,却又害怕记者打破沙锅问到底,揭露了自己的骗局。这出戏怎么才能演下去呢?

胡宗南赶紧找来"绥署"第二处处长刘庆增、新闻处处长王超凡两人，要他们专门负责筹备战绩。这可使这两人经伤透了脑筋，他们即使怎样"超凡"，对此也感到十分棘手。最后两人研究拿出了一个方案：建一个战绩陈列室，把部队里的三八式和汉阳造步枪都调来，再加上些半新不旧的武器，都写上标签，标明缴获的时间和地点，放在里面充当战利品。因为部队还要使用，白天展出，晚上再偷偷地送回部队去。同时搜肠刮肚编造出机要档案，绝密文件，罗列出长长的俘虏名单。还在延安东北延水河两岸建造了许多假坟和纪念碑。最头疼的就是俘虏，他们准备设 10 个战俘管理处，然后把在延安附近抓到的农民都放在里面，又从部队里抽出一部分机灵的士兵，穿上破旧的杂色衣服装成共军战俘，训练他们按事先编好的对话应付记者。就是这样，离他们吹嘘的数字还是差得很远，只能在记者来的时候"随机应变"了，把所谓的战俘在 10 个管理处调

三八式步枪

　　1905年日本友坂兵工厂开始生产的一种机柄式步枪，其最主要的特征是枪机上的防尘盖，俗称"三八大盖"。口径6.5毫米，枪重4.2千克，枪长（不带刺刀）1,275毫米，弹头初速732米／秒，有效射程460米，弹仓容弹量5发，配有单刃刺刀，刀长500毫米，可装在枪上用于拼刺，也可握持刀柄进行劈杀。三八式步枪弹头飞行稳定，后坐冲量小，射击精度好，缺点是杀伤威力不足。

来调去，让记者们参观。如此自欺欺人的方案胡宗南看了还挺满意，大笔一挥同意了。

　　胡宗南对王超凡负责的接待准备工作进行重点检查，亲自查问冒充的被俘共军旅长。这次王超凡用了心思，选一个在"战时干部训练第4团"受过训练、演过戏的湖南人扮演共产党旅长。这人一见胡宗南就"啪"地来了一个立正敬礼。胡宗南一看就不耐烦了，不满地对王超凡说：

　　"你找的这个人根本不像共产党。共产党的旅长态度应该强硬，讲话要骂娘。现在让你训练得像个小绵羊，记者一问还不都露了底？还是让熊秘书给你指点指点。"王超凡很委屈可还是陪着笑脸说：

　　"是，请熊秘书指教。"

　　熊向晖看着这出闹剧也觉得可笑，问王超凡：

　　"为什么找个湖南人扮共军旅长？"

　　王超凡连忙说：

　　"蒋总统是浙江人，他就最信任浙江人。我想毛泽东也是如此。他自己是湖南的，亲信一定也是湖南人。"

"混帐东西！"胡宗南一听气得骂起来，"抓紧准备，过几天我还要来检查。"说完，一甩手走了。

胡宗南现在要做的事是去延安城巡察一番，看看自己的战果，也解开自己心里的疑问："赤都"延安到底有何与众不同，陕北如此荒山野岭，毛泽东这些人是怎么在这里闹得轰轰烈烈的。

3月24日，胡宗南坐着吉普车进城了。守城的整编第27师，为了体现政治攻略延安的战果，强迫抓来了附近群众，让他们和军队一起夹道欢迎胡宗南，这大大地满足了他的虚荣心。到达延安城后，他顾不上休息就到枣园、凤凰山、杨家岭、王家坪转了一大圈。胡宗南惊奇地发现，所有屋子都整洁有序，虽然经过自己士兵的烧砸，可是还能看出来当初屋子主人离开时是精心打扫过的。尤其是枣园毛泽东住过的窑洞，胡宗南看得特别仔细。窑洞里除了土炕，还有一张办公桌，几把椅子，别的什么家具也没有了。炕上、桌子上、墙壁上全都空无一物。胡宗南在窑洞里踱了一圈，窑洞不大，也没有暗藏什么机关。最后他站在桌子前，想像着毛泽东平日里就在这里伏案工作。忍不住也坐在桌前，顺手拉开抽屉，咦？抽屉里竟然还留着一张对折的白纸。胡宗南饶有兴味地拿出来一看，上面几行浓墨大字："胡宗南到延安，势成骑虎。进又不能进，退又退不得。奈何！奈何！"他认出这正是毛泽东的手迹，不禁愣住了。过了一会，胡宗南哈哈大笑——这是他的习惯。合乎他心意的，他哈哈大笑；道出他心病的，他也哈哈大笑。这次当属后者，共军撤退如此镇静是他从来没有想到的。他以为，这回延安一战，共军一定会聚集主力部队拼死抵抗。他只要拿下延安，就能将中共首脑机关一举摧毁，就是中共的首脑人物饶幸逃脱，也能把共军的主力杀伤大半，让共军元气大伤。谁想到现实如此出乎预料，毛泽东主动撤离延安，给他丢下一座空城和一肚子的疑问：共军的主力到哪里去了？毛泽东又到哪里去了？

爆响了7天7夜的枪炮声、爆炸声突然停止了，延安的夜晚漆黑而寂静，因此也就显得格外漫长，让胡宗南梦醒之后再难入睡。几天来胡宗南思虑万千，从进城那天起，共军主力如同在人间蒸发一般，再也没有了动静。时间一天天过去，蒋介石的电话天天催促：要寻找共军主力决战，务必一举歼灭之。弄得胡宗南心急火燎，坐卧不宁，只有天天催促董钊和刘戡两个军长，让他们加强搜索。董钊和刘戡只好拉着部队天天在陕北的大山里"武装游行"，不断地扑空不说，国民党的官兵们平时养尊处优，现在搞得疲惫不堪，还人人自危，生怕中了共军的埋伏。共军主力的去向还是没找到。他们哪里知道，这时彭德怀已经在青化砭为他们设下了一个口袋，等着他们去钻哩。

> 尽管胡宗南大兵压境，但毛泽东始终对胜利充满了信心。

战争宽银幕

❶ 被俘的敌整编第74师官兵,听取我军干部讲解优待俘虏的政策。

★★★★★

❷ 我军某部机枪手在扫射敌人。
❸ 我军第9纵队战士冲向孟良崮540高地。
❹ 我军某部战斗小组向敌占高地发起冲击。
❺ 我军向敌人发起攻击。

[亲历者的回忆]

彭德怀
（时任西北野战兵团司令员兼政治委员）

  我军撤出延安是最有秩序的，这也证明毛泽东思想教育下的人民军队是何等镇静，何等可佩呵！
  我率小司令部从王家坪东面一条小路爬上山，向青化砭前进，当天下午到达。敌从南泥湾、甘泉进到延安大概用了7天。3月19日胡宗南进占延安。

——摘自：《彭德怀自述》

廖汉生
（时任西北野战兵团第1纵队政治委员）

  3月16日中央军委发出命令：以独1旅、358旅、警7团为右翼，归张宗逊、廖汉生指挥，在道佐铺、甘泉、大小劳山、清北沟、山神庙地区组织防御战斗，坚决抗击；以教导旅在南泥湾、金盆湾、临真、松树岭地区组织防御战斗，调晋绥军区王震的第2纵队过黄河参战，与教导旅为左翼；以新4旅位于中央，在庙尔梁、程子沟、三十里铺地区组织防御战斗，坚决抗击。

——摘自：《廖汉生回忆录》

第三章
彭德怀设计青化砭，敌整编31旅被全歼

∧ 面对胡宗南咄咄逼人的攻势，彭德怀镇定自若。这是他在指挥部拟定作战计划。

胡宗南急着寻找解放军主力决战,
一个营的兵力牵着国民党军主力去了安塞。
彭德怀青化砭设伏。战士们雪地里潜伏一整天,敌人并没有来,
敌人会听从彭总的指挥吗?
31旅告急,刘戡按兵不动。
青化砭一战,全歼敌整编第31旅,活捉旅长李纪云等三名将官。
彭德怀说:"如果不是在陕北,这一仗是很难打胜的。"

1. 运筹帷幄,彭德怀巧布口袋阵

彭德怀从延安撤出后,于20日中午到达青化砭西北的梁村。从3月16日中央军委发布命令,把陕甘宁解放区的野战部队和地方武装组成西北野战兵团,统归彭德怀和习仲勋指挥以来,还没有正式组成西北野战兵团的指挥机构。现在大家都到齐了,一个50多人的司令部建立起来,彭德怀任西北野战兵团司令员兼政委,习仲勋和张宗逊任副政委,张文舟任参谋长,王政柱任副参谋长,徐立清任政治部主任,野战兵团后勤司令由陕甘宁边区政府副主席刘景范兼任。从此,在广阔的大西北,彭德怀率领着这个精明强干的指挥机构,高效率地运转起来。他不仅指挥着2万余人的子弟兵,同时也牵引着20多万国民党军队,上演了一出轰轰烈烈的陕北万里转战的活剧。

我人民解放军服从命令听指挥是勿庸置疑的,可是怎么才能让胡宗南的军队也听指挥,按照我军事先设定好的路线行动呢?

早在延安撤退的时候,彭德怀就安排好了伏笔。

当教导旅完成抗击敌人的任务撤退时,彭德怀就指示他们先向北撤,给胡宗南造成我军主力退到延安以北地区的假象。

彭德怀估计到,胡宗南一定会北上追我主力,同时为了"攻守自如",确保外围,必然要安排警戒部队,向延安东北的蟠龙一带延伸。胡宗南再愚蠢也是个陆军上将,

王政柱

湖北麻城人。土地革命战争时期,任红四方面军第4军10师师部书记、军部书记、方面军总指挥部参谋,红军总司令部参谋,一局作战科副科长等职。抗日战争时期,任八路军总指挥部参谋、作战科科长,军委一局二科科长、一处处长等职。解放战争时期,任军委一局副局长,西北野战兵团、西北野战军副参谋长,第一野战军副参谋长等职。

∨ 彭德怀（左）与习仲勋在地图前研究作战方案。

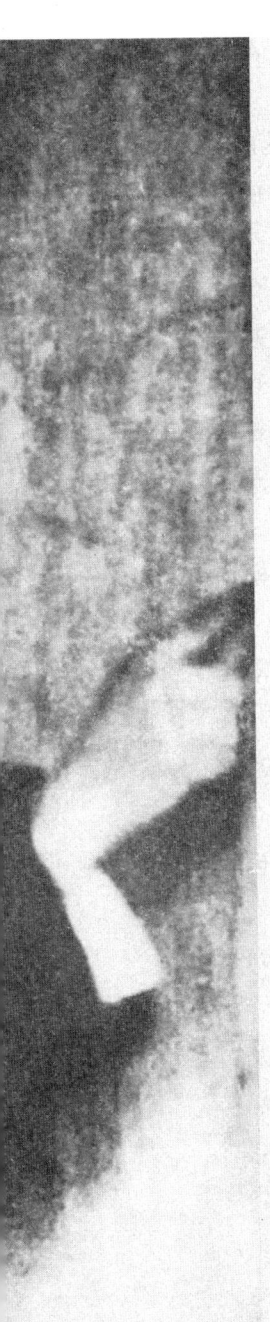

他一定会按正常作战的规律,让自己装备最好、战斗力最强的主力来对付我军主力,而把战斗力比较弱的部队放在警戒的位置上。这样,我军正好集中优势兵力打击他孤立弱小的部分。青化砭地形险要,又是去蟠龙的必经之地,彭德怀决定就在这里打一场漂漂亮亮的伏击战,给占领延安、气焰嚣张的胡宗南一个当头棒喝。

胡宗南这时正在着急,进了延安,却是空城一座,没有发生战斗,他天天空中地下大搜索,就想找到解放军的主力部队进行决战。

彭德怀投其所好,把1纵独1旅2团2营派出去,让他们伪装成我军主力,在安塞附近佯动,把胡宗南的主力吸引出来。只要引开了敌军主力,剩下的敌人就好收拾啦。可是要用一个营的兵力"变"成我军主力部队,不但不能让敌人识破,还得让敌人乖乖地跟着自己走,这可不容易呀。2营营长张济堂把部队集合起来,按照惯例让各班、排组织战士们讨论,充分发扬民主,商量怎么才能完成彭总交给的任务,牵住胡宗南的"牛鼻子",让他老老实实地到安塞去。

经过战士们的一番讨论,营连干部们再一起集思广益。胡宗南的牛鼻子到底在哪?怎么才能牵住呢?大家七嘴八舌地说起来:

"胡宗南的牛鼻子,就是他骄傲自大,尾巴翘上了天。"

"胡宗南现在狂得很,我们就抓住他这个弱点。"

"胡宗南天天心急火燎地就想找咱主力决战,咱们就给他个主力的样儿看看。"

……

张营长坐在一边慢悠悠地抽着旱烟,听大家都说得差不多了,最后总结道:

"胡宗南得意忘形,我们就装熊逃跑,跟1纵、2纵要点臂章啊,破军装啊什么的,一路跑一路扔。咱们把部队放到延塞大道的山坡上,摆开队形,打着旗子山上山下,沟里沟外多钻几回,让敌人摸不清底细,不知道我们到底有多少人,谅他们也不敢贸然上前,只能在屁股后面跟着我们走。他们要是走得不快,我们就去骚扰一下,用鞭子抽牛屁股,一直把他们牵到安塞。"

于是,2营于3月21日到了安塞附近就大张旗鼓地围着一个山头转圈，远远看去，就好像行军的部队源源不断，半天都过不完。董钊的搜索部队正发愁找不到共军呢，现在看见了，激动得"共军共军"大叫不停，赶快给胡宗南报告："共军主力在安塞！"

胡宗南听到这个消息大喜，可转念一想又冷静下来，生怕情报不准确，自己又要空欢喜一场。为了保险起见，他又派空军加强对安塞的侦察，命令董钊继续搜索。

很快，空军就报告说：在延安和安塞之间的公路上，一股共军正在撤退，人数不明。这时地面侦察队的报告也来了，发现了共军营地，共军刚刚过去不久，炉灶的火还没来得及熄灭，从炉灶的数量上看起码有一个旅的兵力。共军已经被我们的强大攻势吓怕了，撤退的时候毫无章法，被服、文件扔了一路。胡宗南欣喜若狂，看来共军真的撤退到了安塞。从空中和地面的情报看，在延安周围20公里内没有共军了，那么我的部队还留在延安附近干什么？按兵不动只能坐失良机。他下决心攥紧拳头出击安塞，看这回共军主力还能藏到哪里去。

胡宗南立即给整编第1军第1师和第90师发电报，命令他们出动5个旅的兵力，向安塞方向迅速追赶。又命令整编第1军第27师第31旅向青化砭方向前进，24日一定到达，担任警戒，保障第1师和第90师的侧翼安全。

当这个命令通过电台发给整编第1师和第90师的时候，彭德怀也看到了这份电报，敌人完全按我们预先为他安排的路线行动了！

为了不贻误战机，彭德怀、习仲勋、张文舟等人，夜半更深都来到作战室查看地图，分析敌情。

青化砭位于延安东北25公里外，是20多公里长南北走向的蟠龙川的一部分。咸榆公路从中穿过，顺着大川蜿蜒而北上。公路两侧都是山地，连绵起伏，便于伏击部队居高临下进行攻击。彭德怀用红笔把这里重重地圈了起来。"就是这里，布个口袋阵，让敌人钻进口袋就出不来！"

第二天一早，中央军委批准了这个作战方案。彭德怀带着大家，来到青化砭进行实地勘察。看到这里险要的地势，大家都很佩服彭总的布阵，一致认为只要敌31旅进了青化砭，那么等待他们的只有灭亡。彭德怀就地铺开作战地图，一边指点着，一边部署兵力：

"1纵埋伏在公路西边，2纵和教导旅埋伏在公路东边，前面青化砭东北的山坡由新4旅把守，后面由358旅在房家桥附近断尾。等敌人进入伏击圈,一声令下,立即扎紧口袋,不让一个敌人跑出去。"

为了确保这撤离延安后第一仗的胜利,彭德怀强调说:

"打胜这一仗有两个关键:一是要严格封锁消息,坚决杜绝任何人员外出,绝不能让敌人发现我们在这里设伏;二是攻击命令发出后,动作要快,气势要猛,不等敌人反应过来,就干脆利落地歼灭他们。"

彭德怀说到这里,显得有些兴奋,他停了停,接着说:

"这是我们撤离延安后的第一仗,毛主席给我们制定了八字方针:'慎重初战,打则必胜'。这一仗打赢打不赢对陕北战局的发展有直接影响。"

彭德怀回到司令部后,马上发布了作战命令,要求各部队务必于3月24日6时30分前部署完毕。

战士们一个个摩拳擦掌,情绪高涨,这是撤离延安后第一次跟敌人正面交手,一定要打胜。就这样,在胡宗南的大部队都开往安塞去追击我军"主力"的时候,我军真正的主力5个旅神不知鬼不觉地埋伏在了青化砭,就等着敌第31旅来送死了。

第31旅旅长李纪云还毫不知情。

3月24日,李纪云按照胡宗南的命令,带着第92团和旅部近3,000人从李家渠出发,一路直奔青化砭而来。他暗暗庆幸自己躲过了跟共军主力决战这一劫,可以保存实力了。可是他还是有点心里不踏实,共军一向神出鬼没,说不定就从哪里冒出来。于是他"聪明"地派出一个连在前面侦察开路。这些侦察兵们也是胆小如鼠,只是咋咋呼呼地给自己壮胆,走两步就放几枪,居然一路平安地到达了拐峁镇。李纪云下令,就地宿营。反正是配合主力作战,就是打胜了,自己也没有什么功劳,保住自己的实力才是上策。李纪云的策略是:走走停停,谨慎行动。

我军从24日凌晨就开始隐蔽在青化砭,天寒地冻,北风嗖嗖,青化砭的山坡上光秃秃的,只有一片白茫茫的冰雪,对我军隐蔽十分不利。为了隐蔽,战士们把白布单披在身上,有的在山沟里挖了掩体,连观察哨都是在陡峭的山坡上挖了洞,人钻进洞里再从洞壁上挖穿小洞向外瞭望。饿了吃干粮,渴了抓把雪,不要人送饭送水,连部队进来的脚印都用树枝扫掉,整个青化砭没有一个人影,也没有人发出任何声音。山坡上静悄悄的,谁也想不到这里埋伏着上万人的军队。

战士们的眼睛都死死盯着山下的咸榆公路,天上虽然飞着胡宗南的侦察机,大家都紧紧贴住地面一动不动。到中午时分,还是不见胡军的影子。这时,有的战士沉不住气了,心里打起了小鼓:

"敌人怎么还不来呀?"

"敌人到底还来不来了?"

∨ 青化砭战役中，彭德怀（左二）、习仲勋（左三）亲临前沿阵地勘察地形。

"彭总真能像诸葛亮那样算得那么准吗？"

"敌人真的会听彭总的指挥吗？"

……

战士们心里嘀咕是嘀咕，却还是一声不响地继续等待。

到了傍晚，敌军还是没来。

这时，我侦察部队传来了消息：敌军在拐峁镇停留不前了。

彭德怀听到这个消息，想到战士们在冷风里趴了一天，也没正经吃什么东西，饥寒交迫。于是就命令各部队暂回原驻地待命。一听到撤退的消息，战士们都忍不住议论起来：

"敌人是不是不来了？"

"是不是我们走漏了消息？敌人察觉了？"

"会不会有人向敌人告密了？"

"敌人不来，我们不就白挨冻了吗？"有的连、营干部也沉不住气了，总觉得打仗还是说打就打，驳壳枪一挥过瘾。

彭德怀了解战士们的这些情绪，回到驻地就打电话通知各部队首长，要求睡觉之前加强教育，稳定部队的情绪。给战士们分析情况，一定要把道理说清楚，讲明白。首先，我们的情报是准确的，敌军要去保障侧翼安全，只有咸榆公路可走；第二，这是老革命根据地，群众条件好，老百姓对我们有着深厚的感情，他们会守口如瓶的；第三，敌军有可能是在拐峁镇补充粮食，今天不来，明天一定会来的。明日凌晨之前部队还要照样设伏。之后，彭德怀便与习仲勋联名向中央军委、毛主席报告：

"敌第31旅24日到拐峁镇，停止前进，疑为待补粮食，我明日仍按计划部署待伏。……"

2纵的王震司令员跟彭总通过电话后，马上安排部队以连为单位做一次讲评。最后总结时他信心百倍地说：

"彭老总一向料事如神，从来没有出过差错。打日本鬼子的时候，小鬼子也被他调得滴溜乱转。我军105个团在他的手里指挥着，都安排得条理清晰，指哪儿打哪儿，说打眼睛就不打鼻子。同志们都把心放宽，李纪云今天不来，明天一定来，躲过初一他也躲不过十五。听

< 土地革命战争时期，时任红六军团政治委员的王震。

彭总的就不会错。大家回去都好好休息,明早给我精精神神地上阵,到时候就看谁抓的俘虏多喽!"

夜深了,就在我军休息的时候,安塞街头有一个人正在散步,心乱脚步也乱,茫然不知该往哪里去。这就是国民党整编第1军军长董钊。浩浩荡荡5个旅追着独1旅2团2营跑了一整天,人困马乏,部队已是行不成行,列不成列,可愣是没追上。现在人马进了安塞,共军主力却在顷刻之间化为乌有,这换了谁能不心烦意乱呢?他有心立即向胡宗南汇报,可是转念一想:这安塞有共军的消息,是自己部队侦察出来的,现在自己又说这里没有共军,胡长官被蒋总统催得天天着急上火,见谁都恨不得咬一口,自己这样一报告正触了他的霉头,这不是搬起石头砸自己的脚吗?于是董钊决定先侦察侦察再说。

他一面派出小股部队继续在安塞附近侦察,一面叫人抓来几个老百姓审问,可都说没见过解放军。只有一个胡子拉茬的老头说是见过,董钊来了兴趣,来到老头跟前满脸堆笑:

国民党整编第1军军长董钊 ————————————————

陕西长安人,国民党陆军中将。黄埔军校第一期毕业。曾在河南国民军胡景翼部任连长、营长等职。1931年后,出任国民党军第28师参谋长、师长等职。抗日战争期间,被擢升为第16军军长兼28师师长,第34集团军副总司令,第38集团军总司令等职。抗日战争胜利后,任整编第1军军长,第十八"绥靖"区司令等职。

"老乡,向你打听点事啊,你见过共匪没有啊?"

老汉说:"共产党啊,见过,早就跑没影了。"

"跑哪去了?"董钊的警卫排长粗声大气地嚷着。

"听说跑到延安打胡宗南去了。"老汉木讷地说。

听到老汉对自己上司直呼其名,警卫排长伸手就给老汉一个耳光:

"混蛋,共产党给了你什么好处?"

董钊看他问话不得其法,知道再问下去也不会有什么结果,瞪了警卫一眼,挥挥手让人把老汉带下去了。

董钊一夜也没合眼,越想越不对劲。自己带着5个旅跋山涉水大游行,弄得一身黄土,还是什么建树也没有,回去后少不得让人耻笑。这共军主力去了哪儿呢?突然好似灵光一闪,一个念头从他脑中窜出来:"不好,李纪云!快,快……快让部队火速返回延安!"他激动得心跳突然加快了。

天亮了,李纪云的第31旅吃饱喝足又上路了。还是老规矩,侦察连先行,部队随后跟上，顺着咸榆公路，走进了蟠龙川。看着两侧连绵不断的山岭，李纪云不由得心里发毛，这地形一看就是险象环生，我31旅孤军深入，没有共军便罢，真要是有共军埋伏，那后果不堪设想啊！李纪云真想马上调头回去。他想起昨天在拐峁镇自己给绥署前进指挥所发的电报，声称自己"势单力孤，恐有不测"。可是胡宗南早已料定共军主力在延安西北的安塞方向，这青化砭在东北哪里有什么"不测"。于是回电训斥：

"贪生怕死，畏缩不前，非军人气魄。绝对要按命令北进，迅速占领青化砭，否则以军法处置！"看着这样的回电，李纪云傻眼了，今天这一路上心里都好像是悬着颗定时炸弹似的，真不知道它什么时候就会爆炸。

2. 首战告捷，青化砭活捉李纪云

就在李纪云心惊胆战地往前走的时候，西北野战军早在天亮之前就按照昨天选好的伏击区域，静静地埋伏在了阵地上。

8时刚过，胡宗南的侦察飞机就来做例行空中侦察，懒洋洋地盘旋了几圈，没发现什么情况，就飞走了。

战士们经过昨晚的思想教育，此刻都想通了，一个个紧握钢枪，眼睛瞪得大大的，盯着远方。

彭德怀带着正副参谋长张文舟和王政柱，也来到阵地，他们坐在离公路稍远的山坡上。

这时，侦察员报告：敌31旅出发了，方向正是青化砭。彭德怀的嘴角露出了微笑，他没有说话，只是用望远镜观察着远方。

张文舟高兴地说：

"来得好！这块肥肉是我们的了。董钊的第1军还远在安塞，等他知道了消息反扑回来，我们连汤都喝光啦！"

王政柱也笑着说：

"别忘了，刘戡的整编第29军在蟠龙，说不定他会来跟我们抢呀。"

张文舟说：

"这就看谁的速度快了，只要我们动作迅速，打了就走，刘戡来了也是干瞪眼。"

正说着，就见公路上稀稀拉拉走来了一队人马，他们端着枪，一边战战兢兢往前走，一边向两侧的山上放枪。张文舟兴奋地说：

"来了，来了！这是敌人的前哨侦察部队，大队人马还在后头呢。"

过了一会，李纪云的大队人马果然沿着公路由南向北涌进了沟口。行军队列中有人有马，有骡子有驴，赶车的，挑担的，吆吆喝喝越走越近，国民党的青天白日旗，都看得一清二楚了。

31旅终于来了！等了这么久，鱼就要咬钩啦！战士们一个个都瞪大眼睛，屏住呼吸，耳朵都竖起来，就等着冲锋号吹响的那一刻。

李纪云骑着马走在队伍的中间，东张西望着，心里有点侥幸地想：老天保佑，但愿真的没有共军。他下令部队，跑步前进，快速通过青化砭。

就好像是回应他的命令一样，随着一声清脆的枪响，三颗红色信号弹升上天空，紧接着枪声大作，爆炸声、喊杀声震耳欲聋。山坡上变魔术一样冒出了数不清的解放军，各种火器同时开火，子弹、炮弹像狂风暴雨落到敌人的头上。四面八方的山坡上都吐着火舌，青化砭打成了一锅粥！

李纪云和副旅长周贵昌、参谋长熊宗继，连忙跳下马，在警卫员的保护下连滚带爬地上了一个小山坡。他顾不上指挥部队，赶快先发求救电报。第一个就发给刘戡，因为只有刘戡离他最近，也只有他能来得及救命了。可是，几个电报发出去，也不见刘戡回电。原来为了谁先进入延安的事，刘戡也是一肚子气。当时，刘戡的整编第29军也到了延安城外，他也接到了胡宗南的命令，不让他进城，被整编第1军抢去了头功。现在刘戡拿着李纪云的告急电报气鼓鼓地想：立功受奖没有老子的份，现在你整1军的部队吃了亏却要老子去救，老子没那个闲心！除了胡宗南亲自下命令，老子谁的话也不听！

李纪云是胡宗南最欣赏的五虎上将之一。他一边发报求救，一边还想指挥部队抢占高地，争取时间。可是，第31旅的士兵们哪里还听得指挥，早被突如其来的火力打懵了，一下子就乱了套。重机枪和火炮还在骡子身上绑着，也顾不上解下来，就四下奔逃。可是又能逃到哪里去呢？前面有新4旅拦路，后面有358旅挡道，敌

＜ 青化砭战役中我军机枪手向敌机射击。

人是进不能进，退不能退。逃向两边山坡的敌人都被猛烈的火力逼了回来，只能挤在狭窄的公路上干等着挨打。他们像没头苍蝇一样，一会被赶到东边，一会又被赶到西边，到哪里也躲不开飞射的子弹。这时冲锋号响了，西北野战军战士们犹如神兵天降，英勇地冲入敌群，跟敌人混战在一起。短兵相接，肉搏近战，这是解放军战士的制胜法宝。在勇如猛虎的解放军战士面前，敌人不是在刺刀下毙命，就是干脆举起双手投降，哪里还有一点战斗力。

李纪云眼看着自己的部队被分成几截包围起来，解放军雪亮的刺刀在阳光下闪着寒光，知道大势已去。逃命要紧！他立即跟自己的马夫换了衣服，想装成士兵趁乱混过解放军的眼睛。

这时358旅8团4连2排的战士们冲了过来。在出发前他们就领到了任务，负责攻击敌军指挥部。

排长一马当先冲下了山梁，他发现这边的小山坡上有几十个国民党兵簇拥在一起，身后还摆着电台，断定这就是敌人指挥部。他端起刺刀，向战士们一挥手，一起高喊："缴枪不杀！"便向着山坡冲过去。

李纪云眼看部队被打得落花流水毫无还手之力，心里绝望地念叨着："全完了，全完了。没想到，这里就是我李纪云的死地！"他把手慢慢地伸向怀中，掏出随身的手枪，可他还在犹豫：要不要杀身成仁，为党国尽忠？死，毕竟不是那么容易的事。

此时，2排长接连消灭了十几名敌兵，快速跑到山坡上，猛地举起一颗手榴弹，拉出导火索，大叫：

"不缴枪一个都活不了！"他身后的西北野战军战士们都把枪口指向敌人。李纪云的警卫都被这个气势吓傻了，停止了射击。

"我数三声，立即缴枪，不然我就拉了。"2排长大声喝道。"一、二……"没等他数到三，劈里啪啦敌人手中的武器落了一地。

"谁是你们的旅长李纪云？"2排长厉声问道。这时，他注意到，所有的眼睛都看着一个大个子。这个大个子的军装上没有军衔，却穿着面料极好的马裤，应该是个大官。

"你是谁？"他一步跨到大个子面前。

李纪云面如土灰，一声不吭，他闭上眼睛突然从怀里抽出手枪对着自己的脑袋……可是就在这一瞬，一记有力的拳头打在他的右臂上，手枪飞出了老远。

∧ 青化砭战役中，彭德怀（手执望远镜者）亲临前沿阵地指挥。

"举起手来！解放军优待俘虏！"

"俘虏？"听到这个字眼，李纪云再也没有了少将的威风。"一个军人不应该成为俘虏。"他想着，这个事实太让他难以接受了。可是抬起头来看着漫山遍野的红旗，看着眼前解放军战士黑洞洞的枪口和一双双怒目而视的眼睛，这排山倒海的气势好似沉重的钢板一下子压在他的心灵上。一瞬间，他的身体和意志都承受不住了，他犹犹豫豫地举起了双手。

看到旅长举手投降了，周贵昌、熊宗继也相继举起了双手。

2排长怒目瞪着眼前的这个大个子，厉声问：

"说，你是干什么的？"

"我……我是伙夫。"

"伙夫？"2排长围着他转了一圈，说：

"好一个伙夫，还有手枪，还穿着呢子马裤，你是蒋介石的大舅子吧？不然怎么会这么照顾你？你到底是干什么的？"

李纪云仍低着头不吭气。

2排长说："老子现在没空跟你理论，押到团部去再审。"

当晚,电话里传来团部的通报:他们捉到的那个"伙夫",正是国民党整编第31旅旅长李纪云!

公路上的敌人本来就不想打,现在看到当大官的都投降了,便纷纷仿效,举手的士兵越来越多,像涨潮一样一片片向外扩展。很快剩下的国民党官兵全都举起了双手,长枪、短枪横七竖八扔了一地。仅仅用了1小时40分钟,国民党整编第31旅旅部直属队和第92团共2,900余人全数被歼,无一漏网。

彭德怀和张文舟、王政柱在高地上看到了战斗的全过程,胜利的喜悦涌上心头眉间,藏也藏不住。

> 国民党整编第31旅旅长李纪云(左一)成了我军的俘虏。

彭老总兴奋地说：

"别看敌人气势汹汹，可是在局部战场上，我们的兵力就是绝对优势。"

张文舟接上说：

"具体战斗具体分析，杀鸡也得用牛刀！"

"多亏了陕北的人民群众，我们一万多人埋伏在这里两天，老百姓一点风声都没有走漏啊！"王政柱也感慨地说。

"是的，陕北的人民群众真好啊！毛主席早就说，我们打的是人民战争，只要我们紧紧地依靠人民群众，就一定能够取得最后的胜利！这一仗打的就是保密性，如果不是在陕北，这一仗是很难打胜的。"彭德怀高度评价了陕北根据地的人民。

这一仗干脆利落，我军以伤亡256人的代价歼敌2,900多人，活捉国民党三个少将军官，而且缴获丰富：子弹30多万发，化学炮两门，火箭筒4具，崭新的重机枪、数不清的粮食还都驮在骡马身上就被整驮整驮地拉回来了。新华社后来发表社论，把这一战称为"模范战例之一"。

这一仗真是打得痛快极了。战士们回到驻地一边清点战利品一边高兴地议论着：

"敌人跑得快不如我们打得快，撤得快。知道不？从第一声枪响到咱们撤离还不到两个小时！"

"旅长、参谋长都让咱们活捉啦，一个也没跑了！"

"缴获的子弹成箱成箱的，这下子咱们可不愁啦！"

……

战士们谈体会，谈经验，干部们写总结，写收获，上报立功授奖人员名单，人人都喜上眉梢，现在再提起跟胡宗南在大山里推磨，牵着牛鼻子走，大家都充满了信心。

当天下午喜报就送到中央军委毛主席的手中。周恩来等几位领导也兴奋得凑在一起谈论，从彭德怀主动请缨到保卫延安，一直讲到今天的青化砭，将来的陕北战场。大家一致认为，把陕北和党中央、毛主席的安全交给彭德怀，中央放心！

毛主席发来贺电：

庆祝你们歼灭31旅主力之胜利。此战意义甚大，望对全体指战员传令嘉奖。

3. 当头棒喝，胡宗南忍痛瞒军情

25日上午，董钊一回到延安，马上去见胡宗南。胡宗南听说又没找到共军主力，正坐在椅子上生闷气呢。裴昌会还在旁边瞎起哄：

"我怎么觉得这件事有点怪,共军一两万人也不是个小数,怎么就说不见就不见了呢?攻占延安那天上午,彭德怀还在延安,下午逃跑的时候,油灯还没来得及吹灭,他能跑多远?"

薛敏泉不阴不阳地说:

"延安这个鬼地方,就是个迷魂阵,共军苦心经营多年,难以捉摸啊。"

胡宗南一听,气就不打一处来:

"董军长,共军在你眼皮子底下,还能插上翅膀飞了不成?"

看到胡宗南发怒了,董钊一肚子牢骚也不敢说一句,他憋了半天,才鼓起勇气说:

"胡长官,以卑职看来,应火速增兵李纪云部……"话还没说完,胡宗南立刻举起手,把他后边的话打断了。其实,这时他已经有了不祥的预感,还用得着董钊来提醒吗?一时间屋子里静得可怕。

"叮铃……"放在屋角的电话突然铃声大作,大家都本能地打个激灵,董钊深吸一口气,过去拿起了电话。

"报告胡长官,刚才李纪云的电台在青化砭发来危急呼叫,要求紧急增援,一分钟后就没声了!"电话里,整编第27师师长王应尊急切地嚷着。

"怎么回事?详细说明,我是董钊。"

听到是自己的军长,王应尊更加激愤:

"军座,李纪云遇到共军主力,刘戡近在眼前却按兵不动,军座一定要报告胡长官,严惩这个见死不救的党国逆贼!"

王应尊在电话里叫嚷得声嘶力竭,不用董钊转告,旁边的人也都听得一清二楚。大家面面相觑,这时候还有什么话好说呢?薛敏泉没话找话地问董钊:

"是你命令李纪云去青化砭的?"

"我可没叫他去。"董钊没好气地回答。

"现在还问这个有什么用,火速救援才是第一!"胡宗南听不下去了,让李纪云去青化砭的是他呀,谁想到这个31旅一头就钻进了共军的包围圈。这个李纪云也太不会随机应变了。

"董军长,你即刻率部前去增援。揪住共军主力别让他们跑了。"这个时候,胡宗南念念不忘的还是共军主力。

< 我军某部正向前线进发。

　　董钊集合起队伍,顾不上吃午饭,一路小跑去青化砭。胡宗南又急忙给刘戡下令,让他的两个师做好战斗准备,随时接应整编第1军主力跟共军决战。

　　但是,一切为时已晚。

　　下午4点,董钊站在青化砭的公路上连一个人影也没看到。战场打扫得干干净净,只能看到到处流淌的污血。山坡安安静静,只有呼呼的西北风在肆意地嚎叫着。他当即给胡宗南发去电报:第31旅全军覆没,共军主力不知去向。与此同时,胡宗南也从新华社陕北前线的广播里收听到了同样的消息,而且知道李纪云等已被生俘了。

　　胡宗南握着电报,看了好半天,好像不认识上面的汉字。他最后长叹一口气,跌坐在椅子上。

　　31旅就这么没了,怎么跟老蒋交代呢?胡宗南皱着眉头,让裴昌会和薛敏泉以西安绥署的名义给国防部打报告。说明整编第31旅被歼的原因和教训。

　　裴、薛二人心里嘀咕:还要找什么原因,都是你一意孤行让第31旅孤军深入,中了共军的埋伏。可是也不能这么写呀。他们俩研究了一晚上,总结了三条教训:"一是兵力单薄,二是疏于搜索警戒,三是未走山地而专走大道,导致遇到伏击不能立即占领高地作坚决之抵抗。"取得的经验是:"通过这一战,找到了共军主力的大体位置,摸清了共军的底数,为下一阶段剿匪战斗的胜利提供了有利条件。"薛敏泉想说用一个旅2,900多人来当侦察兵,实在是笑话,可是看到胡宗南阴沉的脸色,又把这句话咽回肚子里去了。

　　胡宗南这时还不知道,整编第31旅的被歼灭,标志着他走下坡路的开始,更大的失败还在等着他呢。

青化砭之战

　　1947年3月,国民党军在进占延安后,积极寻找解放军西北兵团主力决战。解放军在彭德怀等指挥下,以小部兵力诱来犯国民党军主力至延安西北地区,而将主力集结在延安东北之青化砭地区,待机伏击敌人。国民党军为保其侧翼安全,派整编27师31旅旅部及一个团沿咸榆公路北犯。3月25日,进入伏击圈内。解放军以优势兵力展开猛烈攻击。经一个多小时的战斗,全歼敌军近3,000人。这是西北野战军撤出延安后的第一个胜仗,打击了国民党军队气焰,鼓舞了陕甘宁解放区军民的斗志。

战争宽银幕

❶ 我军攻占前沿阵地后,继续向纵深发展。

❷ 我军缴获的敌军坦克。
❸ 我军某部占领前沿阵地后,继续向纵深发展。
❹ 我军某部涉水过河,向前挺进。
❺ 我军向守敌发起冲锋。

[亲历者的回忆]

张宗逊
（时任西北野战兵团第1纵队司令员）

3月24日拂晓，各部队进入设伏阵地，第1纵队以358旅参加伏击，独一旅对延安和安塞的敌人进行警戒。

指战员在冰雪还未消融的阵地上趴着，从拂晓等到中午，也不见敌人的影子。

是敌人发现了我军动向了吗？这是决不可能的，我们部队行动隐蔽，民兵和群众也严密封锁了消息。

黄昏时，接到野司的通告，敌人在拐峁因没有备齐干粮，把出动日期向后推了一天，各部队回集结位置休息。3月25日拂晓，部队又进入伏击阵地。

上午10时，敌整编31旅旅部和所属第92团全部进入伏击圈。2纵独4旅迅速封住"口袋口"，新4旅在北面向下压，东西两边山上的部队勇猛向下冲。

一时军号嘹亮，枪炮齐鸣，手榴弹和炮弹在敌群中开花。这些负荷过重的敌军士兵，本来已经累得走不动了，突然遭到伏击，顿时陷入一片混乱，完全失去指挥。

经过1小时47分的激烈战斗，敌31旅旅长李纪云以下官兵2,900百余人全部被歼，无一漏网。

——摘自：《张宗逊回忆录》

★★★★★

周贵昌

(时任国民党军整编第1军第27师31旅副旅长)

……3月24日第31旅所辖第91团进至延安东北约30里的安寨(拐峁镇以东,姚店子西南的一个小地方),担任延安东北面的警戒。旅部暨第92团沿咸榆公路北犯,企图进占青化砭。当进至拐峁镇时,探知青化砭附近有不少解放军,当即电报胡宗南。胡不但不相信所报情况,反来电斥责说:"贪生怕死,畏缩不前,非军人气魄,绝对要按规定北进,迅速占领青化砭,否则以畏缩不前论罪。"3月25日上午6时,第31旅旅长李纪云率第92团,战战兢兢地由拐峁镇继续前进。当时派出1个连和另1个排分别沿延榆公路左右两侧山地搜索前进,其余部队硬着头皮向青化砭进犯。3月25日上午11时,前卫部队进至青化砭,并有一部占领该处东南高地上的大寨子。本队已进入石绵羊沟,后卫亦通过房家桥。这时,青化砭附近即发生战斗……

——摘自:周贵昌《青化砭战役整编第31旅被歼经过》

第四章
毛泽东决定不过黄河，留在陕北与敌周旋

∧ 1947年3月，毛泽东在转战陕北行军途中。

胡宗南接受教训,制定方形战术。
彭德怀致电毛泽东:要随机应变。
抓住29军的尾巴。
彭德怀说:这一仗的关键有两点:南面要坚决把敌人主力堵住;北面要速战速决。
一个旅阻击敌人两个兵团9个旅,一整天敌人只能前进五六里。
敌135旅被全歼,代旅长麦宗禹被活捉。
新华社社论说:"135旅的被歼灭,是西北战场的转折点,也是全国战局的转折点。"

1. 审时度势,毛泽东执意留陕北

就在青化砭激战正酣之时,毛泽东来到了子长县王家坪,跟先期抵达的周恩来、刘少奇、朱德、任弼时会合了。在残酷的战争环境里,这样辗转奔波再重逢,真是件让人高兴的事啊。毛泽东一进屋,大家的目光都聚集在他身上。周恩来兴致勃勃地拿出一包精装的高档香烟递过来。

"主席,这是彭老总派人送来犒劳大家的。"

毛泽东兴奋地接过来,在手里把玩着。

"彭大将军了不起呀!胡宗南占领延安才6天,就消灭了他一个旅,可喜!可贺!"毛泽东边说边抽出一支烟点上了火,"陕北党政军民好几万人,加上我这个脑袋就交给彭德怀了!"

这句话勾起了大家的心事。原来,这几天大家一直在思考党中央是走是留,特别是毛主席,大家都希望他离开陕北到安全的地方去。

3月27日,中央转移到了枣林沟。当晚,就召开了政治局扩大会议,讨论今后的走向和战略形势。

任弼时着急地说:

"党中央和毛主席的安全关乎战略全局,现在胡宗南二十几万大军在这里,太危险了,还是迁到晋西北去吧。"

刘少奇考虑得比较全面:

"我们丢了延安,本来就已经人心浮动,要是党中央离开陕北,老百姓会以为我们甩手不管了,恐怕难以稳定人心啊。"

周恩来还是那么沉稳:

"是走是留,都得从全局考虑,事情关系到中央和毛主席的安全,一定要慎重再慎重。"

朱德任何时候都军容整齐，他扎着宽皮带，站在地图前说：

"从军事上看，中央留在陕北就拖住了胡宗南，可以大大减轻山东和华北战场的压力。不过，蒋介石要是知道毛主席留在陕北，一定会让胡宗南猛扑上来的。"

毛主席本来正在抽烟，一听这话笑起来：

"哈哈，我成了一块肥肉，我跑到哪，苍蝇就追到哪呀。让他们来吧！我相信人民的支持才是最大的安全。陕北群众好，地势也好，安全是有保障的。"

任弼时说：

"主席，敌人的目标主要是你，你还是过黄河吧。"

毛主席看着袅袅升起的轻烟，语气沉重起来：

"十年了，我们欠陕北人民的太多！长征以后，陕北人民用小米救活了红军，抗战时期，又用小米养育了八路军。现在敌人来了，拍拍屁股就走，我做不到。要走你们走，党内分工我负责军事，我不在陕北，谁在陕北？"

朱德指着地图说：

"南有胡宗南，北有邓宝珊，西面'二马'逞狂，东面就是黄河，我们的处境一面临水，三面受敌，不能感情用事，要考虑个万全之策才行啊。"

毛泽东说：

"这样吧，我跟恩来留在陕北，拖住老蒋的'西北王'，让他不敢把胡宗南投到别的战场上去。"

朱德一听，还要争，毛主席挥挥手，接着说：

"总司令和少奇同志渡河去华北，带上董老，弼时同志跟我们走。"

最后党中央做出了决定：毛泽东、周恩来、任弼时留在陕北，主持中共中央和中央军委工作；朱德、刘少奇、董必武组成中央工作委员会东渡黄河，负责完成中央委托的工作；叶剑英、杨尚昆在晋西北地区负责中央机关的后方工作。

> 时任中央军委副主席兼总政治部主任的刘少奇。

刘少奇

湖南宁乡人。土地革命战争时期，任中共中央职工部部长，全国总工会党团书记，华中局书记，中共中央北方局书记等职。抗日战争时期，任中原局书记，新四军八路军总指挥部政治委员和华中局书记，中央书记处书记和中央革命军事委员会副主席等职。解放战争时期，任中共中央代主席，中央委员会书记等职。

< 时任中央军委副主席、解放军总司令的朱德。

会后，毛泽东送朱德和刘少奇、董必武东去。对这次的分别大家心里都很明白，这是一次战略上的大分工，留在陕北和远行华北都将肩负起党的重任，支撑起解放战争的一片天！想到曾经朝夕相处的战友不知何时才能再相见，大家都觉得心里不是滋味。看到气氛有点沉闷，毛泽东握着朱德的手，开玩笑地说：

"总司令保重啊，要是我跟恩来、弼时都被胡宗南捉了去，共产党就全靠你们喽。"

朱德深情地说：

"主席，你要多保重。"

他又向警卫部队的战士们说：

"中央和毛主席的安全就交给你们了。这个任务重大，也很艰巨，你们要坚决勇敢，千万不能出一点差错，要保证他们的绝对安全，否则，是无法补偿的！"

当天，彭德怀在前线指挥部就收到了毛泽东的电报："中央决定在陕北不走。"握着电报，他觉得沉甸甸的，一方面打心眼里敬佩，觉得毛泽东这个人真了不起，总是从战争全局的高度来观察问题和处理问题，连自己的安危也要放在战争全局的高度来处理。另一方面，他深知西北战场的局势，将关系着整个解放战争的全局，陕北战场的胜败都关系到中央的安全，这个担子可重啊。但是，中央留在陕北，也给了他莫大的鼓舞，随时准备抓住战机，给胡宗南更大的打击。

朱 德 ——————————————————

四川仪陇人。云南陆军讲武堂毕业。土地革命战争时期，任红4军军长，红一军团总指挥，红一方面军总司令，中国工农红军总司令，中央革命军事委员会主席等职。抗日战争时期，任中央军委副主席，八路军总指挥（后改称第18集团军，任总司令）。解放战争时期，任中央军委副主席，中国人民解放军总司令。

< 胡宗南占领延安后,一心寻机与解放军主力决战。

2. 又急又气,胡宗南组织大扫荡

原来在安塞扑空、青化砭又输了一着之后,胡宗南开始反省了。

整编第31旅是个不足建制的旅,对自己来说是九牛一毛,可终究是个败仗,共军是怎么做到来无影去无踪的呢?这陕北的山沟沟光秃秃的,共军又能藏在哪里呢?连着几天,他都心情抑郁,话也不愿多说,只是对着那幅整面墙大小的军事地图看了又看。

胡宗南一个人生了几天闷气,也没想出什么头绪,还是把董钊、刘戡和裴昌会、薛敏泉等一干人叫来商量军情。他故作谦虚地说:

"我想听听诸位有何高见?"裴昌会、薛敏泉不敢出声,都怕哪句话没说好,又会招惹了这只愤怒的马蜂。还是刘戡自以为跟胡宗南关系不一般,先开口说:

"胡司令,我们要想胜利,还是得尽快找到共军主力,只要知道了他们藏在哪里,我们20万大军一起出动,踩也踩死他!"

"废话!"胡宗南不满地白了他一眼,"你说,共军主力到底在哪里?"

董钊看到刘戡碰了一鼻子灰,心里很是受用。他咳嗽一声,说:

"胡司令,眼下大敌当前,多说废话无益。兄弟一向崇尚干实事,已命我部通信兵对敌电台进行监测,这几天发现延安东北地区电台活动频繁。我看共军主力没有走远,他们不是向西北方向撤退,而是在东北方向,前几天在青化砭打伏击的,只是西北野战军的殿后掩护部队。"

"哦？"听到这个消息，胡宗南很有兴趣地抬起头来，"共军在东北？那么具体在什么地方？"

"司令，我们不妨来个大搜索，把队伍排开，并列前进，逢山搜山，遇岭搜岭，把延安东北的山山岭岭通通搜个遍，不信搜不出个蛛丝马迹来。"

董钊一边说一边向薛敏泉递眼色，薛赶快接着说：

"这个办法好，从前就是因为我们的部队分散了才给共军吃掉，其实我们国军比起共匪来兵多将广，要用自己的长处去对付敌人的短处嘛。"

"下策，绝对下策！"刘戡冷冷地说，"这么多部队补给怎么保证？这也叫用兵？当年孙先生白白办了黄埔！"

刘戡这话惹火了胡宗南，他忘了胡宗南也是黄埔毕业的。胡宗南生气地说：

"废话少说，现在什么时候了，党国利益高于一切！"

裴昌会一看这个场面，只有自己来和稀泥了。他慢悠悠地说：

"在没找到上策之前，下策也只能将就用了，总比无所事事的好吧？现在南京方面已经……"

提起南京，胡宗南坐不住了：

"南京已经来电，为我们制定了方形战术。我们要抓紧实行，把共军消灭！"他狠狠地一拳砸在面前的桌子上。

薛敏泉站起来，走到地图前：

"国防部专门为我们制定了一个方形战术。就是把队伍排成方阵，长宽各15公里，只走山顶，不走大路，白天行军，夜晚露营，每日前进求稳不求快。直到找到共军主力为止。"

董钊说：

"这在陕北行军，天天要爬山，方形能方得了吗？"

裴昌会说：

"董军长，这是为了防止行军中孤军深入，被共军各个击破嘛。"

胡宗南也说：

"刘军长、董军长，这回你们是我攥紧的两只铁拳，向延安东北前进，一举荡平延川、清涧地区。最起码也要把他们赶过黄河去！"

董、刘两兵团主力9个旅，根据国防部和胡宗南的指令，向延安东北方向的延川、清涧间进行"大扫荡"。他们果然把部队排成一个方圆十几里的大方阵，漫山遍野地搜索解放军。

彭德怀看到敌人如此大规模的行军，决定暂时不与其正面交锋，让敌人在运动中露出破绽，再集中优势兵力歼灭之。他知道，现在毛主席的"敌进我退，敌驻我扰，敌疲我打,敌退我追"十六字游击经典仍然能发挥巨大的作用。游击战能拖垮搞晕胡宗南,只要敌人在运动,就总有机会歼敌。毛泽东这时发来电报,要求"我军歼击敌军必须采取正面及两翼三面埋伏之部署方能有效,青化砭打31旅即是三面埋伏之结果"。

可是敌人现在已经改变了战术,青化砭的老皇历还能翻吗?彭德怀和习仲勋看着这份电报犯了难。"必须三面埋伏,毛主席说得太绝对了。习政委,你看怎么给主席回电啊?"彭德怀为难地说。

习仲勋也说:

"青化砭战斗后,敌人异常谨慎。不走大道平川,专走小路爬高山;不就房屋设营,都是露天宿营;不单独一路前进,而是数路并列间隔很小。我们的兵力少,三面伏击,已经包围不过来了。"

这时,毛泽东在全党全军的领袖地位是大家公认的,他的意见是不是一定要一字不改地执行呢?彭德怀说:

西北野战军

解放战争时期,中国人民解放军主力部队之一。它是以抗日战争时期的陕甘宁晋绥联防军为基础,逐步发展起来的。1947年3月,陕甘宁晋绥联防军与晋绥野战军改编为西北兵团,同年7月更名为西北野战军,彭德怀任司令员兼政治委员,辖第1、第2、第3、第4、第6、第7、第8纵队、新编第4旅、教导旅等。1949年2月,西北野战军改称第一野战军。

"我是一个老兵,要向党和人民负责,我们还是实事求是才对呀。"彭德怀接着说:"给毛主席发电报吧,把现在前线的实际情况汇报上去。三面伏击已不可能,任何单面击敌均变成正面攻击。这个时候我军必须耐心地长期地疲惫他、消耗他,迫其分散,寻找弱点。"

毛泽东同意了彭德怀的意见,回电说:"你们部署甚好。敌10个旅密集不好打,你们避免作战很对。"他还要求我军指挥员都要像彭德怀一样,面对瞬息万变的战场,独立作出自己的判断。

彭总在给毛泽东回电的同时,也给部队下了命令:敌人这种强大集团战法,就像小米滚子。他滚他的"滚子",我们推我们的"磨"。现在1纵分散三四个营兵力,以一连至两连为一股,派得力指挥员在敌前后左右四面袭扰,断敌交通,将敌疲惫,使敌不能不分散部分守备交通,以创造打击分散与打援敌之机会。

3月27日,董钊兵团从延安出发,当天到达拐峁村东北宿营;刘戡兵团的司令部,也到了延安东约25公里姚店子附近,双方不敢拉出距离。行军路上,他们不断遇到西北野战军小股的袭击,行进不断受阻。而等到他们的部队停下来想展开攻击时,西北野战军却灵活地从一个山头转到另一个山头。西北野战军或出或没,交替阻击,胡军只能且战且走,行进迟缓。

28日,董钊兵团就进至延安东约40公里的甘谷驿,直到4月1日,才来到清涧,刘戡兵团也到达了清涧以南地区。他们在延川、清涧间,根本找不到西北野战军的踪影,而各部队早已疲惫不堪,官兵们白天不时受到西北野战军的袭扰,个个提心吊胆;晚上几万人集中大露营,天天风餐露宿。到了后来带的粮食也吃光了,每天只吃一顿稀饭和一顿干饭。士兵们饥渴难忍,走得慢点还被当官的打骂,有很多人实在捱不下去,就开了小差。

董钊和刘戡眼看着自己军队人困马乏,溃不成军,直气得乱发牢骚。偏偏当天晚

陕北革命根据地

大革命失败后,刘志丹、谢子长等人领导渭南、华县等地农民、士兵发动武装起义,开辟了陕北革命根据地。到1935年9月,根据地发展到近20个县,人口90多万,主力红军和游击队发展到六七千人,成为中央红军和二、四方面军长征的落脚点。在抗日战争和解放战争时期,陕北革命根据地成为中共中央指挥抗日战争和解放战争的中心。

上,又接到了胡宗南的命令,要他们两个兵团"由清涧折转西进到蟠龙以西地区;再从那里向永坪镇、瓦窑堡一线'扫荡',迫使西北野战军主力北撤;尔后与由榆林方面南下之22军,在无定河边的绥德会师"。原来,胡宗南根据无线电测向台的侦察报告,判断西北野战军主力仍在瓦窑堡西南方向。

董钊气呼呼地说:

"胡长官调兵太不负责任。让我们从延安到安塞,又从安塞到延安跑了几个来回,还没休整,就北上清涧。现在,刚刚到地方,屁股还没捂热又要走,就是匹马也得歇歇腿吧?跑来跑去,这共军主力还是没见着。"

其实,他千方百计要找的西北野战军主力,现在正隐藏在蟠龙附近的一条无名山沟里养精蓄锐呢。

在陕北这个老革命根据地,军民一心,坚壁清野、封锁消息做得很彻底,让国民党

∧ 土地革命战争时期的彭德怀。

国民党整编第29军

国民党中央军嫡系部队。1946年6月，原国民党军第37集团军被改编为整编第29军，首任军长刘戡，先后隶属于第一战区、西安"绥靖"公署。下辖第15、第17、第36、第76师和第55旅。1948年初，该整编军在宜（川）瓦（子街）战役中被人民解放军全歼。战后，国民党重建整编29军，鲁崇义继任军长，下辖整编第13、第27师和第3军。三大战役结束后，该整编军番号被撤销。所属部队直接隶属于西安"绥靖"公署。

军耳又聋，眼又瞎，就像捉迷藏似的，左摸右摸，还是摸不到西北野战军主力所在。国民党军想尽办法，前线派出侦察部队，后方派出侦察飞机，仍旧找不到西北野战军的踪迹。而西北野战军却眼观六路，耳听八方，暗里窥明，对国民党军的行动了如指掌。

彭德怀、习仲勋，很快就得知了敌人的具体部署：敌10个旅（1军5个旅，36师两个旅，144旅，12旅，135旅）背依延川、清涧两城，分3路前进。敌之左路进至永坪东之冯家坪，中路进至永坪西北之王家沟，右路进至热寺湾西高地。

彭总盘腿坐在土炕上，对着一幅陕北地图出神。他就像一个娴熟的厨师，拿着勺子不停地搅拌着胡宗南"这锅粥"，让他身不由己地跟着自己的"指挥棒"翻腾。现在面对敌人的新部署，他决定在永坪伏击敌人，迫使敌人露出破绽来。

4月5日，董钊兵团开始北进，当天就到了王家湾。刘戡兵团因等候补充粮食，比董钊晚一天出发。4月6日，我军在永坪公路两侧埋伏，抓住了整编第29军的尾巴。战斗开始，1纵2纵消灭了敌整12旅600人，可是因敌军间隔很小纵深大，布成方阵，没办法分割也没办法包围，所以彭总命令停止攻击，隐蔽撤至蟠龙西北地区集结。

尾巴被西北野战军用刀扎了一下，刘戡立刻又神经紧张起来，以为对方的主力是在后头，他立即停止前进，并要求董钊回援。于是，董钊兵团4月7日又由王家湾折转南下，马不停蹄地半夜赶到永坪与刘兵团会合。

就这样我军仅3个营和一些民兵伴装主力，领着8万多国民党军在黄土高原上武装游行，把胡宗南的两个兵团弄得人仰马翻。他们东西南北的四面乱窜,却始终没有找到西北野战军的主力。他们每天爬陡坡,睡野地,啃干粮,喝凉水,被拖得筋疲力尽,当官的怨言纷起,当兵的逃跑患病,再没力气折腾了。在这种情形下,胡宗南被迫推迟了绥德会师计划,而让董、刘两兵团4月10日回到蟠龙去补充粮食。

胡宗南向来觉得自己"所向无敌",偏偏与西北野战军见面无缘,始终解决不了问题。永坪一战,他不但没有生气,反而兴奋起来,以为虽然损失了几百人,但是抓住了共军的"马脚"。他判断共军就在永坪附近的李家川、牡丹川地区。胡宗南决心用10个旅的兵力,把共军主力"一锅端"。于是他给部队下命令:

整编第1军、第29军主力共9个旅于12日北上,向青化砭西北方向前进,并以驻清涧的整编第76师第72团开瓦窑堡,接第135旅防务,令第135旅沿瓦窑堡到青化砭公路南下策应。

这份致命的情报被破译出来后,西安的地下党组织迅速传给了中央军委,毛主席立刻发报通知了彭德怀。

敌人的破绽终于露出来了,战机稍纵即逝,彭德怀满怀信心地盯上了敌第135旅。

3. 虎口拔牙,羊马河再歼一个旅

敌第135旅整编前是135师,原来归国民党第六战区指挥。1946年中原突围时,它追着我359旅进入陕南,被胡宗南收编。今年3月攻打延安时调来洛川集结,编到刘戡第29军手下的第17师。旅长祝夏年时在西安住院,由麦宗禹代理旅长之职,麦宗禹一心想干出点名堂,去掉前头的那个"代"字。现在胡宗南命他策应第29军跟共军主力作战,他觉得机会来了,得好好表现表现。

4月13日,出发前麦宗禹先开会研究行军部署,以表重视。他手下的404团团长成曜煌、405团团长陈简和参谋长们都参加了。

巧的是,这时候在瓦窑堡西南一个叫桑树坪的小村子里,彭德怀和他的战友们也在召开紧急会议。各纵队和各旅的首长们,天不

∧ 在宣化店地区指挥部队突围的中原军区司令员李先念。

亮就从部队赶来了。会议就在彭德怀住的窑洞里召开。窑洞实在太破旧了,里面只有一张支起不久的行军床,一张小小的木桌和几个临时找来的小凳放在床前。大家也不拘礼,挤坐在一起,都掏出小本子望着彭总。窑洞的门窗多年失修,冷风从门缝窗缝里吹进来,可是大家都没有觉察,每个人的怀里都像揣着一盆火,渴望战斗的激情在心里熊熊燃烧。

彭德怀一边用树枝指着地图,一边简短地表达了自己的想法:

"毛主席命令我们,歼灭从瓦窑堡南下的敌第135旅。这个任务就交给2纵、教导旅和新4旅,你们在羊马河伏击;1纵358旅负责把敌人两个兵团引到蟠龙西北的牡丹川;1纵独1旅就在那里集结,一起阻击敌人的两个兵团9个旅。"

∧ 羊马河之战前夕，西北野战军教导旅宣传队深入到2纵进行宣传鼓动工作。

都是身经百战的指挥员了，大家马上明白打这一仗的关键就在于能不能把敌人主力堵住。以我们现有的装备和编制，两个旅要挡住敌人武装到牙齿的9个旅，困难可想而知。大家七嘴八舌地讨论起来了。有分析地形的，有出主意的，有表决心的。心里的话像放机关枪一样滔滔不绝。

最后彭德怀站起来，伸出两个指头道：

"这一仗要特别注意两个方面：一是南面要拼全力阻击敌人主力，半天内不能让他前进半步；二是北面打第135旅要速战速决。南面阻击敌人为北面争取时间，北面速战速决又能为南面减轻压力。这两方面是相辅相成的，谁也不能疏忽大意。如果让敌人两部分会了师，我们就两面挨打了。"大家听了齐声说：

"请首长放心吧，我们一定打好这一仗！"

一切部署完毕后，彭德怀想：抓135旅并不难，难的是拖住敌人主力。要让敌人误认为1纵的两个旅就是共军主力，对羊马河就不会设防。他觉得还是有必要具体了解一下阻击阵地的情况，于是骑上马直奔1纵独1旅旅部。

独1旅旅长王尚荣正在开"诸葛亮会"，他深知群众的智慧是无穷的，把战士们都发动起来，动脑筋想办法，才能完成任务。

看到彭总到来，大家兴致更高了。彭德怀询问了关于阻击的准备情况，又带着大家来到阵地上：

"你们独1旅就要在这里摆出个决一死战架势来，把敌人挡住。"他停顿了一下，又说："牺牲是肯定的，你们要交替掩护、节节抗击，尽量减少伤亡。只要你们能坚持到下午2点，就完成了任务。"

就在阵地上，王尚荣布置了阻击工作。他让全旅指战员都去挖工事，连预备队也上了，一个人最少要挖够3个人用的掩体，用不着的，留给敌人看嘛，我们"主力部队"人就是多。他还精心安排了每个阵地的抗击时间，规定了打退敌人的次数，不到时间不撤出阵地，到了时间马上就走也不留恋。这样才能让敌人按我们的指挥行动。

看到独1旅安排得这么精细，彭德怀放心地又去羊马河视察。

在羊马河教导旅的阵地上，彭德怀强调了保密的重要性，要求教导旅、新4旅和2纵从现在开始就保持无线电静默。军队也停止使用军号，只用步兵、骑兵传递消息。就这样，西北野战军各部队无声无息地占领了指定的攻击地点。就等着上演一场"虎口拔牙"的好戏了。

4月11日，董钊和刘戡率领着9个旅，又开始了向北"扫荡"。刘戡兵团在右，董钊兵团靠左，还是那个"方形战术"，铺开几十里宽的正面。

行动开始的第一天，在前进中由于遇到西北野战军小部队的阻击，而且8万多人在狭窄的山头上，挤成一团，一天只前进了30里。胡宗南心里着急，生怕刚刚判明方向的共军主力又跑了。于是新发明了所谓'钻隙战术'，遇到解放军，绕道而过，以求迅速。这实际上就是不打仗只走路的战术。

第二天继续向北行进，突然遭遇到西北野战军358旅在广大正面上逐次阻击。董钊看到在各师正面都发现了西北野战军正规部队，而且火力异常猛烈，打得自己的5个旅丝毫不得动弹。他判断这就是西北野战军的主力部队，立即给胡宗南报告，要求催促刘戡的第29军快点靠上来，同时让第135旅迅速南下，形成合力，三面夹击。他还虚张声势地说：

"现在是一举歼敌的绝好时机，机不可失，时不再来！"

胡宗南的胃口一下子被吊了起来，以前天天茶不思、饭不想就是因为找不着共军主力发愁，现在共军撞到了自己的枪口上，不用说，这回又得创造一个惊天动地的"大捷"，给自己的胸前再添上一枚勋章了。他一边回电敦促董钊："抓住共军主力不放，若再让他们逃走，军法处置。"一边命令刘戡迅速向西靠拢，同时催逼第135旅从瓦窑堡火速南下，切勿延迟，一定要让共军插翅难飞。

董钊也"长了记性"，怕自己孤军深入中了埋伏，谨慎地给各师发出通报，要求各师不得贪功突进，一定要保持队形，规定每小时用电报互相联络一次。

可是他下属的各师对于这个规定就不以为然了。那个第90师代师长陈武，就极骄傲的对参谋长说：

"这回可把共匪的主力部队逮住了。这些天咱们为寻找共匪主力，不知跑了多少冤枉路，现在好容易找着了，又胆小如鼠，说什么为了队形，每小时联络一次，这要耽误多少时间！真他妈的令人恼火！这样的胆小鬼，还能同共产党打仗！怪不得人家说董钊也就只能当个大班长。"

可是话音未落，前方山头上几梭子机枪打了过来，打断了陈武后面还想说的牢骚话。第51师第61旅也传来报告说：遇到共军强有力的阻击，前进困难。而处于右翼的第1师，行动比第90师更迟缓。这下子弄得陈武也不敢突出过远。打打停停，停停打打，搞了一天，只前进了5公里，比前一天的速度锐减了2/3。董钊却高兴地想，这回总算找到了共军主力，只要自己揪住不放，追着共军主力打，一定能全歼。

第3天，国民党军从山上到山下，在长达几十里的正面大规模地向西北野战军1纵阵地展开了攻击。这场战斗异常激烈，他们先是用炮火攻击，弹片满天，像雨点一样落在山顶1纵的防御阵地上，硝烟尘土弥漫了山坡。随后，国民党军8万多人铺天盖地一哄而上。

西北野战军战士们，牢记纵队领导的指令："把敌人放近，瞄准，以节省子弹。"他们趴在掩体里一动不动，看着敌人像蛆虫一样蠕动着，距离越来越近。200米，100米，50米……"打！"只听指挥员一声令下，子弹带着仇恨向敌人倾泻过去，国民党军成片地倒下，侥幸躲过子弹的人，也是鬼哭狼嚎，抱头回窜。

西北野战军第1纵队领导，在战前一再向战士们强调：我们

∧ 时任西北野战兵团第2纵队司令员的王震（左一）与战士们在一起。

今天的任务就是把敌人紧紧拖住,让他们觉得我们就是主力,跟我们打得越久越好。主力部队打仗什么样,我们就拿出什么样子来。于是,部队摆出了寸土必争的架势,特别看重阵地的得失。就是一个小小的山头,也要得而复失,失而又得,反反复复争上几个来回,再转移到下一个新阵地去。就这样三番五次地拉锯战,让敌人每前进一步都付出巨大的代价。这一天敌军只前进了二三公里,基本上还在原地踏步。

这边的胡宗南可再也沉不住气了,他不断给前线发报,询问决战的情况。

"共军炮火异常猛烈,我部苦战多时,于黄昏前攻占了共军的一线阵地。"董钊和刘戡却像商量好了一样,回电的语气一模一样。那共军主力呢?是全歼了?还是逃跑了?这才是胡宗南最想知道的。偏偏在这个问题上,两人的回电上不着一字。胡宗南心里也早就明白了这其中的奥妙,他自己给国防部的报告,不也是常常玩这种报喜不报忧的把戏吗?万般无奈,他只有继续催促第135旅快点赶赴战场。

4月14日清晨,整编第135旅在瓦窑堡南部集合完毕。他们按照上级的部署以战备行军的方式前进。第405团为前卫,派出一个营为左侧卫。旅部、特务连、通信连、工兵连、化学炮连、第404团及辎重营和卫生队为行军主队,由第404团派出两个连担任右侧卫和后卫。

上午9时,第135旅来到了羊马河地区。羊马河的两边是山梁,中间大路沿着羊马河向前蜿蜒。135旅担任警卫的部队就在两侧山坡上行进,大部队还是走在大路上。麦宗禹一点也没觉得这样安排有什么不妥。在他想来,上级的命令是不会错的。敌情现在很明朗,整编第1军和整编第29军正在跟共军主力激战呢。自己要做的事,就是尽快赶到截住共军的后路,10个旅一起打,胜利唾手可得,战斗胜利之时就是自己崭露头角之日啊,那时还愁支不掉个"代"字吗?前途大好啊。他兴致勃勃地催促部队快点行进,兴高采烈地向南赶去。

10点钟,麦宗禹率旅部行至三郎岔,突然听到前面不远处枪声大作,部队一片慌乱。一个军官飞马赶来:

"报告旅长,前方遭遇大股共军阻拦!"

麦宗禹还抱着一线侥幸：

"别一惊一乍的，大股是多少？就是几个游击队吧？"这时，只听枪声四起，子弹像雨点一样从大道东西两侧打来。麦宗禹头皮一麻，不由得心里发虚，对这个军官吼道：

"抓紧给我搞清楚，到底有多少共军？"

可是西北野战军哪里还容许他搞清楚，新4旅、教导旅和2纵队已经排山倒海般地猛扑过来。第135旅惊慌失措，顿时乱成一团。麦宗禹赶快带着参谋主任朱祖舒就近爬上一个地势高点的小山坡，放眼望去，自己的部队已经被西北野战军包围了。他大惊失色，对朱祖舒说："我看像共军主力啊！"

朱祖舒十分惊慌地说：

"旅座，我们中了埋伏。"

麦宗禹对和彭德怀打仗，从心里发怵。他咽了口唾沫强迫自己冷静下来，想了想，如今只有先坚持住，边打边前进，向刘戡靠拢。只要能跟主力会合，自己就得救了。

他马上传令：第405团占领河川东山，掩护旅主力向蟠龙方向攻击前进，等旅主力通过后，第405团就作为后卫跟随主力前进。第404团拿出一个营在旅主力前面开路，其余两个营占领河川西山各制高点，巩固加强现有阵地，拖住共军。别看麦宗禹被西北野战军打了个措手不及，但是他的布置，在当时这种情况下还是最有效的。如果真的能实现，那么135旅完全可能钻出西北野战军的包围圈，跟主力会合。

可是西北野战军的绝对优势兵力把第135旅死死压在几个山头之间，丝毫动弹不得，让他的计划化为泡影。站在高地的麦宗禹看到自己的部队已被分割成若干个豆腐块，一个制高点也没占着，第405团占领河川东山的企图也没有实现，第404团向蟠龙方向攻击的一个营还在原地乱转。他只有声嘶力竭地1遍遍催报务兵给胡宗南发报救援。

"废物！都是废物！"胡宗南在指挥所里恶狠狠地骂着。裴昌会和薛敏泉互相使着眼色，不敢问他在骂谁，只有不声不响地坐在角落里。胡宗南这时才知道，自己让董钊抓住不放的只是共军的佯动部队，而真正的主力早就在羊马河撒下了天罗地网，就等着逮第135旅这条大鱼呢。

< 王尚荣，1955年被授予中将军衔。

王尚荣

湖北石首人。土地革命战争时期，任红3军司令部侦察科科长，龙山独立团参谋长，红5师师参谋长，红32军第96师师长等职。抗日战争时期，任八路军120师358旅715团团长，独立第1旅副旅长兼晋绥军区第四军分区司令员，陕甘宁边区绥德警备区副司令员，独立第1旅旅长，第2师师长等职。解放战争时期，任第一野战军第1军副军长兼青海省军区副司令员等职。

胡宗南瞪起眼睛叫着："快快，传令第135旅坚守待援。让董钊、刘戡加速北进，两个小时内必须赶到羊马河。"

"是！"裴昌会向门口的传令兵一挥手，传令兵马上跑步离开了。"飞机，还有飞机"裴昌会在后面又追着喊，"命令飞机马上起飞助战！"

胡宗南的命令是发出去了，可是他哪里知道，现在董钊已追着西北野战军358旅跑到了羊马河西边25公里以外的地方，就算马上回师，两个小时也赶不到羊马河了。而刘戡呢，虽然占领了西北野战军的一线阵地，可那是西北野战军有计划放弃的。1纵已经在第二线阻击阵地上跟第29军打得难分难解，让刘戡半步也前进不得。国民党军一轮一轮的冲锋只能是留下一片尸体。

1纵的战士们越战越勇。他们听着从东北方向羊马河传来的枪声、炮声，心里别提多高兴了。独1旅王尚荣旅长拿着望远镜看过去，兴奋地对参谋长李书茂说：

"那边浓烟滚滚啊，大炮、手榴弹都响过了，这回肯定又是一个歼灭战！"

李书茂一听笑着说：

"彭总让敌人去哪，敌人就去哪，敌人还真听指挥呀！"一句话说得大家都笑了。

两个小时过去了，麦宗禹在阵地上苦苦支撑，飞机倒是来了，可是双方队伍混战

> 李书茂,1955年被授予少将军衔。

李书茂

湖北沔阳人。土地革命战争时期,任湘鄂省保卫局特务连副分队长,红3军第三支队分队长、司令部副官,红二方面军司令部参谋、补充团营长等职。抗日战争时期,任八路军120师358旅716团参谋长等职。解放战争时期,任晋绥军区独立第1旅参谋长,第一野战军1军2师副参谋长、第3师副师长等职。

在一起,飞机也不敢射击,只能在天空中盘旋。董钊、刘戡的援军还是见不到影子,这时西北野战军已经攻克了第135旅在河东的所有阵地。河西的敌人也被教导旅冲得七零八落,团不成团,营不成营,只能为了保命各自为战。当西北野战军势如破竹地冲进敌化学炮阵地时,麦宗禹的炮兵排立刻宣布投降。在我军的要求下,掉转炮口就冲几分钟前还是自己上级的旅长指挥所一阵猛轰。180度大转弯,弃暗投明的速度太神速了。

时间一分一秒地流逝,在麦宗禹眼里,时间就像停顿了一样。他几分钟就看一回表,过一会就端起望远镜向南瞭望,一心盼着援军快点到来。可是盼啊盼啊,援军没有盼到,却眼睁睁地看着自己的士兵,就在自己的眼皮子下面一批批地倒下,没死没伤的也举手投降了。到了下午4时,离麦宗禹最近的最后一块阵地也被教导旅攻下来了。

麦宗禹眼看着大势已去,只好换上便装,带着自己身边最后的几个警卫人员钻到一个山沟里躲起来。不一会儿,教导旅1团7连连长陈忠绪就赶到了。陈忠绪带着几个战士冲到旅部指挥所,听俘虏说麦宗禹逃走,就一路追击。麦宗禹用手枪督促自己的警卫举枪射击,妄图负隅顽抗。可是"树倒猢狲散",警卫们被气势如潮的西北野战军战士吓破了胆,早就管不了那么多,一个个都乖乖扔了长枪,举起了双手。看到自己走到这样山穷水尽的地步,麦宗禹心里不由得感叹:这次西北野战军的火力之猛,攻力之强,是自己从军几十年来从未遇到过的。他抬头仰望天空,多么希望这只是一场噩梦。只要第29军有一个旅能来拉他一把,他就得救了。他万万没想到的是,刘戡的第165旅此时只跟自己相隔一个山头,这支援助之手最终也没有伸到他的面前来。因为在他和第165旅之间横着一堵牢固的墙——西北野战军1纵独1旅。他没想到这墙是如此的牢不可破,没想到自己就在主力部队的眼皮底下被俘了。

麦宗禹的第135旅遭受西北野战军突袭,胡宗南即令刘戡兵团设法援救,刘戡令其最右翼的整编第36师师长钟松派队驰援。当时,钟师的第165旅与麦宗禹只隔着两个山头,相距不远。而西北野战军对于刘戡这一着早有准备,第165旅拼死拼活才夺得了一个山头,可又遇到另一座山头的西北野战军的阻击,一山更比一山难,第165旅想再爬过去,却是难于上青天了。

有趣的是,数年之后,麦宗禹在回忆羊马河之战时,写下了这样一段文字:

在路边没停多久,就见到王震司令员、王恩茂副政委,互通姓名,一如朋友相见。随即他们率部队向东行进,我也跟着同行。傍晚,到达一个小村庄的一间民房内,和他们一起吃晚饭,当晚我被安排在一个土炕上与王司令员、王政委睡在一起。当时我在想:在前数小时,双方以步、炮兵战斗厮杀,现在像朋友一样,共产党人的伟大胸怀真令人非常敬佩。这戏剧性的故事,可能有人不相信,但这是事实,在我的一生中是永远不会忘怀的。

到了第5天,董、刘两兵团因为所携粮食已经吃完,又垂头丧气地折回蟠龙,以解决吃的问题。

胜利的消息像长了翅膀,在陕北传开了,陕北大地一

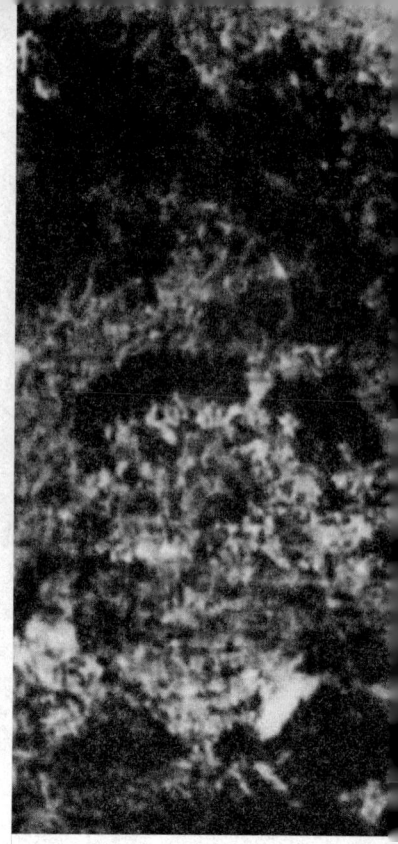

∧ 转战陕北的毛泽东。

∨ 我军缴获国民党军的山炮。

片欢腾。毛泽东高兴地对任弼时说:"用一个旅阻敌两个军,在敌两个兵团面前要消灭一个旅,在老虎嘴里拔大牙,谁敢这样布阵?谁能这样取胜?唯我彭大将军啊!"

到此为止,胡军在侵占延安之后还不到一个月,已有两个旅被歼,两个旅长被活捉了。胡宗南及其董、刘两员大将被西北野战军弄得晕头转向。

当胡宗南在延安听到新华社广播第135旅被歼的时候,并不吃惊,因为他早就知道了这个消息。他重视的是同一天播发的新华社题为《战局的转折点——评蒋军135旅被歼》的社论。社论说:

"135旅的歼灭,标志着胡宗南从此走下坡路。""在陕甘宁边区军民方面,情况就完全相反。游击战争很快发展,人民西北野战军的战斗力很快提高,军民团结很快加强,歼灭敌人有生力量的作战方法很快被领会,因而愈战愈强。""135旅的全部歼灭是西北战局的转折点,同时就是全国战局的转折点"。"因为胡宗南是蒋介石的最后一张王牌","可以预计,4月开始后的两三个月内,蒋军将由攻势转变成为守势,人民西北野战军将由守势转变为攻势"。"历史事变的发展表现得如此出人意料,敌人占领延安,将标志着蒋介石灭亡,人民西北野战军的放弃延安,将标志着中国人民的胜利。"

中共中央军委在接到彭德怀、习仲勋全歼敌第135旅的报告后,向各战区发出通报说:

这一胜利证明仅用边区现有兵力(6个野战旅及地方部队),不借任何外援即可逐步解决胡军。这一胜利又证明忍耐等候不骄不躁,可以寻得歼敌机会。望对全军将士传令嘉奖,并望通令全边区军民开会庆祝,鼓励民心士气,继续歼敌。

战争宽银幕

❶ 我军某部冲上山头，占领了国民党军阵地。
❷ 我军战士冒着严寒，涉水向敌发起总攻。
❸ 我军突击队员跳下船头，抢占滩头阵地。
❹ 我军部队登上登步岛海滩。

[亲历者的回忆]

廖汉生
(时任西北野战兵团第1纵队政治委员)

　　4月13日，358旅与敌第1军的5个旅接触，立即以积极的动作将其吸引过来，交替掩护，节节抗击，以每天只让敌军前进2至5公里的速度，把敌阻击在蟠龙到瓦窑堡大道以西地区。

　　4月14日，独1旅与敌29军的4个旅接触，把敌阻击在羊马河以南。

　　我纵摆出一副决战的阵势，使到处寻找我军不着的敌军全力扑了过来，把敌9个旅牢牢吸引到自己身上，又以顽强的阻击将其死死地拖在那里，在几十公里的宽大正面展开了一场规模浩大的抗击战。

　　我纵实施机动防御，在给敌杀伤后主动后撤，又在下一个山头抗击。

　　这一天敌135旅在羊马河被2纵队、教导旅、新4旅伏击。下午野司给我们传来捷报："我军全歼敌135旅4,700余人，活捉代旅长麦宗禹和两个团长！"

——摘自：《廖汉生回忆录》

麦宗禹
（时任国民党军整编第29军第76师135旅代旅长）

我旅于（4月）14日清晨在瓦窑堡南郊集合完毕，即采取战备行军方式沿瓦蟠大道向南行进。第405团为前卫，派1个营为左侧卫，旅部、特务连、通讯连、工兵连、化学炮连、第404团、辎重营和卫生队为本队，由第404团派出2个连，1个连为右侧卫，1个连为后卫。

9时许，旅部到达三郎岔以北地区，突然听到枪炮声，随即又接到搜索部队的报告：在大道以东、以西约千余米的高地上，发现了解放军的大部队，双方在对峙中。我与朱祖舒立即带领旅直和第404团登上西山半坡，目击全旅已进入解放军的伏击圈内……

——摘自：麦宗禹《整编第135旅羊马河被歼记》

第五章

蟠龙大捷,
敌167旅悉数被歼

∧ 晋冀鲁豫军区第4纵队司令员陈赓在干部会上讲话,号召部队奋勇杀敌。

由于后勤补给困难，彭德怀说："这就要求每战必胜，粮食、弹药、被服、人员的补充，主要取之于敌人。"

毛泽东、彭德怀不约而同地看上了蟠龙。

359旅诱董钊、刘戡两个兵团北上绥德，为我主力打下蟠龙创造了条件。

蟠龙告急，李昆岗求救，却被胡宗南训斥。

蟠龙大捷，全歼167旅6,700人，生俘旅长李昆岗，缴获面粉1万多袋，子弹百万余发，极大地解决了西北野战军的当前困难。

1. 一筹莫展，胡宗南被牵着鼻子走

青化砭惨败，羊马河惨败，胡宗南在陕北这盘棋上连输两着，他再也坐不住了。从攻占延安开始，他就想速战速决一举歼灭共军主力部队，给翘首以盼的蒋委员长一个大大的惊喜，于是一个月来精心组织了四次"大扫荡"。满心以为一定能功成名就了，谁知道事与愿违，丢了一个旅，又丢了一个旅，虽说加起来军队只损失了1万人，对他的20万大军来说并不算什么。可再照这速度损失下去，再多的部队也不够啊。

4月的延安春色已露，迎面吹拂的风也温柔了许多。可是，胡宗南的心中却还是寒霜一片。他背着手在屋里来回踱着步子，突然问：

"盛文，你说我们为什么连连失利？9个旅为什么就突不破共军两个旅的阵地？"

参谋长盛文哪能说出个所以然来，看看裴昌会、薛敏泉，他们又都没有开口的意思，只好小心翼翼地说：

"陕北地形复杂，百姓强硬，我军劳师远征，粮食补充困难，共军主力时聚时散，难以将其围歼。以属下之愚见，不如放弃延安，再行谋划。"

胡宗南一听这话，连连摇头。延安是自己的功劳啊，现在放弃不就等于承认失败了吗？

薛敏泉赶快说：

"不妥啊，不妥。参谋长这一步走得太远，对国内外观瞻影响太大，委员长是不会同意的。"

裴昌会也同意撤兵，他说：

"这茫茫大山里，我们人生地不熟，要找共军主力太难了。共军一向狡诈，就是找到了共军主力，说不定又会落入了什么圈套。"

盛文向薛敏泉示意：

< 王恩茂时任晋绥野战军第2纵队副政治委员。1955年被授予中将军衔。

"薛参谋长,你把山西的情况向司令汇报一下吧。"

薛敏泉今天主要就是来向胡宗南汇报山西情况的,刚才看到胡宗南一声不响心情不好,他也没敢吱声,生怕自己成了无辜的出气筒。现在不得不硬着头皮说:

"山西形势严峻。"说完这句,他偷偷看看胡宗南,还好,胡宗南只是嘴角抽动了几下,没有什么别的表示。薛敏泉继续说:

"4月4日后,共匪陈赓、谢富治部队连克曲沃新绛等5城,4月14日后又攻占绛县,占领了晋南三角地带,先后夺取了稷山、万泉等县镇,直逼潼关,离西安只有一步之遥了。"

胡宗南听到这里,急红了眼,像被针扎了一样跳起来,大本营就快不保了,自己还在这里找什么共军主力!

裴昌会出主意说:

"不如胡长官亲自上南京面见蒋总统,把陕北的情况详细汇报,再请国防部定出计划来。"

胡宗南沉吟了一会，慢慢地说：

"南京我是要去的。南京我是要去的。"他重复着这句话，心里也犯难，去了南京怎么跟老头子交代呢？老蒋只知道天天发报催促决一死战，国防部那帮饭桶一点高明的主意也出不了。唉，他叹口气，摆了摆手，对薛敏泉说：

"电令董钊和刘戡，就在蟠龙附近补给休整，随时准备救援后方。每天只派小股侦察部队寻找共军主力。大部队没有我的命令不得轻举妄动。"

此时胡宗南真是一筹莫展了，他寝食难安，日夜思量，竟然真的想不出个好办法来。他准备仿效历史上李鸿章"剿捻"，以主力守延安，将宁、青二马兵力推进至陇东要地，北依邓宝珊在榆林的据点，东以黄河为障，迫共军就范。胡宗南想在5月初去南京当面向蒋介石提出这一方案。谁知还没来得及去南京，这想当然的方案还没来得及实施，他就被彭德怀照脑袋一榔头，敲得七荤八素，晕头转向。这一榔头就是解放军于5月4日攻克蟠龙镇。

2. 调虎离山，彭德怀要强夺蟠龙镇

蟠龙镇，位于延安东北45公里处，是胡宗南在陕北苦心经营的重要补给基地，存有大量的粮食和军用品。丢了蟠龙，胡军的供应就会严重困难。本来在两场败仗后，胡军就气焰大减，不如过去那样嚣张，如果再没有了供给，必定军心动摇，士气低落，畏战、厌战、情绪增长。使胡宗南深深陷在陕北泥潭，再也拔不出脚来。

23年后，彭德怀回忆起当时的情况时说：由于我军后勤供给困难，"这就要求每战必胜，粮食、弹药、被服、人员的补充，主要取之于敌人"。

正是出于这样的想法，羊马河胜利后，毛泽东和彭德怀就不约而同地盯上了蟠龙。

但是，要拿下蟠龙谈何容易。且不说蟠龙守备森严，工事完备，驻守在这里的是胡宗南四大金刚之一的整编第167旅。目前，在蟠龙附近休整的董钊、刘戡两部，兵力10多万，这无疑又是解放军夺取蟠龙的最大障碍。因此，要打蟠龙，还是得用老办法——调虎离山，把董、刘两兵团支开，才能再次上演一个整旅被歼的"传统剧目"。

毛泽东和彭德怀共同导演的好戏就要开锣了。

4月下旬，在陕北绥德、米脂以东的黄河各个渡口，都摆开了一批大大小小的船只，还有边区的干部、民兵也在岸边紧张地忙碌着，看这架势只等着千帆竞发了。同时，在公路上、川道上，解放军部队排成多路，拉开5公里长的阵线朝着绥德方向行进。人们纷纷传说解放军要东渡黄河了。

国民党空军每天例行侦察，很快就发现这一情况，立即报往南京国防部。蒋介石如

获至宝，断定共军主力正向绥德附近集结，准备东渡黄河。他亲自打电话给胡宗南，要胡军立刻沿咸榆公路北进。又令驻扎榆林的邓宝珊部星夜南下策应，双方在咸榆公路要点的绥德会师，合力将陕北共军一举歼灭，最起码也要逼其东渡黄河。

胡宗南执行蒋介石的指示从来都不含糊。马上命令董钊、刘戡两兵团约9个半旅兵力携带7天粮食，分左右两路向绥德挺进。

毛泽东安排的第一场戏一开幕，就取得了预期的效果。为了稳固和扩大对手在判断上的错误，彭德怀安排的第二场戏，紧接着也拉开了帷幕。

彭总风趣地对2纵司令员王震和副政委王恩茂说：

"胡宗南很听话，这很好嘛。我们应该成全胡长官。他要找我军主力，我们就让他找到。他不认识路，我们就派个向导给他带路嘛。"

王震心领神会地说：

"胡宗南胃口大得很，我们人少了不行，得多搞些人，把他顺顺当当带到绥德去。这回他可舒服喽，想睡觉就有人送枕头。"

王恩茂笑了笑说：

"这和演戏差不多，最重要的就是'像'。演得像，观众当真；演不像，观众就要回家睡觉。"几句话说得大家都笑起来。

此时正是4月27日深夜，天上下着瓢泼大雨。王震和王恩茂刚从野司开完会，就直接奔359旅旅部而来。359旅旅长郭鹏正准备休息，司令员和副政委的突然到来，郭鹏想，一定又有什么重大任务给自己执行。

不出所料，王震刚进窑洞就连声叫着：

"郭鹏！拿地图来，又有仗给你打啦！"

王恩茂接过警卫员递来的毛巾，边擦着头上的雨水，边说：

"毛主席命令我们，以少部兵力将敌主力诱往绥德地区，尔后，集中主力，夺取蟠龙。"

王震用手指按住地图上的蟠龙，幽默地眨了眨眼睛："蟠龙的油水很肥呀！"

郭鹏兴奋起来，他凑近地图仔细打量着。

王震继续说：

"你的任务是带领一部分兵力佯装西北野战军主力。要让敌人以为，共军主力在陕北待不住了，要过黄河去。让敌人追着你们的屁

∧ 郭鹏,1955年被授予中将军衔。

郭 鹏

湖南醴陵人。土地革命战争时期,任红六军团第17师50团团长,红二军团第6师师长,红32军参谋长等职。抗日战争时期,任八路军第120师359旅参谋长、副旅长,晋西北军区第5军分区司令员,八路军南下第一支队副司令员,湖南抗日救国军副司令员等职。解放战争时期,任中原军区359旅旅长,晋绥野战军第2纵队359旅旅长,西北野战军第2纵队副司令员,第一野战军第2军军长等职。

< 1944年11月9日,毛泽东、朱德在359旅旅长王震(右)陪同下检阅南下支队。

股跑,一直跑到绥德去。我们就能在蟠龙痛痛快快地打个漂亮仗。"

郭鹏一听急了,说:

"报告首长,我也要打蟠龙!"

王震明白他想打硬仗的心理,便伸出手指点着郭鹏的脑袋说:

"不要着急嘛,仗,有你打的。现在你的任务才是最重要的,也是最难的!郭鹏同志,有没有信心完成啊?"

郭鹏挠挠头皮,立正敬礼:

"保证完成任务!"

"光有保证还不够,"王恩茂说,"还要注意细节,彭总已经命令各主力旅分别抽调一个连来配合你们行动。怎么才能像个'共军主力',你们要好好商量一下。马上召集党委扩大会议,吸收营以上指挥员参加。把工作做细致,任务才能有保证。"

就这样,王震、王恩茂和359旅的干部们一起拟定了一个详细计划:临时打乱建制,把担任诱敌的部队分为大小不等的几个支队。分别扮演1纵队、2纵队、新4旅和教导旅。每个支队都配上电台,天天嘀嘀嗒嗒地联络几次。一个支队扮演359旅,在敌军的背后担当"主力撤退的掩护任务"。

天亮了,雨仍在哗哗地下着,时间不容耽误。王震亲自送贺劲南率领的扮演"教导旅"的支队冒雨出发。他们要赶到瓦窑堡以东的魏家寨,抗击敌人一天。让敌人觉得自己真的咬住了共军主力的尾巴。王恩茂又特地叮咛:

"千万不要把敌人当成傻子!你们不能有一丝一毫的破绽。"

359旅 ▲

1937年8月,红六军团、红32军和总部特务团一部,在陕西富平改编为国民革命军第八路军第120师第359旅。陈伯钧任旅长、王震任副旅长,下辖第717团、第718团,共5,000余人。在抗日战争、解放战争期间,该旅曾先后隶属于第120师、八路军南下支队、中原军区、晋绥野战军、西北野战军的战斗序列。1949年2月后,359旅奉命改编为中国人民解放军第一野战军第2军5师。

接着，其他各支队也陆续踏上了征程。郭鹏骑上马，执行一项秘密任务去了。原来他是想请地方上的干部动员几位老乡，用巧妙的办法，故意把郭鹏他们扮演的假部队番号泄露给敌军。

入夜，繁星在天空中睁大了疑惑的眼睛。怎么在那沟壑纵横的陕北大地上，冒出了无数堆熊熊篝火？其实，这正是郭鹏和战友们精心设计的杰作。站在高处远远望去，东西10余里宽的地面上，到处都是篝火、营地，真像是大兵团在集结，一幅千军万马安营扎寨的场面。

到了规定的时间，359旅这个"演出"部队按计划向东北转移了。在原来的"驻地"，留下了破烂的门板，散乱的担架，破棉袄、破棉裤。沿着"大军"撤退的几条山路，各支队都摆好了这样明显的"仓皇逃离"的现场，就像路标一样，给胡军指明了追击的方向。

郭鹏早就从持枪投诚的原胡军士兵那里得知，胡宗南的军队能识别我军的信号弹，一看就知道是哪个旅的。这下可好，各支队根据自己扮演的角色，按不久前打信号弹联络的规定，把五颜六色的信号弹分别从各自的"驻地"放飞上了高空。还生怕胡军看不见，过了一个小时，又照原样联络了一次。

果然，这下子胡宗南深信不疑解放军主力已向绥德方向逃窜。他激动不已，只要能尽快解决陕北战事，就能腾出手来对付自己侧背的安全隐患了。胡宗南抓起电话问作战参谋：

"董、刘二部追到哪里了？有没有消息？"

"报告司令，昨日大雨，山路泥泞难行，董、刘两部在清涧安营待命。"

"什么？一点雨水就畏足不前，哪还有军人的样子。传我的命令：让董、刘二部即刻前进，3日内打通延榆公路，拿下绥德，不得延误。下刀子也得给老子去！"胡长官对我军的部署很配合。

4月26日，天空刚刚泛起鱼肚白，国民党军的9个半旅就张牙舞爪地上路了。他们排着庞大的方队，绵延几十里，尾随共军"主力"由南向北开进。

黄昏时分，队伍来到了359旅预先选定的抗击位置水园子。这里是重要的关隘，如果真是主力部队要撤退，为了迟滞敌军，一定是会坚守这里的。所以，359旅就选在这里打出主力的样子来给敌人看看。

9个半旅的胡军洪水猛兽一般,一下子全部扑到了359旅各支队的面前。

董钊、刘戡真的把359旅当成了主力,觉得这是进行决战的良机,也是自己升官发财的好机会,哪里还顾得上自己不擅长打夜战,只管催促部队一次又一次猛扑。359旅的广大指战员,看到自己的演技高超,最终骗来了胡军,人人斗志昂扬,兴奋不已。他们知道在这里抗击得越坚决,胡军越以为交手的就是我军主力。

就这样,359旅认真地扮演着角色,与胡军整整奋战了一夜。直到拂晓,趁着胡军准备火力、组织再攻的空当,各支队悄悄撤出了阵地,迈着轻快的步伐,向东北方向撤去。

如此这般,359旅且战且走,逗引着董钊、刘戡两军之众不断北上。加上另一支队在胡军尾部骚扰,董钊、刘戡更加认定这是要有意拖住他们,他们北进的决心反而更坚决了。

打打走走、走走停停,追击了一个星期,5月2日,董钊、刘戡终于进入了绥德。到达后他们才发现,和延安一样,绥德只是一座空城!不但没有共军主力,连带路的359旅也悄然失踪了。但董、刘二人毕竟是胡宗南的好部下,向他学习吹嘘战功的本领已经炉火纯青。他们给胡宗南的战报称:

"我军收复战略要地绥德,共军溃不成军,咸榆公路打通在即。"

占了绥德后怎么办?两人又发生了分歧。刘戡主张继续北进,完成与邓宝珊的会师。董钊却极力主张等候胡宗南指示及补给到达后,再定行动计划。

董钊一向惟胡宗南马首是瞻,每次行动,必先请示胡宗南,得胡允许后行动,自己不担一点责任。但是刘戡就不一样了。自从进入陕北作战以来,占领延安立功的是董钊的第1军,自己非但没捞着一点好处,反而在青化砭救援第31旅,在羊马河救援第135旅,因没有完成任务,一再遭受胡宗南的训斥。现在部队停在绥德又驻扎在第1军的后边,实在怕再挨胡宗南责骂。因此,他想率领自己的第29军,抢先向绥德以北地区推进,出点风头,找回面子。董钊可不想让刘戡的心思得逞,他笑笑说:

"刘军长,现在共军去向不明,我军带的粮食也不多了,还是就地等候给养吧。我已给胡长官发报,估计此时蟠龙的送粮队已经在路上了。"他们可没想到,蟠龙的补给再也没有指望了。

3. 负隅顽抗,李昆岗求救兵挨训斥

蟠龙是个小盆地,四面环山,地势险峻,易守难攻。东面有一道又高又险的山梁,最高峰叫积玉峁,这是敌人的主阵地,工事坚固,明碉暗堡,星罗棋布。敌人还利用

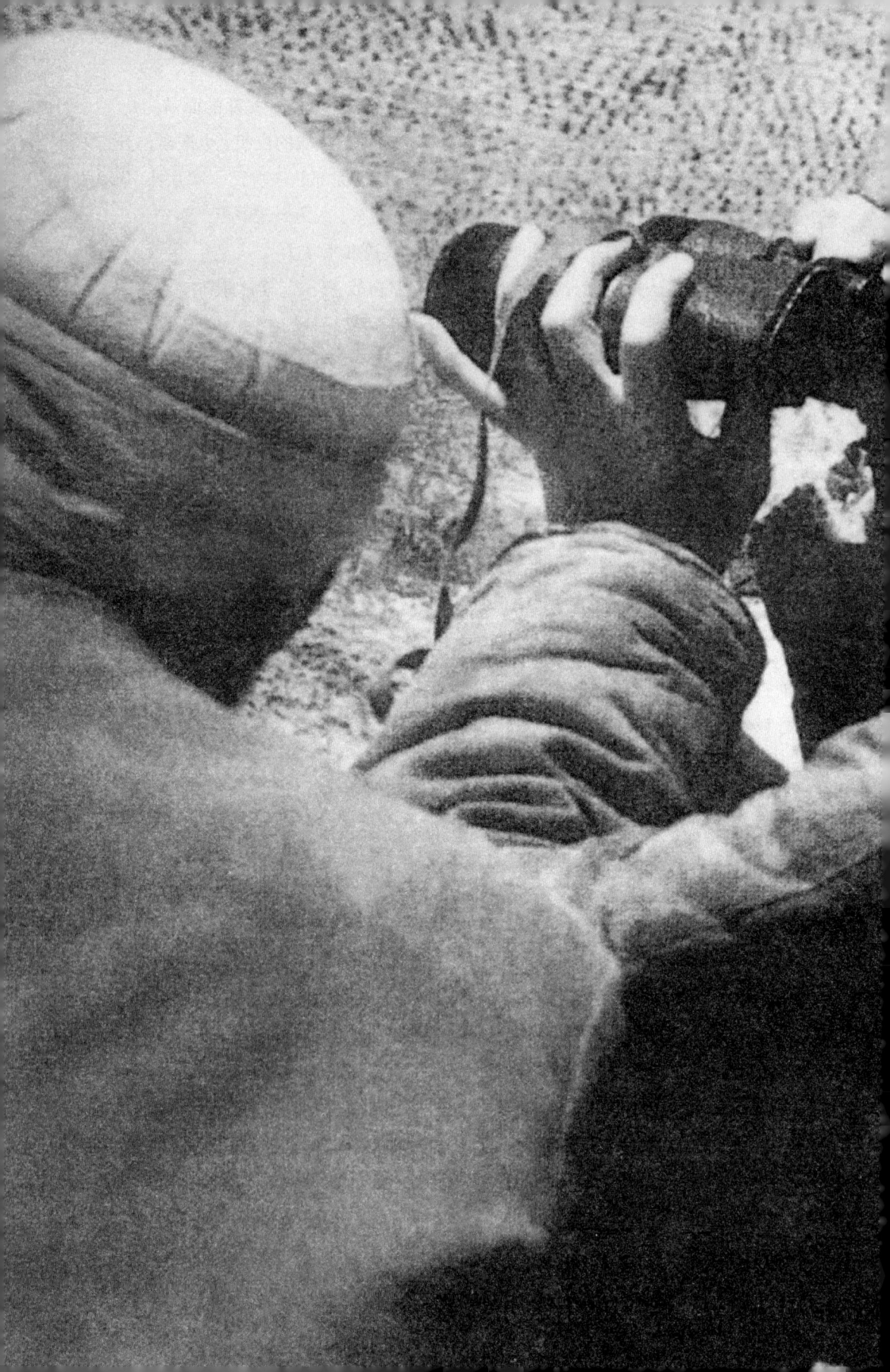

< 晋绥野战军2纵司令员王震在蟠龙镇前沿阵地观察敌情。

蟠龙西面和后面的高地，修筑了许多大、小地堡，组成地堡群，拱卫着镇子。环地堡群挖有宽达六七米的壕沟。在此之外，又埋设了许多地雷和各种障碍物。

蟠龙守军是蒋介石嫡系整编第1师的主力第167旅，连同地方武装兵力共有7,000余人。少将旅长李昆岗，是胡宗南的"四大金刚"之一，素来勇猛善战。他黄埔六期毕业，曾经是蒋介石的侍从参谋。在胡宗南的眼里，这个李昆岗是"智勇双全，有雄才大略"的将才。因此只有让这员"虎将"守蟠龙，胡宗南才放心。

4月30日，西北解放军主力悄悄出现在蟠龙城外，1纵独1旅、358旅和2纵的独4旅、新4旅，已经把蟠龙镇包围得水泄不通。按每次作战前的老习惯，彭德怀要亲自勘察地形。虽然雨还在淅淅沥沥地下着，但彭总毫不介意，带着作战参谋和各部队的首长登上蟠龙镇周围的山头，观察蟠龙守军的各阵地和工事。

"同志们注意，"彭德怀边走边说，"打仗是要付出代价的，我们当指挥员的，什么情况都要想到。看看这山路，虽说下了雨，比较难走，但是董和刘已经走了5天，如果不出意外的话，明后两天就能到绥德了。从蟠龙到绥德他们一共走了7天，那么从绥德回蟠龙也要7天。不过，到时候没有阻力，路再好走些，估计用不了7天。所以，留给我们打蟠龙的时间是很紧迫的。最多4天，我们就要结束战斗。今天，我们进入攻击准备位置，明天拂晓开始进攻。大家一定要稳、准、狠，一举敲掉蟠龙，让敌人回援不及。"

此时此刻，蟠龙周围已经悄然撒下一张无形的大网。我主力4个旅，完成了四面包围：第1纵队从核桃坪、孙家台线一线的南北高地，由西向东攻击蟠龙镇、窑平线之敌；第2纵队的独4旅从何家麻子、郭家庄之线，向北攻击蟠龙镇之敌；新编第4旅由谢家嘴、刘家坪向纸坊坪、蟠龙镇之敌攻击。

在蟠龙的外围，我军同时在行动。独1旅派出35团和警备第7团负责扫清延安以南临镇、南泥湾地区敌人的地方武装；359旅主力钻到永坪东北，随时准备阻止绥德可能回援的敌人；教导旅赶到青化砭以北地区机动，一部肃清青化砭及其以南之反动组织，彻底

> 在蟠龙战役中，我军司号员吹响了冲锋号。

∧ 我军某部在炮火掩护下准备向敌阵地发起冲锋。

破坏青化砭南北公路以牵制来自延安方向的敌人。

蟠龙已是瓮中之鳖。而那个"金刚"李昆岗还洋洋得意地躺在镇里做美梦哩。

5月1日拂晓是战斗打响的时刻,哪知突然狂风暴雨,雷电交加。由于山洪的暴发,遍地泥泞,部队难于运动,进攻时间只得推迟一天。天公不作美,进攻的时间又少了一天。但是,也给解放军指战员留出了详细研究战法的时间。4天拿下蟠龙,给了各纵队首长不小的压力。

蟠龙镇是块肥肉,但和青化砭、羊马河比起来,却又是块易守难攻的骨头。彭总要求大家,充分发扬民主,保证"啃骨头不伤牙"。侦察部队经过紧张工作,加上被敌人抓去挖工事的老乡提供的材料,基本上掌握了敌人工事构筑和火力配置的情况。战士们又神不知鬼不觉地捉来了两个"舌头",就把胡军守备部队和整个蟠龙的防御体系基本弄清楚了。

这里还有一个小插曲。我军两个侦察兵受命抓"舌头"。两个人私下里动起了脑筋。一个披上呢子大斗篷,穿上缴获的敌人军装,化装成敌人军官,骑上骡子,趾高气扬地走在前面。另一个呢,就扮作勤务兵,一溜小跑跟在后面。两人说说笑笑地来到了蟠龙镇外的华阴桥上。这时已是下午,在外修工事的敌军大部队刚刚过去,桥上零零星星又过来了3个兵,一个挂着皮包,一个扛机枪,还有一个像是通信兵。可能是平时养尊处优惯了,现在体力不支,落在了后面。"军官"一见厉声喝道:

"你们几个磨蹭什么?又偷懒了吧?赶紧跟老子走!"这下把3个敌人给吓唬住了,打起精神跟在骡子后面跑起来。下了桥骡子向右一拐,离开大道岔到了山沟里。3个敌兵看看天色也晚了,觉得不对劲,就偷偷地问"勤务兵":

"兄弟,咱们这是上哪呀?长官怎么带咱们钻山沟呀?"

"勤务兵"忍着笑说:

"嘘……旅座派我们执行秘密任务,从这里走要近10里路。你们只管跟上,完成了任务,咱们都有好处。"

就这样,3个敌兵乖乖地跟着走,很快到了我军驻地,一声呼哨,战士们哗啦围上来,3个敌兵糊里糊涂地当了俘虏。

5月2日,天空放晴了。雨水冲刷过的蟠龙镇显得特别清新。周围的山岭在阳光的照耀下,草木青青,生机盎然。红日也把战士们的心里照耀得明媚舒畅。大家斗志高昂，精神饱满，充满了必胜的信心。黄昏来临，信号弹升起来，冲锋号响起来，西北野战军以4个旅的兵力，向蟠龙发起了攻击。

战斗一开始，西北野战军就连续夺取了十几处前沿阵地。磨盘山、田子院、蟠龙东面的山神庙等外围阵地，纷纷落入解放军之手，战士们军突破铁丝网、地雷区，迅速逼近蟠龙镇。面对突然袭击，敌人也不知解放军来了多少部队，只管龟缩在地堡里，用火炮没头没脑地乱轰。

李昆岗在军事上还是有两下子的，虽然是仓促应战，他还是迅速地组织好了抵抗。蟠龙周围的工事、地堡修得跟蜂窝一样密集，西北野战军一时竟奈何他不得。激烈战斗进行到夜里10时，各路战报源源不断地送到彭德怀手中：

独4旅14团协同新4旅771团，攻击蟠龙主要据点积玉峁，敌军火力密集，暗堡密布，虽然占领了外围警戒阵地，可积玉峁最终还在李昆岗手中。714团和8团占领了老庄、新庄部分高地，按计划应乘胜向小庙梁和磨盘山前进，但遭敌激烈反击，进攻受阻。358旅的716团攻到了田子院，敌人工事坚固，火力猛烈，前进困难……

蟠龙镇里的李昆岗也不断接到各阵地的报告，解放军正从四面八方发起进攻，兵力大概有5个旅。他不由得心急火燎，面对几倍于己的兵力，蟠龙虽然工事坚固也抵挡不了多久。当初，自己就不同意全部兵力北上，怎么也得给蟠龙多留1个旅呀。可是胡宗南求功心切，根本不把自己的意见放在心里。现在果不其然，自己的预感成了现实。他只有电告胡宗南，还按惯例夸大了数字："蟠龙遭到共军主力9个旅的攻击！"

胡宗南拿着这份电报，简直不敢相信自己的眼睛。上午刚刚接到董钊的绥德捷报，他当然是愿意相信共军主力在绥德遭到重创。这时侯国民党的中央社正在播送他们克复绥德，将共军赶过了黄河的"功绩"哩。蟠龙怎么又冒出来的9个旅？不过就是一些共党地方武装。这个李昆岗就喜欢夸大其词。

"胆小鬼！"胡宗南一面在心里暗暗地骂着，一面让人发报给蟠龙，训斥李昆岗小题大作，应付不了几个游击队，共军的主力明明被赶到绥德以北，哪值得这样大惊小怪？

但是，蟠龙的地位也确实重要，不能有一丝一毫的闪失。胡宗南还是给绥德发了电报，再次跟董钊、刘戡进行核实，共军主力到底过了黄河没有？你们二部为什么不乘胜追击？蟠龙为什么被围？你们是不是中了共军的调虎离山计？

董钊、刘戡接到这样的电报，哪能服气，马上回电喊冤：司令啊，我部苦战绥德，歼灭共军两万多人。残敌确向东北方向狼狈逃窜。

而国民党整编第90师代师长陈武听到蟠龙被围的消息，不由得想起几天前，自己率队向绥德行军路上见到的一幕。

那是4月28日的黄昏，第90师的先头部队第61旅行进到王家湾附近，突然发现西边几公里外的山那边，有大批解放军队伍正在浩浩荡荡地向南运动。第61旅旅长邓钟梅大惊失色，共军主力不是在我们前面北上了吗？怎么会有这么多部队反其道而行之？忙将情报送到代师长陈武处，陈武一听百思不得其解，连忙登上一个山头，拿着望远镜看了好半天，那确实是大批的解放军部队，而且组织有序，决非地方武装。陈武一言不发地下了山，对邓钟梅说：

"这是共军在耍阴谋，向南佯动，想动摇我军北上的决心。我们要运用胡司令的'钻隙战术'，遇到共军，绕道而过，以保证行军速度。"

邓钟梅眨巴眨巴眼睛，将信将疑地说：

"师座所言极是。可是属下愚钝，怎么觉得这才是共军真正的主力，他们南下是另有所图啊。"

陈武是个在战场上练出来的老油条，其实他心里所想跟邓钟梅是同一个问题，而且他也隐隐约约地判断出这支共军是奔蟠龙而去的。可是，他记恨胡宗南把他占领延安的首功让给了整1师，现在蟠龙镇又是整1师的第167旅在镇守，他才不想管闲事呢。于是陈武表情严肃起来，对邓钟梅说：

"共军主力在哪里，胡长官的判断是不会错的。我们只要执行命令就可以了。继续前进吧！"

"师座，我们要不要报告给上面啊？"邓钟梅还在犹豫，他有点惴惴不安，害怕贻误了军情。

"报告什么呀？别自己找不痛快了。"陈武已经坐在吉普车里了。他招招手让邓钟梅走近自己，压低了声音说：

"咱们90师说的话，上面能听进去吗？别忘了打延安的时候，就是你老兄打头阵，结果怎么样？立功授奖的是你吗？"

一提起这事，邓钟梅也火冒3丈，他马上立正站好，对陈武说：

∧ 我军攻占敌前沿阵地后向纵深发展。

"属下坚决执行长官的命令,北上追敌。别的什么也没看到,什么也不知道。"

听到这话,陈武高深莫测地笑了。他哪里知道这时彭德怀率领的野司机关,就驻扎在离自己北进路线不远的一个小山村里,跟自己仅隔几个山头,相距1,000米左右。

陈武当时压了情报不传,现在就更不能说了。董钊、刘戡给胡宗南发电报更有理了:司令,我们也想追击,可是李昆岗没有及时把给养送到,我部进展有困难。

就这样在绥德、蟠龙、西安之间,国民党军通过无线电,像一批市井无赖,讨价还价吵成了一团。

胡宗南接到董、刘的电报,马上催促李昆岗打退共党游击队,速往绥德送粮。

李昆岗发报给胡宗南:我都让共军围上了,粮食运得出去吗?速派援军!速派援军!

胡宗南又发报给董钊、刘戡,大骂他们糊涂透顶,中了共军的诡计而不知!

董、刘回电：共军现在的确在黄河渡口附近，这是空军侦察的结果。胡宗南再发报给李昆岗：饭桶！居然把共军游击队当成了主力。……

国民党军内部不和，各怀鬼胎。而解放军却是官兵一心，民主平等。5月3日彭德怀根据前沿阵地反馈回来的情况，果断地做出决定：停火休整，巩固已得阵地，总结再战！各攻击部队抓紧时间，发扬军事民主，召开连排干部会、战士会，讨论如何夺取敌人的主阵地，做好黄昏再攻的准备。

在各连驻地，战士们群策群力，开动脑筋想起了办法。大家你一言，我一语，群情激昂，很快就总结出了不少有效的"战术"。比如敌人的主阵地高大坚固，我们没有重炮，可以把战壕挖到碉堡下面，战士们把炸药装到干粮袋里，随身携带，到了碉堡下，就把炸药袋挂到碉堡的外墙上，就像帖膏药一样；再如，敌人的阵地火力集中，都集中在前面，我们可以从陡峭的后山爬上去，把炸药包送上碉堡；铁丝网可以铺上木板踏过去等等。

这时彭德怀给中央军委发报汇报了战况：

黄昏前后我用坑道爆破，夺取蟠龙东南与西南高地，估计尚须两昼夜，才能全部解决战斗，昨日俘虏共约一千人。

毛泽东主席很快回电：

董钊、刘戡似在绥德米脂地区有数天停留，至少一星期才能返抵蟠龙，如能在一星期内攻克蟠龙，即可保持主动。

有了毛主席的支持，大家心里都鼓起了劲。

4. 奋勇攻坚，野战军占蟠龙换夏装

5月3日傍晚，战斗又开始了，敌我双方在胡军防守的主阵地积玉峁激战多时。这是一座较高的山，占领了它，就可以控制整个蟠龙镇。敌人在这里布下重兵，火力最猛。我军按白天商量

好的战术挖起了战壕，同时配合行动的部队一直不间断地进行佯攻。战士们组成三五人的战斗小组，轮番攻击，一直冲到敌人能投手榴弹的距离，敌人一投手榴弹，战士们就顺陡坡向下滚，这样反复多次冲锋，敌人手榴弹打完了，气势也消耗得差不多了。

就这样，我军沉下心来，不间断地攻击了一整夜，到了4日凌晨，效果开始明显。一条条壕沟伸向敌人的各个阵地，解放军战士们从壕沟冲出去，用手榴弹投入敌军战壕和地堡，在集中火力的掩护下，搭云梯爬上敌人寨墙。很快，驻守积玉峁的敌第499团2营5连就着架不住了，连长也在乱枪中毙命。我新4旅突击队一跃而起，很快把剩下的敌人都解决了。随着积玉峁这个主阵地的消亡，东山的阵地很快都被我军攻占。可是，北山的敌军仍在顽抗。

这回轮到新4旅第16团大显身手了。经过勇敢的猛冲猛打，16团连续攻占了玉皇等地，解除了攻击北山部队的侧翼威胁，又派了一个营协同第358旅攻击北山。他们挖S形交通壕，两侧挖猫耳洞，边挖边巩固，逐渐逼近胡军前沿，用爆破摧毁了敌铁丝网等障碍物，很快攻占了北山。

▽ 我军攻占了敌积玉峁主阵地。

正面阵地上，独1旅2团和8团正在进攻磨盘山。这是扼守蟠龙镇的第二个制高点，在蟠龙镇的南边。

此时，李昆岗不得不命令旅指挥所后撤，收缩进蟠龙镇中核心工事组织防御。经过近3天的战斗，虽然外围阵地都丢了，但蟠龙依然在李昆岗手中。能和彭德怀打到如此程度，李昆岗应该很有资本骄傲了。如果胡宗南抓住这3天时间反扑回来，南北夹击，真的有可能把西北野战军的主力消灭。

然而，这些天李昆岗苦苦期盼的援军，却踪影皆无。

5月3日黄昏，李昆岗在发了多次救援电报无果后，也顾不上保密了，用明码电报拼命向胡宗南求救，胡宗南这才如梦方醒。马上又如雷轰顶，蟠龙丢不得呀！他十万火急地严令董钊、刘戡火速回头南下，驰援蟠龙。

按理，救兵如救火，越快越好。但董、刘两人，此时却顾虑重重，决心难下。他们怕解放军围城打援，沿咸榆公路进行伏击，商量到最后才想出一个办法，选了一条所谓"远敌而行"、"出敌不意"的路线，由绥德沿小理河西行，多走25公里弯路，然后折转向南，经老君殿、南沟岔、瓦窑堡到蟠龙。于是，直到5月4日上午10时，两个兵团数万人马，才由绥德出发，奔向蟠龙。

他们行动起来才发现，这条路由于平时很少有人行走，都是些羊肠小道在山岭上崎岖蜿蜒，难走极了。数万人马，排成一字长蛇阵，拥挤在只容一人通行的小路上，常常后尾部队刚刚起步，先头部队已经宿营，以这样的速度昼夜兼程，到达瓦窑堡时已经是第4天了。

5月4日傍晚，解放军对蟠龙新一轮的攻击又开始了。

西北野战兵团各部队，由四周居高临下，向蟠龙镇内猛攻。李昆岗已经把旅指挥部收缩到田子院纵深的阵地上。这是指挥核心的最后屏障了，当初这里的工事，就是在李昆岗精心设计，亲自监督下完成的。阵地中心是一个大地堡，地堡周围是与交通壕相连的碉堡群，围绕碉堡群的是深深的外壕，里3层，外3层，布满了密密麻麻的火力点。李昆岗觉得，这个阵地是牢不可破的，但是西北野战军就是无坚不摧的利刃。在这几天的战斗中，指战员们一直是边打边研究，边打边发扬军事民主，战况在变，战术也在变。战斗中，各级指挥员始终冲在最前面，身先士卒，带领战士们勇往直前。经过4日傍晚的一番激战，我军终于突破了敌第167旅残部的防线，双方展开激烈巷战，胡军狼狈逃窜。

在战斗最紧张的时刻，彭德怀及时同王震通电话说：

"万一敌人想跑，不论从哪一个方向突围，都要坚决围歼，绝不能让跑掉一个人。"当部队报告，敌人开始向西山逃跑时，他马上致电王震和第1纵队张宗逊、廖汉生：

"现敌向核桃坪方向逃窜，必须堵击、截击、追击，务求彻底消灭！"

∧ 1947年5月4日，我军某部搭人梯攻上蟠龙镇城墙。

∧ 蟠龙战役中，被我军俘虏的国民党军整编第167旅官兵一部。

夜半，包围得如铁桶般的蟠龙镇被西北野战兵团一举攻破。整编第167旅6,000多人全部被歼灭，旅长李昆岗被活捉。此战，缴获山炮6门，军装4万多套，面粉1.2万余袋，骡马千余匹，子弹百余万发。取得这样丰裕的物资补充，极大地解决了我军当时最严重的粮食、弹药、服装等困难，并为后面的战斗胜利奠定了基础。这么大的收获，在西北战场上还是第一次。战士们用崭新的单衣换下自己破旧的棉袄，每人又配发了的10发子弹，个个欢天喜地，乐得合不拢嘴。

解放军收了胡宗南这许多"礼物"之后，立刻撤离。当董、刘两兵团9个半旅穿着棉袄，饿着肚子，5月9日赶到蟠龙时，与前几次一样又扑了个空，早已找不到西北野战军主力的踪迹了。

蟠龙失守，给了胡宗南沉重的打击。按说胡宗南从进攻延安后，两次败仗，也算受了点挫折，经历了些坎坷，却依然刚愎自用，盲目自信。不但第167旅6,700余人被他的胡指挥葬送在陕北高原飞扬的黄土之中，而且数年来他费尽心机在蟠龙囤积的大量军用物资，也被解放军战士唱着小调，不客气地运了个精光。

胡宗南背上了沉重的包袱。他以整编第27师两个旅驻守延安，以整编第76师的一个旅驻守清涧，一个团驻守瓦窑堡，已占用了3个多旅。为保护甘泉到延安的交通线，用去了整编第17师的第84旅。这样，他在陕北能够机动的兵力，就只剩下了董钊第1军的4个旅（整编第1师的第1旅、第78旅，整编第90师的第53旅、第61旅），和刘戡第29军的3个旅（整编第36师的第123旅、第165旅和另一个旅），共为7个旅。

胡宗南要在3个月到6个月内结束陕北战争的狂妄企图幻灭了。他像发了疯的精神病人，在办公室里背着手不停地转圈，怒气冲冲，见谁骂谁，再也没有初占延安时那种得意忘形的傲气了。

至于胡军的官兵们，饿着肚子，心中更是罩上了一层阴影，个个悲观茫然，提心吊胆，草木皆兵。正如新华社的评论说的："胡军凶焰正在下降，胡宗南的指挥无能，使这个下降来得更快、更剧烈、更富有戏剧性。"

5月8日新华社播发题为《评蟠龙胡军被歼》社论。当时新华社负责人范长江写下了一首打油诗，形象生动地描述了胡宗南的失败及其窘境：

胡蛮胡蛮不中用，
咸榆公路打不通。
丢了蟠龙丢绥德，
一趟游行两头空。
官兵六千当俘虏，
九个半旅像狗熊。
害得榆林邓宝珊，
不上不下半空中。

5月12日，新华社发表的题为《志大才疏阴险虚伪的胡宗南》的社评称：

蒋介石最后的一张王牌，现在在陕北卡着了，进又进不得，退又退不得，胡宗南现在是骑上老虎背。""事实证明，蒋介石所依靠的胡宗南，实际上是一个'志大才疏'的饭桶。""胡宗南'西北王'的幻梦必将破灭在西北，命运注定这位野心十足，志大才疏，阴险虚伪的常败将军，其一生劣迹必在这次的军事冒险中得到清算，而且这也正是蒋介石法西斯统治将要死灭的象征。

战争宽银幕

❶我军通过市区追击敌人。

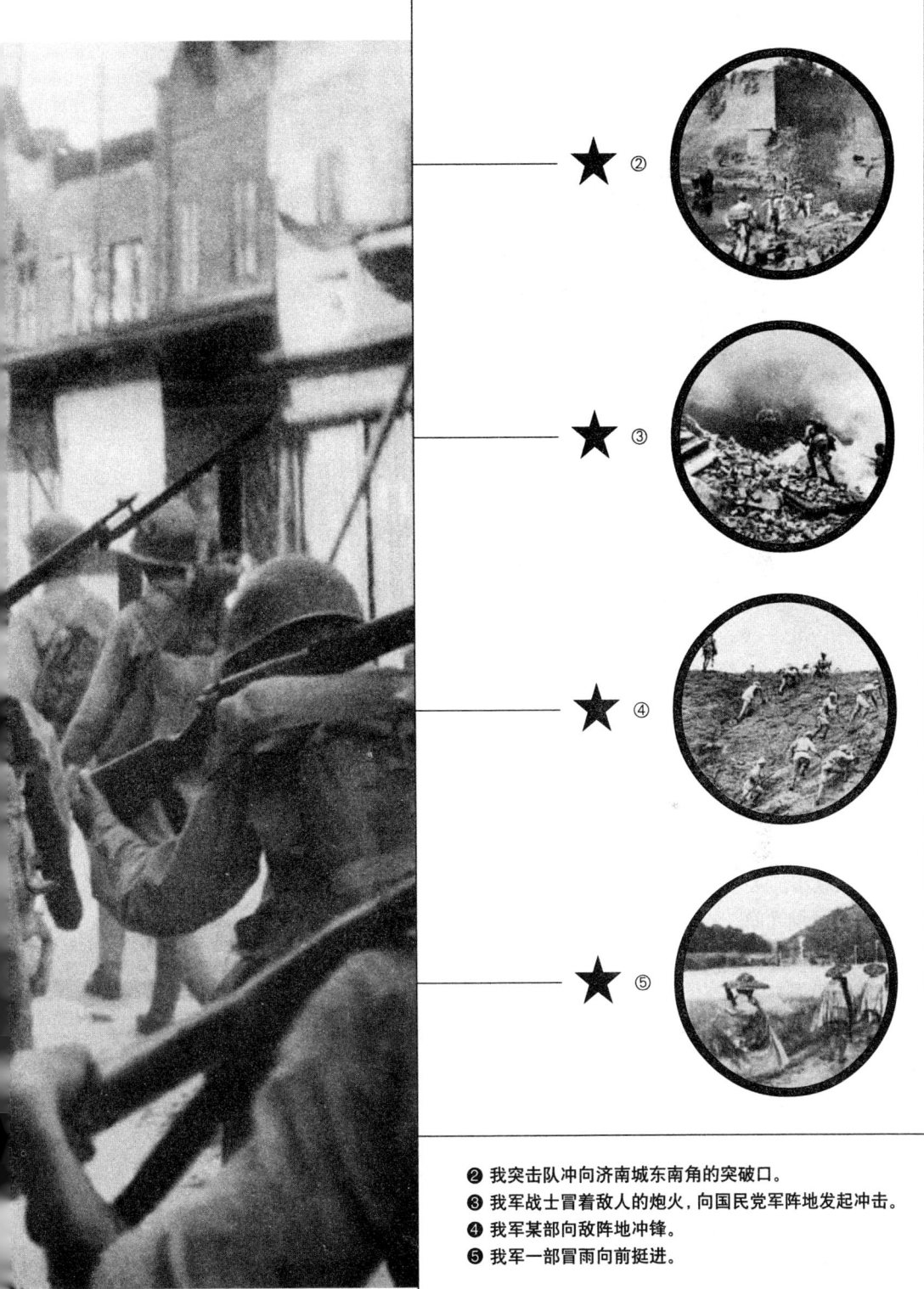

❷ 我突击队冲向济南城东南角的突破口。
❸ 我军战士冒着敌人的炮火,向国民党军阵地发起冲击。
❹ 我军某部向敌阵地冲锋。
❺ 我军一部冒雨向前挺进。

[亲历者的回忆]

彭德怀
（时任西北野战兵团司令员兼政治委员）

  胡宗南发现我主力后，集结7个旅分三路由南向瓦窑堡齐头并进，企图压我退绥德、米脂线。
  我以小部队采取节节向后抗退，将主力乘夜转移，隐蔽集结于蟠龙、永坪、瓦窑堡、清涧之间。
  我每旅抽出1个连，摆在敌北进道上阻击，将北进敌诱至无定河、绥德、米脂线。我主力争取了4天时间休息。
  敌刚到米脂、绥德线，我即向蟠龙发起进攻（蟠龙是敌人的一个重要补给点，驻有较强的1个旅）。
  从5月2日开始，4号晚攻克。消灭167旅约6,000人，俘旅长李昆岗等，缴获夏季军服4万套，面粉1万余袋，子弹百万余发（这是最宝贵的），医药品无数。
  解决了我军当时严重困难的粮食、衣服、医药问题。

——摘自：《彭德怀自述》

涂 健
（时任国民党军整编第1军第1师167旅副旅长）

5月1日夜，解放军开始攻击，战斗非常激烈，东山方向尤为紧张，激战至2日晨，始见缓和，阵地无什么变化。白天战斗时断时续。2日入夜，解放军又发起猛攻，一直激战到3日晚，东山阵地首先告。旅部控制的机动部队曾数次反攻，但始终未能夺回。旅指挥所被迫撤至（第499）团指挥所位置，继续指挥战斗。其他阵地也是屡失复得，团预备队和旅控制的部队除了特务连和卫生排以外，已全部投入战斗，此时情况已非常紧急，我们屡向驻延安的胡宗南请求救援。胡得知董、刘兵团被阻不能南进时，不得不将留守延安的一个旅和几辆破旧战车开来应援。但行至中途，即龟缩不前，我们只好孤军作战，作最后的挣扎。4日晚，由于宝鸡民兵总队溃逃下来，大部分地雷被他们触发，无法制止，这时已经占领了西山的解放军跟踪追来，突破最后的防御阵地，攻至旅指挥所。指挥人员虽严令特务连和卫生排进行抵抗，但大多数官兵都已丧失斗志，不甘再作无代价的牺牲，他们一弹未发，自动放下武器，向人民解放军投诚。

——摘自：涂健《整编第167旅蟠龙战役被歼纪实》

第六章

我军北上打"二马"，一举收复三边

∧ 周恩来在转战陕北途中。

周恩来宣布:毛主席还在陕北,党中央、毛主席和大家共同战斗。
彭德怀决心北上打"二马"。
合水城与敌初交兵,王震沉痛总结教训。
穿越沙漠无人区,官兵们再讲"望梅止渴"。
马家军一触即溃,解放军一举收复三边。

1. 三战三捷,真武洞召开庆功会

5月14日,阳光灿烂,彩云飘飘。成群结队的老乡们笑逐颜开地走在小路上。他们个个欢天喜地,有的骑着毛驴,有的推着小车,妇女们穿红挂绿,娃娃们追逐打闹,赶着猪羊的,提着军鞋的,抬着粮食的,这是去赶庙会吗?还是去走亲戚?不是他们是去安塞县真武洞南的延河边,一个当地人叫马王滩的地方。今天,这里就要举行一个祝捷大会。

周恩来、陆定一,也从百里之外的中央临时驻地王家湾向真武洞而来。他们沿着延河骑马飞奔,春日的阳光,暖洋洋地抚摸着他们的脸庞,山青风暖,鸟鸣花香,陕北的初夏,经过战火的洗礼,更加使人感到生气勃勃,欢快的马蹄声像是胜利的鼓点,敲打在人们的心中。

快到真武洞了,警卫员说:

"周副主席,下马休息一下再走吧。"

周恩来的右臂1939年在延安骑马时曾摔伤过,当时的医疗条件较差,致使他的右臂留下了终生的残疾,现在骑马还是比较费劲。大家都下了马,坐在山坡上让春风吹去身上的燥热。周恩来敞开胸襟,迎着春风,感到十分畅快:

陆定一 ————————————————————————————

江苏无锡人。土地革命战争时期,任团中央宣传部部长,中国共青团驻少共国际代表,共青团中央宣传部部长,共青团苏区中央局宣传部部长,中共中央宣传部干事,中国工农红军总政治部宣传部部长等职。抗日战争时期,任八路军政治部宣传部部长,八路军野战政治部副主任兼宣传部部长,中共中央宣传部部长等职。解放战争时期,任中央直属队政治委员等职。

"定一啊,彭总还挺会选地方哩。这真武洞,传说是当年武当派祖师爷张三丰得道传功的宝地呀。"

陆定一笑着说:

"听说这个洞深得很,一直通到甘肃、宁夏哩。"

几个警卫员一听都来了精神:

"那好啊,以后我们打甘肃、宁夏不用跑夜路喽,从洞里钻过去,就神不知鬼不觉地站在敌人面前啦。"一句话说得大家都笑起来。

周恩来不是性情中人,20多年腥风血雨的革命斗争,锻造了他坚定沉着、处变不惊的坚强品格。但是,深厚的文化修养和对祖国对人民大海般的深情,常使他在革命取得重大胜利或受到重大挫折时心潮起伏,热血奔涌,只是一般人很难察觉而已。此时,他把马缰绳交给警卫员,与陆定一直走上路旁的一个高坡。放眼望去,5月的陕北高原早已是春意盎然了。太阳高高地挂在天上,一碧如洗的天空蓝得透明,温暖的阳光照得人身上暖洋洋的。高坡上低凹处一丛丛的灌木和野草已经高举着嫩绿的叶片在春风中舞蹈,不知名的野花也绽开了孩子般的笑脸,它们好像也和解放军战士一样,在欢呼三战三捷的伟大胜利。这时,远处传来一阵悠扬的信天游,高亢而热情的男声随着春风,时断时续地飘送过来:

……

山梁梁高来山洼洼低,
老鹰子飞来山雀雀急。
高粱米红来小米饭香,
咱子弟兵吃了去打老蒋。

……

满含激情的信天游是陕北人民对子弟兵的热情赞扬,这也使周恩来、陆定一心潮起伏。周恩来转身对陆定一说:

"定一同志,你是我军的大才子,面对此情此景,你不觉得应该写一篇热情的颂歌来赞颂我们的人民和军队吗?"陆定一说:"是啊!恩来同志。转战陕北以来,每一天我都被艰险的战事和巨大的胜利激动着,等有时间我一定沉下心来好好写几篇。"

又交谈了几句,他们走下土坡,跨上战马,和警卫员们一同打马向真武洞奔驰而去。

周恩来、陆定一,很快来到了彭德怀的野战司令部。习仲勋、彭德怀迎出门来。彭德怀一向沉默寡言,跟周恩来、陆定一还有警卫人员一一握手后,就笑呵呵地站在一边。习仲勋上前拉着周恩来的手,高兴地说:

"欢迎，欢迎。路上辛苦了。战士们听说你们要来，都高兴得不得了。"

红旗飘扬，人群鼎沸，马王滩上一派喜气洋洋。几天前，这里就搭好了主席台和战绩陈列台。现在上面摆满了林林总总的战利品：枪炮啊，子弹啊，饼干啊，罐头啊……各种各样让人看花了眼。宣传队员们在打着快板演唱着：

叫同志，仔细瞧，
今天来人真不少，
有士兵，有领导，
大伯大妈和大嫂。
扭秧歌，放鞭炮，
庆功会开得真热闹，
三战三捷呱呱叫，
把蒋军的气焰全打掉。
胡宗南，真听话，
彭总叫他干啥他干啥。
被彭总指挥得团团转，
一个月三个半旅全完蛋。

蒋介石是咱运输大队长，
工作积极该表扬。
知道咱边区有困难，
派来了他的学生胡宗南。
他们送来了枪，送来了炮，
枪炮都是美国造。
你要不信这边看，
送来的东西真全面，
咱照单全收多自豪，
就是不给打收条！

风趣幽默的演唱逗得人们哈哈大笑。

坐在台下的西北野战军的指战员们个个精神抖擞。从一大早他们就准备上了，有的刮脸，有的剃头，穿上胡宗南给咱们"准备"的新军衣，扛上蒋介石"送来"的新步枪，呵，别提心里有多美啦。

黄昏来临了，鲜艳的晚霞染红了半边天。周恩来、陆定一、彭德怀豪情满怀地走向会场。跟他们一起参加大会的还有中共中央西北局副书记马明芳、陕甘宁边区政府副主席贾拓夫。贾拓夫是受边区政府主席林伯渠的委托，带着6亿元专款，来犒劳西北野战军的。

刹那间，锣鼓喧天，鞭炮齐鸣，5万多人一起欢呼起来。中共中央撤离延安的一个半月内，西北野战兵团在敌强我弱、力量对比十分悬殊的情况下，连续取得了青化砭、羊马河、蟠龙三战三捷，消灭敌人14,000多人，俘虏少将级军官8名。看到指挥战斗的领导人，陕北军民怎么能不激动呢！

周恩来等领导人健步登上了主席台。他笑容满面，右臂习惯性地弯曲着。看着漫山遍野的人群，看着秧歌队和腰鼓队掀起的阵阵声浪和片片黄沙，周恩来激动了。此时此刻的激动，跟两个月前在保卫延安动员大会上的激动大不相同了。

周恩来神采奕奕地巡视着台下的人群，洪亮的声音在晚风中传送：
"同志们、老乡们，我代表党中央和中央军委，代表毛主席和朱总司令，向保卫陕甘宁边区、保卫延安、保卫党中央和保卫毛主席的全体指战员以及边区的全体民兵和老乡们，表示亲切的慰问！热烈祝贺边区军民取得的粉碎胡宗南进攻的巨大胜利！"

台下爆发出一片热烈的掌声和欢呼声。

"今年是全国解放战争最紧张最艰苦的一年，但是，我们在党中央和毛主席的英明领导下，一年里消灭了国民党正规军97个半旅，共78万人，加上那些杂牌军一共112万人。这是个很好的开始，蒋介石的尾巴再也翘不起来啰！有了这一年内线作战经验，今后，不论国民党想怎么打，我们都奉陪到底！直到取得全国胜利！"

掌声、欢呼声响成一片，周恩来挥手示意大家静下来，然后热情高昂地接着说："同志们，乡亲们，我要向大家宣布，毛主席和党中央没有离开大家，一直留在陕北跟边区军民共同战斗！"

这个消息一下子让人群沸腾起来。"毛主席万岁！""共产党万岁！"的口号声响彻云天。在陕北人民的心里，毛主席就是大救星，现在听到毛主席跟自己在一起共同奋斗，心里怎能不激动呢？顿时锣鼓喧天，口号声此起彼伏，会场的气氛达到了高潮。

会场的热烈还没平息下来，彭德怀走到了前面开始阅兵。部队的

贾拓夫

陕西神木人。土地革命战争时期,任中国共产主义青年团陕北特委代理书记,中共西安市委书记,中共陕西省委秘书长,中国工农红军总政治部白区工作部部长,中共陕甘区中央局白区工作部部长,中共中央关中特委、三边特委书记等职。抗日战争时期,任中共陕西省委书记,中共中央西北局常委、秘书长等职。解放战争时期,任西北财政办事处主任,中共中央西北局常委等职。

情绪达到了顶点,战士们排着整齐的队伍走过主席台,斗志昂扬地高喊着:"打倒蒋介石!""解放全中国!"

联欢开始了,腰鼓、秧歌,军民一起唱啊,跳啊,整个马王滩成了欢乐的海洋。直到深夜,人们才提着灯笼,打着火把陆续离开,大家都兴奋地说:明年就把祝捷大会开到延安城里去!

∨ 周恩来在转战陕北途中休息。

2. 出击陇东，彭德怀决意打"二马"

当晚，胡宗南的军事谍报头目刘庆曾，就把陕甘宁边区军民召开祝捷大会的消息送到了胡宗南的案头。胡宗南看到后一声不响，两只眼睛好像失去了光彩。在自己20万大军的眼皮底下，西北野战军竟然又是祝捷又是阅兵，这分明是不把自己这个"西北王"放在眼里嘛。唉，胡宗南叹了一口气，觉得自己浑身软绵绵的，一丝力气都没有了。这时，陕北广播电台和新华社也播发了这一消息。胡宗南垂头丧气地听着，突然抬起手来，"啪"地关上了收音机。从此以后他不再听陕北电台的广播，也不再看新华社播发的新闻了。

祝捷大会之前，西北野战军部队在休整，彭德怀却感觉心头沉甸甸的。想起自己肩上的责任——收复延安、解放大西北直至打倒"蒋家王朝"，他心中像有一团火在燃烧。他每天天不亮就起床，有时登高远望，有时对着地图沉思，大脑一时一刻也没有停止对下一步行动的思考。

现在胡宗南经过解放军的连续打击，变得老实多了，他的主力部队龟缩在延安附近，不敢贸然进攻。然而，彭德怀十分清楚，我军几万人驻扎在安塞，人要吃粮，马要草料，天天都要消耗。安塞一带，正是贫瘠的陕甘宁边区中最贫穷的地区之一。边区人民生活已经很艰苦了，不能让他们长期供养。我军必须继续寻求歼敌的机会，同时这也是寻求自己生存的出路。

这时的毛泽东主席也在思考着同样的问题。他分析了全国和西北战场的形势，考虑取直路从南泥湾或临真直趋洛川、宜君、蒲城、白水，大闹关中，并考虑是否接引陈谢纵队主力（4个旅）过河，协力歼灭胡宗南，以打开西北的局面。

祝捷大会召开之后，周恩来和彭德怀、习仲勋以及各纵队的领导干部一起进行了深入的研究和分析，最后大家一致得出结论：胡宗南被打怕了，现在想调动他不容易。而宁夏、青海的二马却疯狂地向我陇东地区进攻，已经侵占了陇东5座县城，烧杀抢掠，无恶不作。现在正是西出陇东的好时机，一则可以借助陇东富庶之地休养部队，二则也有利于调动胡宗南的部队。于是，彭德怀亲自写出西北野战军6月作战方针，由周恩来上呈给中央军委。

毛泽东主席看到这个方针，既有前瞻性，又具体可行，心里很高兴，立刻同意了。他在给彭德怀的电报中说：

完全同意6月作战方针，除留警7团于现地外，全军出陇东，先打新1旅，再打100旅或其他顽部。

彭德怀接到毛主席的回电很受鼓舞，只是心里还有点不安。西北野战军出击陇东以后，离中央前委就远了，毛主席的安全谁来保证呢？最后彭德怀决定留下战斗力较强的警备团，一定要保证党中央的安全。

> 时任国民党西北军政长官公署副长官的马鸿逵。

西北军政长官公署副长官马鸿逵 －－－－－▼－

甘肃河州（今临夏县）人，国民党陆军中将加上将衔。曾任宁夏新军统领，绥区第5混成旅旅长，宁夏第7师师长。1929年后，任国民党第十五路军总指挥兼第11军军长，1932年任宁夏省主席，开始了对宁夏长达17年的反动统治。抗日战争爆发后，以第八战区副司令长官兼第17集团军总司令的身份从事消极抗日活动。1949年任西北军政长官公署副长官等职，9月逃到台湾，后长住美国。

3. 合水之战，马莲河畔遍洒热血

送走周恩来、陆定一等中央领导，彭德怀立即派出人员进行侦察，摸清了马步芳、马鸿逵军队的部署情况：青海马步芳的整编第82师师部和第100旅，驻扎在西峰镇、宁县地区；新编骑兵第8旅驻扎在庆阳、合水、西华池一线；骑兵第2旅驻扎在悦乐、曲子、阜城一带。宁夏马鸿逵的整编第81师师部和第16旅，驻扎在环县和元城一线；第35旅驻扎在羊圈山一带；整编第18师驻扎在安边、定边、盐池一带。

彭德怀立刻在安塞的野司驻地，召开旅以上干部军事会议，布置下一步的作战计划。整个陇东战役以夺取庆阳和合水为目的，依照先打孤立分散之敌，再集中力量攻打强大之敌的原则，把西北野战部队分成3路：左路是第2纵队和教导旅，攻占合水城并消灭可能增援的敌第100旅，中路是新4旅的旅部直属队，攻占悦乐、阜城之后向庆阳进发，右路是第1纵队和陇东军分区骑兵团，歼灭蒋台、元城等地敌军后，向庆阳城北进发。

5月21日，晴空万里，艳阳高照。西北野战部队遵照彭总的命令，3路大军从安塞、真武洞和龙安镇向陇东出发了。在安塞的十几天休整，战士们都鼓足了劲。大战后必休整，这是彭德怀一贯的作法。越是打胜仗，就越要强调搞好检讨和自我批评。现在，浩浩荡荡的西北野战部队，经过七八天的急行军，踏进了陕甘交界处人烟稀少树林密布的子午岭。

子午岭位于泾河与洛河两支水系之间，因走向与本初子午线一致，故称为子午岭。海拔近2,000米，峰峦叠翠、谷壑幽深，是当年红军长征爬雪山、过草地初到陕北时，与刘志丹指挥的陕北红军胜利会师的地方。踏上这块土地，指战员们回想起往事，个个心潮澎湃，斗志旺盛，决心歼灭气焰嚣张的马家军，夺回我陇东解放区。经过几天翻山越岭的艰苦行军，30日前，3路人马都到达了指定地点。

右路军1纵司令员张宗逊一声令下，向盘踞在蒋台的国民党整编第80师第60旅第179团发起猛烈攻击。顷刻间枪炮声大作，战士们奋力拼杀，这一突然袭击，打得马家军晕头转向，他们做梦也没想到，正与胡宗南在陕北打得难分难解的西北野战军，会如神兵天降一般突然来到他们身边。这一仗，西北野战军一举全歼守敌，生擒了马鸿逵的女婿上校团长马奠邦。

蓬头垢面的马奠邦被押送到司令部。彭德怀温和地问：

"怎么样？受伤没有？"

马奠邦心想，反正也是一死，干脆一动不动，一言不发。警卫员见他不吭声厉声说：

"马奠邦，你要老实点，跟你说话的是我们彭德怀司令员！"马奠邦一听是彭德怀，不自觉的就地来个立正。在他的心目中，彭德怀的大名如雷贯耳，今天他能见到这位大名鼎鼎的彭司令，就是死了也值了。这时，只见彭德怀走上前说：

"西北野战军的政策是优待俘虏,你是马鸿逵的女婿,我们也不虐待你,是留是走随便你。"马奠邦睁大眼睛,吃惊地看着彭德怀,简直不敢相信自己的耳朵。彭总挥挥手说:

"蒋介石发动内战,注定是要失败的。看来你还想回去,就放你走吧。希望你早日醒悟,不要再与人民为敌。如果还是执迷不悟,下次可就饶不了你了。"马奠邦听了彭德怀一席话,心里也不知是什么滋味,感激的泪水一涌而出,哽咽着说:

"西北野战军真是仁义之师,我以后再也不打仗了。"说完给彭德怀行了个礼,骑上给他准备好的马,消失在暮色中。

中路军张贤约率领的新4旅打得也很顺手,一举攻克了悦乐,歼灭马步芳的骑兵第2旅第3团的5个连。俘虏了少将副旅长陈应权和上校团长汪韬。

左路军2纵司令员王震和教导旅旅长罗元发却碰上了硬钉子。

28日,教导旅1团刚到合水县以东的罗儿塬时,派出的一个侦察小分队就与马步銮的新编骑兵第8旅的警戒部队遭遇了。自从西北野战部队过了子午岭后,马步銮为加强合水的防御,做出了新规定:每天派出若干骑兵小分队,外出搜索警戒。这下遭遇,双方不由分说激战在一起。敌人的骑兵来势迅猛,机动灵活,我军对骑兵作战经验少,虽然勇猛顽强,但仍不占优势。战斗进行得异常激烈。

王震举着望远镜观察着战斗,心中感觉有点意外,想不到一个小小的骑兵警戒队就如此难缠。他不由皱起了眉头,看来进攻合水是有难度的。

为了争取时间,王震命令教导旅且战且退,脱离战斗现场,撤出战斗。他把罗元发、郭鹏叫来商量,决定提前发起围攻合水的战斗。

合水城是1947年2月底才被国民党军何奇部占领的。后来,何奇部在西华池受到重创,没有力量再守备这里,马步芳就派了马步銮的骑兵第8旅来加强防务。但这里是老解放区,群众与共产党鱼水情深,对马步銮部队非常仇恨,他们无法从群众嘴里得到任何情报。合水向陕甘宁边区腹地突入,孤悬于子午岭南麓,周围又没有国民党的军队。马步銮以一旅之兵力能不能守住这座孤城,他心里实在没底,只能命部队在合水城四周高地上多多修建暗堡和工事。

经过商议,我军攻打合水的具体部署是:教导旅负责打外围警戒部队,第1团占领柏树塬一带,第2团占领狮几塬一带,阻击庆

∨ 彭德怀在"三边"战役动员大会上讲话。

∧ 王震在前沿指挥战斗。

阳、西峰镇方向来援的敌军。359旅派出717团和719团,隐蔽绕到合水城北边和西边,拔掉袁家山、李家山、芦家塬3个据点。再派718团从东往合水正面进攻,歼灭二郎山守敌后,火速攻城。独4旅第12团加强给359旅作正面进攻,余下的攻占城南南寺原后待命,作为应急机动部队,准备打援。

趁着夜色,各部队进入阵地,静候黎明的到来。王震命令战士们安心睡觉,明早7时开始攻击。

庆阳城里的马步銮,这时可就睡不着啦,他没由来地感到一阵阵心慌。白天警戒部队与西北野战军遭遇,现在他判断不清我西北野战军的目标,于是不断打电话问驻扎在合水的重兵器营营长马生智有没有情况。偏偏马生智向马步銮报告,合水平静如常。马步銮却觉得这只是暴风骤雨来临的前兆。

果然不错,早晨7时战斗打响了。

战斗一开始,敌军隐藏在暗堡里的步枪、轻重机枪和各种口径的火炮一齐开火,刹时弹如雨下,形成一张密密麻麻的火网。再加上马生智的重武器发了威,一颗颗重磅炸弹接连落在西北野战部队的阵地上。那些重炮武器都是马步芳向蒋介石要来的美械装备,我军一次次冲锋都未奏效,伤亡很大。郭鹏心中阵阵绞痛,赶紧调整部署,命令预备队9团投入战斗。9团打上去不到几分钟,就被迫撤了下来,损失惨重。郭鹏的眼睛都要冒火了,急令再攻。因为敌炮火太猛烈,部队被压得抬不起头来,进攻受挫,攻城的各个方向均无所获。

我军围攻合水的意图这下子暴露无遗,马步銮向合水派出了援军。猖狂的敌军倚仗膘肥体壮的烈马和美式排子枪,高举战刀一路黄尘杀奔合水而来。敌第82师第100旅和骑兵第8旅分别扑向教导旅第1团和第2团的阵地,来势凶猛,速度极快。西北野战军战士们面无惧色,卧倒在阵地上,等骑兵靠近时,枪弹、手榴弹像雨点般飞向敌群,打得敌军人仰马翻。敌人一次又一次疯狂的进攻都被打了回去。

到傍晚时分,战斗出现了转机。西北野战部队负责从后面进攻的两个团,将合水城外围据点悉数拿下。敌人的火力渐渐弱了下来。王震司令员命令各部队调整部署,晚上再战。

晚上8点整进攻再次开始了。死守合水的重兵器营营长马先智和保安团长李鸿轩渐渐感到势单力孤,支撑不住了。虽然合水城工

∧ 我军战士冲上敌阵地抓俘虏。

事坚固，弹药充足，但如果没有援兵，迟早也要完蛋。马先智向马步銮一次次发出请求救援的特急电。马步銮也不知如何是好，下午去增援的部队吃了败仗已经跑回来了，而且这时候西北野战军 1 纵部队已经抵达庆阳城下，眼看庆阳也要挨打。马步銮六神无主，只好再向上司求救。他的上司整编第 82 师师长马健援可不管战场如何，给马步銮下达了死命令，必须保住合水。马步銮只好亲自率旅部和第 1 团倾巢出动，向东急驰，准备解合水之围。

　　5 月 31 日天还未亮，马步銮的 3,000 多骑兵就向合水急驰而来。马步銮自恃战马迅猛灵活，冲击力强，为求速度，取直道向合水一路狂奔。可是，马步銮没想到策马奔到合水平川时，两边山坡上突然枪声大作，3,000 兵马顿时乱作一团，首尾不能相顾，重武器来不及使用，马匹中弹较多，骑兵的优势再也体现不出来了。一时间人仰马翻，死伤惨重。马步銮心惊肉跳，生怕自己中了围城打援之计，赶快下令反攻。

　　在此设伏的是西北野战军新 4 旅，已经从三面把敌军包围了。战士们从这几天的对敌作战中总结出了经验，对付骑兵，要先打马，马的目标又大，马倒下了，敌人也就猖狂不起来了。所以手榴弹、子弹都先从战马下手。这下子马步銮的骑

兵被打得晕头转向。马步銮越想越怕,他感觉到自己现在就像青化砭的李纪云一样,钻进了共军的口袋。他可不想变成李纪云第二。还好,他还知道撤退,一声令下,几千人马掉头就跑,仗着骑兵腿长,没多久就灰头土脸地逃回了庆阳。

上午10时左右,敌第100旅又向合水城驰援。教导旅早就把1团和2团部署在唐家堡两边,做好了准备,专打来援之敌。

10时15分,敌第100旅进入了我军的包围圈。随着1团团长罗少伟的一声"打"!1团、2团从两边同时开火,一时间子弹、手榴弹如暴风骤雨般向敌人扑来。突然,敌人停止了还击,有人打出一面白旗。警卫员杜长生最先发现,他激动地对罗少伟喊着:"团长,白旗,白旗!敌人投降了!"罗少伟定睛一看,可不是嘛,一队敌军士兵打着白旗,举着双手向我军阵地走来。罗少伟连忙命令部队停止射击。心想,没想到100旅如此不经打,才打了几分钟就吃不住劲了,老子还没打过瘾呢!他让每个连派一个排前去押解俘虏,他也转身跳出战壕,和副团长熊光焰一起带着警卫员冲上前去,想亲自会会那100旅旅长。

∧ 中原突围后回到延安的359旅,受到陕甘宁边区军民的热烈欢迎。

但是,罗少伟哪里知道,这是狡猾的敌人事先安排好的假投降之计,当我军受降人员走到他们面前时,后面的敌人便同时开火。我军完全暴露在敌人的火力之下,一时间火网交错,许多战士应声倒地,罗少伟、熊光焰也同时负伤,幸亏几个警卫员奋力抢救,才脱离险境,回到战壕里。罗少伟不顾伤痛,对战士们高喊着:"打,狠狠地打!"教导旅的战士们气红了眼,猛扑向敌人,杀得敌人七零八落,狼奔豕突。

援军被阻,攻城的部队大大松了一口气。为了避免伤亡,我军把战士组成小分队顺着山势往前爬,一直到靠近合水城墙再集中力量发起冲击。

天终于完全黑了,可是大雨却突然哗哗地浇下来,眼看攻城的计划就要泡汤。幸好暴风骤雨很快就停了下来,王震司令员当即抓住这个难得的战机,把2纵和教导旅所有的重型火炮都调集在一起,一声令下,炮声轰鸣,359旅乘机冲了进去。

合水城虽然工事坚固,炮火猛烈,但西北野战军的兵力占绝对优势,现在又把所有的重炮火力集中起来,对着合水城南门猛轰,很快就把合水城的南大门打塌了。2

纵359旅攻入了合水城,打巷战拼刺刀,勇猛地把敌军的重兵器营和保安团逼到了城西的山坡上。重兵器营营长马先智六神无主,没有办法只好命令杂役人员也投入战斗,可是丝毫也抵挡不住西北野战军战士的凌厉攻势。

正当战斗顺利进行的时候,没想到我军内部出了一个奸细,他偷偷领着敌军新编骑兵第8旅从城北进入城内,突然插到正在战斗着的359旅的身后。战士们还没明白过来是怎么一回事,就和敌人绞在了一起,手中握着手榴弹不知道该往哪扔。从后面绕过来的敌军是青马新编骑兵第8旅的一个团,装备清一色的排子枪,这是当时中国战场上最先进的步兵武器。他们依仗着膘肥体壮的高头大马,一个个凶神恶煞,挥舞着马刀,疯狂地向我军扑来,乱砍敌杀。一时间鲜血四溅,染红了大地,我军战士们看着同志们一个一个倒下,仇恨的怒火在心中燃烧。他们忘记了生死,哑着嗓子喊:"老子今天跟你们拼啦!"不顾一切地猛扑上去,有的抱住马头,有的揪住马尾巴,有的跃上马背和敌人扭打。

我军与敌人骑兵作战毕竟经验不足,敌人在马上,我们在马下;敌人的马刀长,我们的刺刀短;敌人的速度快,我们的速度慢,显然处于劣势。但是,指战员们根本没有想到这些,他们凭着对敌人的一腔仇恨和对人民的一腔赤诚,迎着敌人的马刀勇敢冲锋。7班战士程铁柱是红军长征途中从四川入伍的。他个子虽不高大,但又黑又壮,作战十分勇敢。敌人从后面杀来时,他和战友们被迫转身向敌人射击,连续击倒敌人3匹战马,然后一跃而起与敌人开始了肉搏。他猛地扑向一个匪兵的马头,大声呼喊着:"缴枪不杀,解放军优待俘虏!"谁知,这个匪兵居高临下,长长的马刀向着程铁柱的脑袋劈来,铁柱头一偏,马刀将他抱着马头的左臂削去了一半。铁柱翻身倒在地上。他忘记了疼痛,用仅存的右手端起枪向马上的匪兵射击,匪兵应声落马。谁知后面的匪兵已经驱马到了铁柱面前。他来不及躲闪,牺牲在敌人的马刀之下。7班长正与敌兵厮杀,见铁柱倒在敌人的马刀下,他大呼着:"铁柱!"便向这边奔来,此时,另一名匪兵正举着马刀从后面向他头顶劈来……

只一转眼的时间,359旅就被推到了生死存亡的极地!郭鹏急忙下令抽出两个连抢占有利地形,阻挡潮水般袭来的骑兵。可是敌人已经杀红了眼,越来越多,两个连的兵力岂能阻挡。"预备营马上出击!"话音刚落,郭鹏脑袋一懵栽倒在地上,身负重伤。

仗打到这个份上,王震司令员心如刀绞,怎么也不敢相信:征战南北无往不胜的359旅,会输给这群马背上的家伙!留得青山在,不怕没柴烧,眼下不能再迟疑了,驻扎在宁县的敌兵正分两路向合水城进逼,再迟疑会有更大的伤亡。王震司令员立即命令部队撤退,转移到合水西北一带休整。

合水一战,359旅战士伤亡800余人,干部的伤亡尤为严重,其中大部分是经过二万五千里长征的红军战士。这一仗是西北野战部队与马家军的第一次正面交锋,值得反思的东西太多了。王震亲自做出了战斗总结,上报西北野战兵团司令部。主要的经验教训有四点:首先不能轻敌。对于马家军行动迅速,残暴凶恶认识不足,我们不能依赖敌军的失败来侥幸取胜。其次,与骑兵作战,不能正面交锋,更不能短兵相接。再次必须留有强大的预备队,以便随时应付任何意外之敌。第四,必须发挥炮火的威力,不能单纯依赖步枪打击敌人。

彭德怀看到这份总结,认为359旅的经验教训很有推广的必要,当时撤出战斗是明

∨ 我军向"三边"挺进。

∧ 我军解放定边后向盐池方向进军。

智之举。战争中没有常胜将军。此次出击陇东，从根本意义上讲，还是对付胡宗南的一着棋。胡宗南得知西北野战部队西出陇东后，立即命令整编第36师驰援，企图与西北野战部队主力决战。为避其锋芒，彭德怀决定大军继续北上，攻打环县。

4. 攻克环县，彭德怀北上定三边

环县的守军是宁夏马鸿逵的整编第81师，师长是国民党西北军政公署长官马鸿宾的儿子马惇靖。对此，西北野战部队调整了部署：第1纵队并新4旅攻击环县县城，第2纵队协同。教导旅在环县城西一线阻击可能来援的国民党骑兵独立团第5团。

6月3日，各部队从合水出发，沿环江而上，越庆阳、曲子，向环县急速前进。6月13日，彭德怀把司令部设在离环县只有7.5公里之遥的王庙嘴。为了更好地吸取第2纵队在合水一战失利的教训，顺利歼灭敌整编第81师，彭德怀带着各部队指挥员到前沿阵地察看地形，实地研究攻城方案。

环县地虽不大，其城防工事却颇为坚固。除了城墙与城堡之外，环城的山头都构筑了碉堡，攻城的关键就是这些城外的山头阵地，只要拿下这些阵地，环县就一攻而破了。现在敌军企图固守待援，我军的行动必须迅速，一举拿下。

6月15日，彭德怀发出总攻环县的命令。358旅由环县西北向东南攻击；独4旅由环县西南向王家塬主阵地攻击；新4旅也从环县西南向玉泉山攻击；独2旅由环县北面向城东塬攻击；359旅在城东南配合独2旅。总攻一打响，彭德怀就亲自来到1纵指挥所附近指挥战斗。战士们知道彭总就在自己的身边时，士气特别高涨，势不可挡地冲向预定阵地。到了下午，敌守军的主要阵地被纷纷攻占，开始全线后退。最后实在招架不住了，扔下各种重武器从城东塬向里城岔方向狼狈逃窜。彭德怀命令第2纵队追歼逃敌，一定要把国民党整编第81师歼灭在路上。王震率领2纵越追越有劲，一直追了百余里，直追到洪德城和里城岔周围，将敌军全部打垮，共歼敌1,100余人，缴获装满粮食和弹药的汽车6辆。一下子战士们有吃有喝，一部分还装备上了新家伙。

这时，留在陕北的中央前委，正在胡宗南的围追堵截之间。彭德怀时刻关注着中央的行军路线，他深知作为西北野战部队的司令员，保卫党中央和毛主席的安全是他义不容辞的责任。中共前委出于对陕北战场的全局考虑，决定西北野战部队下一步要攻打榆林，同时中央要往"三边"地区转移。西北野战部队从环县去榆林，必经三边。为了毛主席和中央前委的安全，西北野战军决定于6月24日挺进三边。

三边，是定边、靖边、安边三地的统称。三边地处长城脚下的大沙漠边缘，人烟稀少，干旱少雨，曾经是解放区，现为宁夏马鸿逵所占。马鸿逵为了保证安全，移村并户，编组保甲，建立起一整套伪政权，搞得老百姓鸡犬不宁。

紧靠长城的三边，沿途都是沙漠地带。从环县到三边，必须经过一片黄土漫漫、飞沙走石的无人区，还要翻过一片沙漠，才能到达。传说中唐僧西天取经，途径的火焰山就在这里，当地还流传着这样的民谣："进了八百里火焰山，一眼望不尽老河滩。唐僧打从这里过，孙悟空借来芭蕉扇。"

这是一次空前艰苦的行军。水壶里的水，早就喝光了，战士们个个嘴唇干裂，喉咙冒烟，连呼吸都觉得困难。彭德怀号召大家发扬长征精神，互助互爱。一路上，干部们给大家讲"望梅止渴"的故事，戏说起孙悟空三借芭蕉扇，把战士们逗得哈哈大笑，一扫行军途中的疲惫。这里的气候变化无常，早晨还是沙粒凝霜，中午又是烈日炎炎，傍晚却是狂沙四起。彭德怀和各纵队首长始终和战士们同甘共苦，白天顶烈日行军，夜晚就睡在沙窝里。有一天早上彭总醒来，觉得舌头干裂，头昏脑涨，鼻血流得厉害。大家都知道这是因为缺水啊，好不容易找来一碗又苦又涩的泥浆水，彭总却推了回去：

"同志们，现在一口水就是一条命啊。送给最需要的同志吧。"然后又沙哑着嗓子说："司令部的同志要尽量节约用水，省一口是一口，留到最急需的时候。"身边的警卫战士急得都快哭了："彭总，你现在就最急需啊！"彭德怀笑了笑，拿起水壶沾了沾嘴唇，就向前走去。

西北野战部队25日从环县出发，29日终于越过人烟绝迹的洄水地区，进入了定边南山。马家军的侦察部队见解放军人多势众，扭头就跑。马鸿逵得到消息，看着西北野战部队的行动路线，琢磨不透他们到底要干什么，担心解放军会直捣宁夏，慌忙调驻盐池的整编第168旅和第504团到韦州把守门户，同时命令第59兵站昼夜不停地把盐池、定边粮食弹药抢运回宁夏。对三边的剩余驻军则放宽了要求，能守则守，不能守则走。这种命令一下，马家军斗志全无，一触即逃。

6月30日毛主席发来电报：

马鸿逵此次令其所部见小敌则抵抗，见大敌则保存实力转移逃避。环县敌人逃跑是一证，马万荣部骑兵此次在定边稍战即逃赴盐池又是一证。因此，你们打三边时，除注意攻坚外，应部署强大力量准备于其逃跑时歼灭之。此外，请注意每次作战集中全力只打一点，得手后再打第二点，哪怕打一个团也是如此。这样可保证全歼，且常保有余力在自己手中，足以应付。

按照毛主席的指示精神，当天下午西北野战部队收复了定边县城。紧接着，2纵由砖井堡向安边一带阻击敌军西逃的去路。教导旅在安边县西南打援，1纵和新4旅向安边县城发起了攻击。7月2日，独4旅率先攻占了安边县城。四五天的功夫，西北野战部队全面收复三边地区。

三边战斗胜利时，部队已在炽热的沙漠摸爬滚打了几天，又连续攻城作战，已经疲惫不堪了。彭德怀决定在定边休整几日，开个庆功大会。彭德怀到各部队看望战士，教导旅的指战员们望着消瘦的彭总，感动得泛起了泪花。开饭时，警卫战士给彭总端上来一碗小米饭，还有一碟凉拌黄瓜和一碟炒鸡蛋。彭德怀一看，脸上的笑容就消失了，站起来板着脸问：

"战士们都吃什么？"

陈海涵参谋长说：

"部队供应不太好，战士们平常就是吃些粗糠和野菜。"

彭德怀发了火：

"战士们要打仗，流汗流血！他们都能吃上鸡蛋吗？给我端来算什么？"

陈海涵赶快解释说：

"彭总你天天跟我们一样行军走路，还要动脑筋思考，指挥战斗。战士们睡觉了，你还不休息，身体累坏了怎么办？我们想给你加点营养。"

彭德怀口气缓和了一些说：

"同志呀，我的身体硬朗得很，没那么娇气。我们要跟战士同甘共苦，才能万众一心打胜仗。"

陈海涵还想解释，彭德怀挥了挥手：

"这两盘菜送给伤员去吃。"

直到看着把菜端出去了，彭德怀才坐下来吃饭。

战争宽银幕

❶ 我军战士们把俘虏押上帆船，运送到后方。
❷ 我军某团指战员正在登船。
❸ 我军冒着酷暑向前进军。
❹ 我军突击队员越出船头登陆的一刹那。

[亲历者的回忆]

张宗逊
（时任西北野战兵团第1纵队司令员）

5月21日，我军各部队作好准备之后，我率第1纵队为右路，从龙安镇出发；新4旅和野战军直属队为中路，从真武洞出发；第2纵队和教导旅为左路，从安塞出发；一起向陇东开进。

西北野战军经过8、9天艰苦的行军，越过陕甘交界人烟稀少、梢林遍地、一片荒凉的子午岭。

我第1纵队在5月30日，向蒋台的敌军据点发起攻击，全歼守敌第81师60旅的第179团，活捉了上校团长马奠邦。马奠邦是马鸿宾的女婿，我们将他押送野司，彭德怀同志为了做马鸿宾的工作，经过一番教育，把他放了回去。

我军中路部队也攻下了悦乐，消灭了敌骑兵第2旅第3团；左路部队围攻合水，给守敌以杀伤，并击溃了从庆阳来增援的敌第82师。

我军突破了敌人经营数月的160多里防线，为向北发展打开了缺口。

这次出击，野战军一些部队产生了轻敌急躁情绪，同青马第一次交锋，对青马部队的宗教统治、宗族关系、士兵愚昧顽强认识不足，造成不应有的伤亡。

——摘自：《张宗逊回忆录》

苏 静
（时任东北野战军司令部作战处处长）

9月12日，首先在北宁路上之锦、榆、唐之间打响。以热河3个独立师袭击锦、榆段，截断与分别包围兴城、沙后所、绥中之敌。我原冀东11纵队一部向昌（黎）、滦（县）段破路迟滞华北敌人东援。第4、第9纵队切断义县与锦州的联系；8纵直插锦州以北要地葛文碑歼敌6个连，直逼锦州北郊，包围了锦州北薛家屯守军两个团。3纵和2纵5师接替4、9纵对义县的包围，作攻城准备。4纵直下锦州以西地区，于9月29日攻克兴城，进迫锦西，威胁葫芦岛，吸引了敌暂62师由锦州增援锦西。9纵进到锦州北郊，配合8纵，歼灭了薛家屯守敌两个多团，并占领锦州以北和东北之重要外围阵地。9纵25师74团1营1连插入锦州城北占领白老虎屯，击退了配有大炮、坦克和飞机支援之敌4个步兵团的连续反击，占住了制高点。7纵攻占高桥，配合4纵1个师攻占西海口、塔山，切断了锦西与锦州的联系。至此，我军完成了对锦州的包围。

——摘自：苏静《锦州攻坚战的回顾》

第七章

遇险不惊,小河村定反攻决策

∧ 毛泽东转战陕北时放眼远眺。

刘戡的四个半旅离王家湾只隔一个山头,毛泽东说:"不要慌,我等看见了胡宗南的兵再走。"党中央陷入绝境,情况十分危急!彭德怀彻夜未眠。

小河村。在敌人眼皮底下,党中央召开军事会议,制定了"三军配合,两翼牵制"的战略部署,把进攻的尖刀插向了国民党统治区的心脏。

1. 临危不惧,三支队遇险王家湾

三支队是当时留在陕北的中央前委的代号。为了刺探中共中央的去向,国民党反动派早就派遣了大批特务到陕北搜集情报。为了保密,周恩来提议每个人都应起个代号。

毛泽东稍加思考就说:

"我完全同意。我们一定得胜利,我就叫李得胜。"

"我叫胡必成,解放战争必定胜利,中国革命必定成功。"周恩来因满腮的胡子,被大家尊称为"胡公",所以他给自己起名叫胡必成。

毛泽东反应很快,又说:

"弼时同志是纵队的司令,就叫'史林';定一同志是政委,就叫'郑位'吧!"大家都表示同意。

从此,"毛泽东"、"周恩来"这些名字就从陕北的电报中消失了。

自从撤出延安后,随着战局的变化,三支队忽南忽北,忽东忽西,到处转移。1947年4月12日,三支队由青阳岔到达安塞县的王家湾。在这里中央前委住了56天,这是转战陕北以来,党中央和毛主席住的时间最长的一个村子。

王家湾是个很小的山村,向阳坡上开出的几孔窑洞,破破烂烂的,住着不到20户人家,生活条件非常艰苦。三支队有800百多人,司令部和机关人员住得都十分拥挤、简陋。领导同志就住在一户农民让出来的两孔半窑洞里。那窑洞很有些年头,烟熏火燎,又黑又破。周恩来和陆定一、胡乔木都挤在一个炕上。一个腌咸菜的大缸,上面盖着薄薄的一块青石板,就成了办公桌。战士们看到毛主席、周副主席、任弼时同志为全国人民的解放事业日夜操劳,却跟大家一样住窑洞、睡土炕,都非常的激动。

在陕北的山沟沟里,毛主席最关心的事情就是如何多打胜仗。毛主席认为多打胜仗,多歼灭敌人的有生力量,才能尽快达到胜利。我们的队伍不论走到哪里,到了宿

∧ 1950年4月12日，毛泽东、朱德在中南海颐年堂接见出席全国新闻工作会议的代表。右二为新闻出版总署署长胡乔木。

胡乔木

　　江苏盐城人。土地革命战争时期，任共青团北平市委委员、宣传部长，社会主义科学家联盟书记，左翼文化界总同盟书记，中共江苏省临时工作委员会委员等。抗日战争时期，任中央青年运动委员会委员，毛泽东秘书，中共中央政治局秘书等。解放战争时期，任新华总社社长和新闻总署署长等职。

营地的第一件事，就是架设电台，抄收全国各战场发来的电报，或者拍发党中央毛主席给各战场的电报。参谋处要24小时值班，保证随时将全国各战场发来的电报及时抄收，及时译出，及时送交。

在5月14日的真武洞祝捷大会上，周恩来副主席庄严宣布："党中央还在陕北！毛主席还在陕北！"毛主席一边在院子里听广播，一边说

"胡宗南要来拜访我们了。"

果然，蒋介石得知毛主席还在陕北，真如五雷轰顶。他一心想把我党中央和毛主席赶出陕北，赶过黄河，从而宣布我党在政治上破产，在军事上成为"流寇"。可是万万没有想到，中共中央和毛泽东仍然留在陕北。

蒋介石立即派人带着最先进的美国电台测向仪到了延安，结果发现王家湾一带有电台群不停地活动。蒋介石判断毛泽东可能在这里，于是命令胡宗南不惜一切代价一定要全歼共党中央。一直犹疑不定的胡宗南也下了狠心说：

"就是牺牲三个师，也要捉住毛泽东！"

于是，按惯例国民党军的飞机先到王家湾一带盘旋侦查。紧跟着6月8日，国民党整编第29军军长刘戡便率4个半旅就从西面和南面向王家湾扑来。刘戡急于立功，部队行进速度很快，中午就到达离王家湾只有10公里的平桥地区，先头部队离王家湾只隔一个山头。渐渐的连轰鸣的枪炮声也清晰可辨了。

情况万分紧急！

三支队紧急动员，准备转移。除带必需的东西以外，其他物品就地掩埋。可是，往哪里转移呢？往东还是往西？毛泽东和任弼时发生了激烈的争论。两人各执己见，嗓门一个比一个高，连在外面警戒的战士都听得清清楚楚。

任弼时说：

"敌人从西边来，我们哪能向西走，正好撞到敌人怀里去。就算躲开了刘戡，再往西就是宁夏马鸿逵的防区，马家军8个骑兵团，不容轻视啊。再说，越往西，人烟越少，粮食也越困难。"

毛泽东大口地吸着烟，思考了片刻之后说：

"敌人有三个企图：一、就地消灭我们；二、把我们赶过黄河去；三、把我们逼到沙漠里饿死。我的想法是：敌人往东来，我们朝西走，大路通天，各走一边。敌人估计到彭德怀远在陇东，救不了我

们,才设下这个圈套,想把我们往东赶。如果往东走,就正中敌人的下怀。迎着敌人往西走,风险是大,但往往最危险的地方倒可能最安全,因为这是敌人预料不到的。"

说到这里,任弼时有些激动:

"我是三支队的司令员,我的任务就是保卫党中央和毛主席,往西走这步棋太险,我不同意!还是往东,万不得已还可以东渡黄河。"

俗话说:"不挑担子觉不着累,不当家不知柴米贵。"作为三支队司令员的任弼时,的确从来没有感到过如此巨大的压力。党中央和毛主席的安全就在此时的一念之间,万一决策失误,这个错误可不是他能担当得起的啊!敌人扯旗放炮地杀来了,怎么能向敌人怀里扑呢?那不是去送死嘛!但是,越是在危急时刻,越是善出奇谋的毛泽东,决心向着敌人走去!要知道台风眼里最安全!这就是毛泽东!他要在陕北这块滋养革命的黄土地上与人民共同战斗,与敌人周旋到底。他说到做到。

一提过黄河,毛泽东火大了:

"黄河,我们迟早是要过的,但不是现在。现在过黄河,我们就输了。"

任弼时还是有所顾虑:

"可是我军主力远在陇东,远水救不了近火,不能调兵来掩护中央,敌军4个半旅两三万人,而我们中央警备团只有4个半连,才200多人。"

毛泽东信心十足地说:

"中央机关的安全,不用担心。这点队伍不算少,队伍越小,灵活性就越高,安全系数就越大。"

最后还是周恩来出面,提出先向北走一段,然后再向西北方向转移。

周恩来对毛主席说:

"敌人就要来了,李得胜同志马上出发吧。"

毛主席笑着说:

"不要急,不要慌,我等看见了胡宗南的兵再走!"任弼时一听又着了急:

"你别的意见我们都照办,就是这个意见不能办,你得听支队的安排,马上走。"

毛主席不紧不慢地说:

"胡宗南急着消灭我,我可不着急。你们先走,我看到敌人再走也不迟。"边说边点着一支烟,走出窑洞,向远处望着。

∧ 1947年转战陕北时,任弼时给中央支队作报告。

周恩来、任弼时、陆定一看到毛主席执意不走，都没了主意。最后周恩来说：

"主席要看到敌人再走，咱们不让他看恐怕是不行的，能不能找个人替主席看？"

任弼时同志觉得这个主意不错。他来到主席身边说：

"李得胜同志，我有个建议。是不是请你先走，再派一个同志替你看敌人？"

汪东兴

江西弋阳人。土地革命战争时期，任排长、干事、特派员、连政治指导员、大队政治教导员、总支书记、第二野战医院政治委员。抗日战争时期，任两延河防司令部组织科科长、八路军卫生部政治部副主任兼组织科科长、白求恩国际和平总医院政治委员，中共中央社会部三室副主任、二室主任。解放战争时期，任中央直属队司令部副参谋长，中央书记处办公处副处长兼警卫处处长。

毛主席一听来了兴致，回过头来对副参谋长汪东兴说：

"你敢不敢留下来等敌人？"

汪东兴向前大跨一步说：

"怎么不敢！只要主席下命令，我就留下等敌人。"

毛主席大笑说：

"好！给你一个连的兵力够不够？"

汪东兴略加思索后回答说：

"给一个加强排就够了。"

毛主席说：

"就给你一个加强排，加上五个骑兵，替我看到敌人才能走，还要打他们一下。"

天快黑了，电闪雷鸣，大雨如注。下半夜，毛主席率领三支队离开王家湾，上山向北走去。山高坡陡，雨大路滑，不能骑马，毛泽东、周恩来、任弼时都没有穿雨衣，浑身淋得透湿。他们同干部、战士一起，手拉手连成一线，费力地攀登。

正在这时，敌人的先头部队已经到了王家湾村对面的石山上，汪东兴带领警卫排同敌人交了火。

∧ 毛泽东在转战陕北途中驻足休息。

毛主席和中央机关从王家湾往山上走，敌人的先头部队从王家湾对面的石山上往下走，天黑得伸手不见五指，谁也看不见谁。为了不暴露目标，任弼时下达命令：不许打手电，不许说话，不许吸烟。到月牙山顶时，带路的老乡迷了路，部队只好就地休息。毛泽东坐在一块石头上，从内衣口袋里掏出烟来，警卫员刚要划火柴，被毛泽东制止了说："司令有命令，不许吸烟。"边说边把烟放在鼻子下闻了闻，又装了起来。

这时他们在山头，而刘戡的部队就在山沟里！

风雨交加，山头上没有一棵树能遮挡。战士们过意不去，出了一个主意，几个人紧紧地靠在一起，把毛主席围在当中，头上再加一块油布作雨篷。毛主席还给他们讲笑话：

> 任弼时（站立者）在转战陕北途中。

"真是铜墙铁壁，风雨不透。可是你们要冷呀！"

警卫战士们说：

"和主席在一起，我们不觉得冷！"

毛主席说：

"你们看，连老天爷也帮我们的忙，有这场雨的掩护，我们可就安全多了。可见打内战不得人心，也不得天心呀！"

漆黑的雨夜里，只见敌人燃起了一堆一堆的篝火，连敌军的人喊马嘶声都听得清清楚楚。敌人随时有可能冲上山来。大家的心都提到嗓子眼了。在休息一段时间后，向导终于判明了方向，天亮时将队伍顺利地带到距离王家湾20公里的小河村。

留在王家湾替主席看敌人的汪东兴，在三支队离开后就与警卫团参谋长古远兴一起勘察地形，部署兵力。他们从中央警卫团2连挑选了2排的30个同志，每个班配备轻机枪一挺，每人带步枪一枝，子弹、手榴弹尽量多带。由陈少先排长带18人组成第1梯队，在原支队政治部驻地的杨岭崂湾前面的制高点设防阻击敌人；第2梯队12人在原支队司令部驻地的王家湾后面的山顶上设防阻击。

很快，刘戡的前卫部队约一个团开始进入警卫团的伏击圈，一时间枪声大作，加强排一阵猛打，较强火力逼敌人迅速退出沟外。这样的当头一棒，打得敌人摸不清我军的虚实，不敢冒进。

不久，敌人又开始了第二次进攻。为了给敌人造成错觉，为三支队多争取一些转移的时间，汪东兴和古远兴指挥部队先用手榴弹集中投向敌人，然后用更猛烈的火力杀伤敌人的有生力量。敌人被密集枪弹打得不能前进。

忽然，一个战士跑来报告：敌人绕道从山后面上来了！

第2梯队马上组织火力向敌人猛烈射击，打退敌人进攻并掩护第1梯队撤到山后阵地。敌人没有想到，山后面还有我军这么顽强的阻击，敌人又一次被迫停止前进了。

这时候，雨越下越大，很快山洪暴发了。大量雨水裹着泥沙顺山坡而下，刘戡率领的主力部队行进速度大大减慢，先头部队摸不清我军虚实，不敢妄动只有原地待命，中央警卫团就趁机转移了。由于警卫团的阻击加上大雨，敌人比预定"清剿"王家湾的计划整整推迟了12个小时，于第二天晚上9时左右才进驻王家湾。敌军在王家湾扑了个空，不甘心失败，又在飞机的侦察之下，继续追击我中央前委三支队。

三支队到达小河村，刚要做饭、架电台，骑兵侦察员就来报告，敌人又扑了过来。部队立即转移，在大雨中整整走了一天，仍没有脱离险境。到了晚上，找到了一个老乡做向导，穿小路，翻山岭，天大亮时三支队进入了天赐湾。

这时敌人也出发了，离天赐湾只有二三十里。

毛泽东说：

"就在这里休息吧，同时做好行军战斗的准备。敌人来了，我们马上就走。敌人如果顺沟过去，我们就在这里住下。"

很快，侦察报告不断传过来：

"敌人接近了。"

"敌人顺沟过去了。"

"敌人过完了。"

于是，三支队就在天赐湾住下了。6月中旬的这10天，是转战陕北中最险象环生的一段日子。胡宗南派出大股部队，到处搜索，妄图把我中央机关一网打尽。但是陕北的地形险要，地域辽阔，他们又没有群众支持，如同瞎子、聋子，在山上山下乱碰乱撞。正如毛泽东所说："隔了一个山，就像隔了一个世界哩。"

6月17日，三支队又返回小河村。小河村的位置正好处于胡宗南和马鸿逵防线的结合部，敌人在这里的兵力薄弱，加上胡宗南和马鸿逵两个人又互相猜忌，都想保存实力，所以轻易不愿到这里来。

胡宗南见四处搜索都找不到毛泽东，想想北边就是毛乌素大沙漠，左有"马家军"，右有邓宝珊，毛泽东是不会自投罗网的。他判断中共中央一定跟彭德怀的部队会合了。于是命令刘戡的部队向西追击，还是念念不忘要歼灭共军主力。

情况稳定下来后，毛主席派出警卫团的一个连，要求他们采取灵活机动的游击战术，插到敌人后方去，在安塞、延安一带袭击、扰乱敌人，让敌人睡不好觉，吃不好饭，不得安宁，疲劳不堪。一方面给刘戡造成错觉，搞不清我们到底有多少部队与他周旋；另一方面也是保卫中央前委安全的措施之一。

2. 千难万险，毛泽东绝不渡黄河

7月初，中央前委在小河村召开了会议，确定了下一步全国战场发展的方向。

小河村会议结束后，中共中央机关的处境仍然是严峻的。胡宗南的军队虽受到西北野战军3次沉重打击，但他的主力始终没有受到致命的伤害。7月底，我西北野战军攻打榆林，整编第29军刘戡北上支援，已逼近小河村所在的靖边县一带。

在这种形势下，为了安全起见，中共中央机关决定转移。

往哪里走呢？西边再没有西北野战军的部队；南边是国统区；北边也不行，正在打仗。东边又有董钊的大军。毛泽东说：

"我不是楚霸王，还没到四面楚歌的时候。我们顺大理河而下，向东走。"

8月1日，太阳刚刚升起，毛泽东率中央机关大队人马离开了住了40多天的小河村。为了保密，中共中央代号"三支队"改为"九支队"，由周恩来兼任司令员和政治委员，叶子龙任支队参谋长。

陕北8月的天气，早晨还是凉爽的，等到太阳当头照，马上热了起来。大家的衣服被汗水打湿了，热得气喘吁吁。毛泽东看出大家情绪不高，就高声说：

"大家辛苦了。"

边说边把草帽拿下来扇了扇。警卫员们一听都鼓起劲来，七嘴八舌地说：

"不辛苦，比万里长征差远啦！"

"咱们辛苦，敌人更苦。老让咱们牵着鼻子走。"

"敌人人生地不熟，拖也被我们拖垮啦！"

天快黑的时候，毛泽东一行来到了从前住过一段时间的靖边县青阳岔。老乡们听说来了西北野战军都高兴地忙着接应。住了一夜，刘戡又从后面赶上来了。青阳岔是个靠在公路边上的村子，交通方便，刘戡说到就到。

仓促中队伍又出发了。队伍离开不久，乡亲们刚刚收拾好窑洞，刘戡的部队就进了村。尽管他们吊打逼问老百姓看没看见共军，老百姓个个都是一句话："没看见！"他们没有从老百姓嘴里得到一点关于解放军的消息。

刘戡出了青阳岔继续追赶。头两天，昼行夜宿，走走停停。敌人追得紧，九支队也走得紧。敌人追得慢，九支队也就走得慢。跟敌人之间总是保持着一两天的距离。谁知道一过了火石山，敌人竟然不吃不喝，紧追不舍。

8月4日，九支队到达一个叫肖崖的小村庄。这里是两山之间，比较隐蔽。4天之后，刘戡又靠近了，负责行军的任弼时磕掉烟斗里的烟灰说：

"收拾东西，我们也上路。"

天上有胡宗南的飞机跟踪侦察、扫射、轰炸。地上的山路崎岖，山径小道，不能骑马。九支队在陕北的大山中，艰难前进，与敌周旋。

这时，国民党整编第36师钟松组织的"快速纵队"已经涉过无定河，到达了离榆林城不到百里的刘家嘴。

彭德怀急电中央：敌大军正向北运动，望九支队向我军靠拢，只要到达葭县一带，就安全了。

毛泽东和周恩来摊开地图一看，除了东边，其余三面都有敌人。最后决定到榆林、米脂、葭县三角区去。而且要抢在董钊到达绥德前迅速通过绥德大桥，到葭县神泉堡去。

8月10日夜晚，瓢泼大雨下得格外起劲。毛泽东和周恩来、任弼时率九支队800百多人行进在葭县乌龙铺东侧的山路上。风夹着雨丝打在大家的脸上，身上披着的油布也被风吹得鼓起来，衣服早就湿透了，风一吹凉气透骨。黄土地又粘又滑，行军非常困难。警卫战士们跑前跑后，惟恐领导同志一不小心有个闪失。周恩来一边低头奋力走着，一边低声地吟着："山川萧条极边土，胡骑凭陵杂风雨。"走在身旁的任弼时听见了凑上来说：

"咱们区区800人周旋于数万敌军之间，这是前无古人，近无同路啊。苏共历史上也没有过像咱们这么精彩的篇章吧？"

"苏共没有的，我们也要有！"毛泽东说，"胡宗南想逼我们过黄河，我们就不过，且看他能奈我何！"这时只听"哎哟"一声，原来正在上坡，一个警卫员不小心滑了一跤。毛泽东转头看他没事，才放心，又对身边拉着骡子的警卫员说：

"小鬼，当心我的书。"原来这匹骡子驮着的都是毛泽东随身携带的几箱书，无论走到哪里总是舍不得扔掉。警卫员嗔道：

"主席，您就记着书，当心您自己才是。"说话间山路越发陡峻，大家都瞪大眼睛盯着脚下，谁也不吱声了。

队伍走到曹庄，发现这里还住着部分中央机关干部、家属和野战军伤员。刘戡马上就要从南面和西北面赶来，几万大军将像洪水一样冲向乌龙铺。周恩来立即组织当地干部紧急输送干部、家属和伤员过了黄河。

九支队却顺着黄河北上。为了摆脱被敌军包围的危险，也为了使彭德怀放手打仗而不必顾及中央的安全，毛泽东想渡过无定河向西，再次返回河东一带，插入敌人后方。

8月13日这天，九支队来到无定河边。周恩来、任弼时亲自指挥部队和老乡们架设浮桥。毛泽东坐在河边一块湿漉漉的大青石上，拿着铅笔聚精会神地批阅电报。

浮桥架好了，周恩来在桥上来回走了两趟，才请毛泽东过河。在行军途中，周恩来总是这样以毛泽东的安危为己任。毛泽东让机要人员把电台、文件先运过河，他才大踏步地过了桥。

渡过了无定河，九支队进入黄河与无定河之间的夹道地区。

这个时候刘戡、钟松两部宿营地南北相距只有百里，他们一旦会合，封锁住黄河各渡口，再控制无定河到米脂、葭县一线，就会把九支队和西北野战军分隔开，使九支队困在葭县、米脂、榆林3县之间南北15公里、东西二三十公里的狭小地带。到那时，西、南两面是刘、钟的部队，东面是滚滚不息的黄河，北面则是漫无边际的沙漠，回旋余地几乎等于零，毛泽东的处境极为危险！

彭德怀立刻命令刚刚从山西赶来的3纵南下，接应九支队，保卫党中央的安全。九支队于8月16日到达神泉堡附近。

刘戡紧追不放，距离"九支队"只有半天行程，而黄河就近在眼前。前有黄河，后有追兵，情况极其危险。在这种情况下，不仅原来主张过河的任弼时，就是原先不赞成过河的周恩来，也开始劝毛泽东过黄河暂避一时，以保证党中央的安全。毛泽东神情凝重，抽着烟思考了一会，突然把烟狠狠地往地上一摔，坚毅地说：

"我们回去！上山！"

∨ 周恩来（中右一站立者）与毛泽东（中右二站立者）在转战途中小憩。

九支队800人静静地跟着毛主席向黄河相反的方向翻山而去。

刘戡主力扑向黄河边,看着滔滔的黄河水,也摸不清中共中央是不是过河了。刘戡于是想出了厉害的一招,他组织了一个500人的手枪队,换上老百姓的衣服,分散开来,在附近寻找。同时兵分几路向葭县、神泉堡等地围追,咄咄逼人地向九支队进逼。

九支队再次陷入极端危险之中!夜间,队伍又一次在大雨中行军,在电闪雷鸣中默默前进,沿葭芦河往西北方向潜行。次日中午,部队抵达白龙庙村。这是一个座落在山顶上的小山村。连续的艰苦行军,人困马乏,战士们都精疲力竭了。毛泽东往石头上一坐说:"不走了,就在这里休息。敌人上山来,再走不迟。"

中央警备团严密警戒,随时准备阻击敌人。

晚上,雨下得更猛了。这是一场多年来未见的暴雨,狂风携着暴雨猛烈地抽打着黄土高原,大量泥沙顺山坡滚滚而下,发出阵阵轰鸣,使人觉得顷刻间就要天塌地陷一般。国民党士兵平时就懒惰懈怠,战斗力极差,哪里经过这番险境,又是晚上,更怕解放军偷袭,就又是打枪又是放炮给自己壮胆。而九支队却在山上安稳地睡下了。

清晨,毛泽东率九支队从容离去,傍晚时分到达葭县杨家园。当赶到葭芦河边时,由于连日暴雨,河水猛涨,葭芦河好像成心向九支队发难,卷起一米多高的浪头,推着巨大的石块和连根拔起的树木,咆哮而去。无法架桥也没有办法徒涉,毛泽东用手里的木棍朝河上游一指说:

"我们顺河走,说不准到上游能找到桥哩。"

当晚彭德怀收到中央军委的电报,得知由于葭芦河水涨,难以渡河,毛泽东等无法向北转移,只好转为向西北方向前行,几乎陷于绝境。彭德怀看完电报,急得满头大汗,坐立不安。他对着地图沉思,用手估量着刘戡、钟松两路敌人的远近,紧锁眉头,板着脸一言不发。他下令继续严密监视敌人,一有情况,立即报告。

对于从炮弹坑里、死人堆里爬出来的彭德怀来说,什么紧急情况没有碰到过?就是面对死亡,他也不会眨一下眼睛。但是今天,他却把心提到了嗓子眼。党中央陷入绝境!毛主席情况危急!万一出了差错,他这个西北野战兵团的总指挥如何向党交待?如何向人民交代?更糟糕的事,他现在竟想不出一个马上可以解决问题的办

阎揆要

陕西佳县人。黄埔军校第一期毕业。土地革命战争时期,任西北军杨虎城部队警卫团副团长、团长。抗日战争时期,任八路军总司令部科长、参谋处处长、军政处处长,冀鲁豫军区参谋长。解放战争时期,任军委一局局长,陕甘宁晋绥联防军副司令员兼参谋长,西北野战军第4纵队副司令员兼参谋长,西北野战军参谋长,第一野战军参谋长等职。

< 阎揆要,1955年被授予中将军衔。
> 1947年5月,北平学生举行反饥饿、反内战游行示威。

"反饥饿、反内战和反迫害"运动

1947年5月4日,上海学生上街进行反内战宣传,遭国民党军警的镇压,各校学生在中国共产党的领导下立即罢课抗议并到市政府请愿。9日,近2万名电车、汽车及纺织工人罢工游行,要求增加工资。学生运动蓬勃发展并迅速蔓延到上海、南京、天津、北平等60多个城市,五二〇血案把运动推向新的阶段。学生运动与工人、农民、市民的斗争结合在一起,形成了反对蒋介石反动统治的第二条战线,有力地配合了人民解放军的作战。

法!他心急如焚,彻夜难眠,每隔半小时就要参谋长向他汇报一下敌情和九支队的情况。

19日上午,参谋长阎揆要高兴地跑进来说:

"彭总,九支队已到达葭县城西北的梁家岔,正向我们走来!"

彭德怀这才松了一口气,赶紧派部队去接应。九支队终于与野战军主力会合了,结束了长达19天的长途艰险行军,这使毛泽东、周恩来、彭德怀都长出了一口气。

后来中央前委又住过葭县的朱官寨和杨家沟。九支队又改为"亚洲部"。在老乡的帮助下,在战士们的英勇战斗下,中央前委一次次在敌人的眼皮子底下悄悄地溜过,一次次化险为夷。

直到1948年3月21日，打败国民党军重点进攻后，毛泽东、周恩来、任弼时才率领这支世界战争史上最小的司令部离开杨家沟，23日东渡黄河，进入山西的临县，去了西柏坡。从而结束了历时一年零五天，行程2,000多公里的陕北转战。

这时的蒋介石也很忙，只是忙得不那么心甘情愿。不论前方还是后方，局势发展都让他心急火燎，只能天天飞来飞去忙着在全国各地"救火"。

从1947年2月开始，国统区物价飞涨，人民生活日益下滑，经济处于崩溃的边缘。在城市，工人、学生为了生存，爆发了"反饥饿、反内战和反迫害"运动；在广大农村，爆发了"反征丁、反征粮、反征款"的武装暴动。据1947年春国民党政府自己公布的数字,当时在国民党统治区内的"民变",已遍及15个省,329个县,参加者近100万农民。各民主党派也活动频繁,甚至连美国这个后台老板也开始对蒋不满,要求他改组政府。

军事上国民党又是屡战屡败。重点进攻开始后,山东战场上陈毅和粟裕指挥的华东部队,于5月16日一举歼灭了蒋介石五大主力之一整编第74师,师长张灵甫命丧孟良崮。这跟彭德怀攻克蟠龙的份量一样重。蟠龙失守使胡宗南元气大伤,从此龟缩延安不出。孟良崮战败,同样使山东战场上的国民党军转入守势。蒋介石重点出击的两个战场已经开始显出败相。而且就在6月30日,刘伯承、邓小平率领的冀鲁豫野战部队,一举突破黄河天险,直逼鲁西南,威胁到了国民党统治的心脏中原地区。

解放区军民反抗国民党军队进攻的战场,与国统区蓬勃开展的民主运动遥相呼应,形成了对蒋介石的"四面包围"。

蒋介石殚精竭虑,努力维持着千疮百孔的局面。他摸着一根头发也不剩的光脑袋搞出个"国家总动员提案",又下达了《戡平共匪叛乱总动员令》,妄想亡羊补牢,挽救恶化的局势。

而他不知道的是,就在这时,共产党中央已经敏锐地捕捉到了局势微妙的变化。7月底在陕北靖边小河村召开了中共中央扩大会议。会上做出了大胆的决定:不等敌人的进攻被完全粉碎,不等人民解放军在数量上装备上超过对方,立刻由战略防御转入战略进攻,从敌人防守薄弱的中原地区实施突破,转入外线作战,直插国民党军队的战略后方,将战争引向国民党统治区域,从而改变整个战争的形势,计划用五年时间,彻底消灭蒋介石的国民党军队,解放全中国。

3. 相聚小河村,党中央召开军事会议

1947年7月,杨柳依依的小河村一派和平情景。绿树掩映着窑洞,轻风吹拂着山岭。住在这里的毛泽东、周恩来、任弼时每天都在热烈的讨论中度过:解放战争如何进行?关于全国战局进一步发展的新思路也在争论中越来越明朗了。

现在全国战场形势天天在变。毛泽东形象地说:

"蒋介石两个拳头这么一伸,就把胸膛露在外面了。现在我们的

战略就是把他两个拳头拖住,不让他缩回去。再趁机打他的胸膛。"

周恩来兴奋地说:

"好!中原逐鹿!"

任弼时也说:

"出击中原腹地,打蒋介石一个措手不及。"

毛泽东笑着摸摸下巴,慢悠悠地说:

"我给老蒋准备了两个对手,刘邓和陈谢,够他喝一壶的喽。"

任弼时也开起了玩笑:

"李得胜同志呀,这样一来,蒋介石恨死我们了。要是给他捉住我们三个,抽筋扒皮下油锅也不解他心头之恨呀!"

"哈哈哈哈!"爽朗的笑声随风飘荡。

"胡必成同志,给大家发电报吧!把西北战场的大将们都召集来开会!"

7月21日是个晴朗的好天气,小河村笼罩在灿烂的阳光下。一匹白马跑得四蹄生风,直奔村口而来。"贺老总来啦!"战士们连声呼唤。毛泽东、周恩来、任弼时都跑出来迎接,老远就伸出双臂。贺龙赶快跳下了马,亮出大嗓门:

"李得胜同志,胡必成同志你们好啊。"

贺龙是来得最早的。毛泽东兴奋地紧紧握住他的手说:

"贺老总,你远道而来辛苦啦!"

贺龙深情地看着大家,感动地说:

"我不辛苦,你们天天行军才辛苦。主席比在延安的时候可瘦多啦!"

"哈哈,不是瘦,是更结实了。我看呢,行军是个好事情,身体都锻炼好喽。现在不骑马一天走上个十里二十里的,也不觉得累。"毛主席笑着说。

周恩来上前握住贺龙的手说:

"前几天听说你病了?"

"小小的胆囊炎,没什么,已经好了。"贺龙爽快地回答。

其实,贺龙是拖着病体来的。自从他担任了晋绥野战司令,天天风里来,雨里去,忙起来饥一顿,饱一顿。陕北打起来,贺龙把晋绥建成了陕北坚实可靠的大后方,筹集军粮、运送物资、开办兵工厂等等都要年过半百的他操心,累病了也不肯休息。来开会前一个星期,大家想尽办法好不容易才强行把贺龙按在医院的病床上。可是会议通知一来,贺龙马上就躺不住了,一定要提前两天动身。医院只好让步,因为贺龙的身体实在让人放心不下,只好指派了一个医生随行。

毛泽东坦诚地说:

"贺龙同志,你这是累的啊!我一直想对你说一句话,你虽然担任联防司令,可是却没带兵打仗,真是让你受委屈了。"

贺龙马上爽快地说:

"我现在的工作也是为打仗服务。党让干啥,我就干啥!"

"走,咱们上大会堂说话去。"任弼时热情地说。

"哦?还有大会堂啊?"贺龙将信将疑地跟着大伙来到村里。原来这大会堂是为了开会,利用一棵大槐树搭起来的一座大凉棚。贺龙坐在一条破旧的长凳上,小战士倒上了一碗凉开水。贺龙一边端起来有滋有味地喝着,一边笑着说:

"主席呀,这你可比不上我喽,我的办公室里有沙发还有电灯哩!"

"哈哈,我的办公室就是马背,骡子再有劲也拉不动那么多家具哟。"毛泽东风趣地说。

这时,贺龙的随行队伍也进了村。战士们上前七手八脚地帮忙卸东西。有腊肉、干菜、药品、小米什么的。周恩来笑着说:

"贺老总给咱们送礼啦!"

贺龙神秘地笑着说:

"看看这是啥?"说着拿出了一包东西,摊开在桌子上,原来是水果糖。现在,这是不值钱的东西,可在当时的解放区却是来之不易之物。这包水果糖还是一年前有位同志特地送给贺龙的,他一直舍不得吃,让警卫员保存着。这次来开会,贺龙拎着水果糖对警卫员说:

"毛主席离开延安,整天和敌人周旋,生活一定很艰苦。你把这包水果糖带上,送给主席。"

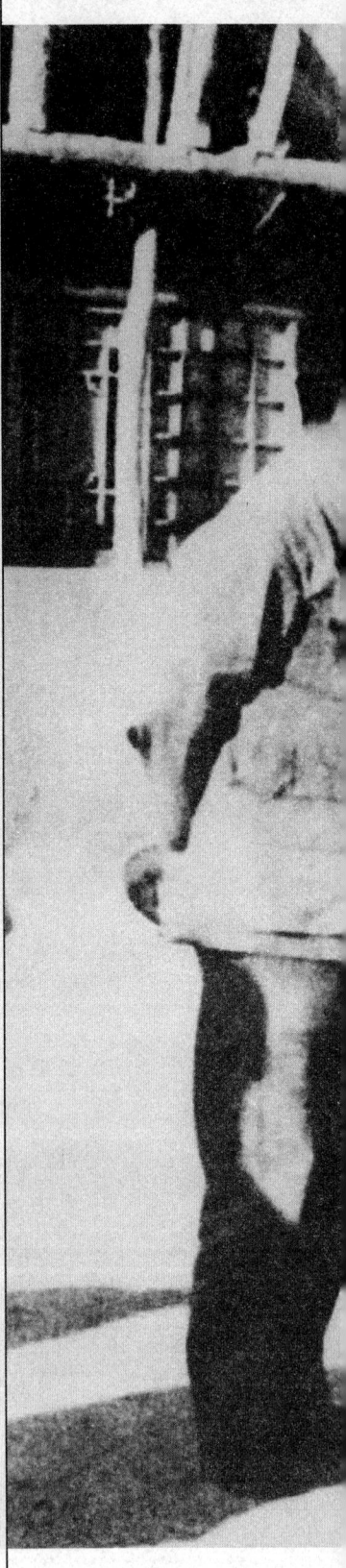

▽ 1942年，毛泽东与贺龙在延安。

∨ 1947年7月,中共中央在小河村开会时,彭德怀、贺龙、陈赓、王震(左起)合影。

紧接着，彭德怀、习仲勋也来到了。陈赓一直到天完全黑下来才赶到。陈赓一来，战士们赶快拉桌子摆筷子。原来大家都在等着陈赓司令一起吃晚饭呢。

为了让领导们能吃得好一点，绥德地委派了专人，每隔几天送来一些蔬菜，可是毕竟天热路远，有些菜送到的时候已经烂了，菜还是不够。周恩来便亲自指示行政人员，要多想办法。大家就去挖野菜。现在端上的晚餐，就是小米稀饭、炒野菜、凉拌野菜、南瓜汤。陈赓吃得津津有味，还不停地说：

"这菜好吃得很，还有没有？"大家都笑起来。

周恩来说：

"有的是，你就放开肚皮吃吧。让炊事班再炒。"

任弼时介绍说：

"这是主席在王家湾散步时发现的，我们吃了也觉得味道很不错。"

陈赓看着三支队的警卫员背的还是旧的汉阳造步枪，就跟任弼时开玩笑：

"我说支队司令呀，这么旧的武器能保卫好毛主席吗？"

说着挥挥手，让自己的警卫员把身上崭新的步枪跟中央警卫战士交换。

"嗬，晋南真富呀！天天打胜仗一定缴获不少好东西吧？"任弼时说。

陈赓笑了：

"哈哈，眼红了吧？好东西都给你带来啦！"

原来陈赓精心选了好多战利品，四匹骡子都压得快走不动了。现在一样一样地拿进来，除了虾仁、木耳、白糖和茶叶、香烟，还有一套崭新的无线电器材。陈赓还一个劲地说：

"路上不方便，带得太少啦。"

开会了。大家摸出烟来，互相敬烟对火。袅袅上升的烟雾，丝丝缕缕地在笑声中飘散。大家的心火热火热的，你一言他一语热烈地，讨论起来。

这次会议从7月21日开到23日，会期三天。参加会议的除了我们前面说的毛泽东等人，还有陆定一、杨尚昆、贾拓夫、张宗逊、马明方、王震和张经武。

> 张经武，1955年被授予中将军衔。

张经武

湖南酃县人。土地革命战争时期，任军委军事教导团团长、中央军委五局副局长、陕甘支队第3纵队参谋长、军委二科科长等职。抗日战争时期，任八路军山东纵队司令员、陕甘宁留守兵团副司令员、陕甘晋绥联防军参谋长。解放战争时期，任绥德军区参谋长、中共驻北平"军事调处执行部"副参谋长、参谋长，西北军区参谋长、西安市警备司令部司令员。

会议决定，陈赓率部南渡黄河到豫西、陕南作战。陕北战场上彭德怀独力支撑，今年先削弱胡宗南，到明年等条件成熟再消灭他。

陕甘宁边区在财政上本来就主要依靠晋绥，现在战争使陕甘宁边区的地方和人口都缩小了，对晋绥的依靠更大。这次把晋绥和陕甘宁边区合并，由贺龙以陕甘宁晋绥联防军司令员的身份统一指挥，负责统一后方和地方工作。

关于把战争引向国统区的问题，会议形成了完整的战略部署，就是"三军配合，两翼牵制"。

三军配合是：刘邓率4个纵队，实施中央突破，直趋大别山；陈粟率7个纵队在

∨ 1947年7月，中共中央在陕北靖边小河村召开会议，研究战略进攻等问题。

左,打破敌人对山东的重点进攻后,出鲁西南,向南挺进豫皖苏地区;陈谢率两个纵队和第38军又1个旅在右,由晋南强渡黄河,挺进豫西。3路大军互为犄角、协力配合,机动歼敌。

两翼牵制是:彭德怀率西北野战军主力出击榆林,调动胡宗南北上,把蒋介石的"左拳"引向沙漠边缘;许世友率华东野战军4个纵队在胶东展开攻势,把蒋介石的"右拳"引向海边,以此策应中央突破行动。

会议在欢快热烈的气氛中结束。从此,中国人民解放军在中原摆开了"品"字形攻势,把战略进攻的尖刀插向了国民党统治的心脏!

战争宽银幕

❶ 我军战士依托城墙工事打击敌人。

② 我军突击船在炮火掩护下向敌占岛进发。
③ 我军某部向前线进发。
④ 我军某部指战员集结在突破口准备投入新的战斗。
⑤ 我军与敌人展开激战。

[亲历者的回忆]

廖志高
（时任中共中央直属支队政治部主任）

在青化砭、羊马河战役胜利之后，我们到青羊岔，又到杨家湾，在这里，住了一个多月。敌人发现毛主席住的方向，由刘戡率一个集团军向我扑来，妄想消灭党中央。双方相距不远了，司令部下了命令：全支队向北，再向东转。但是迟迟没有行动。我到司令部去问情况，看到主席、恩来、弼时、子龙同志都在，主席正在发脾气，说：这是什么命令！完全符合敌人口胃。这正是敌人的想法，我们不能这样干，在这种情况下，下命令向北走，敌人追来时，就向东撤过黄河，这正中敌人的计，这样做是错误的，必须改变。我们的行动是要坚持留在陕北，这时不能过黄河。这时过黄河是违反延安决定的，我们过黄河，敌人就活动了，兵力就可随意调动了，这是有利于敌，不利于我的，现在要改变为向西行动。任弼时承认是他下的命令，他说：我这样办，是为了主席的安全，不致中敌人的计。这是为全党、全军、全国人民着想的，不是为我个人的。延安的决定我是赞成的，现在情况起了变化，处在危急时机，万一主席出了问题，对全党、全军、全国人民都无法交待。主席说：你这样想也不现实，如果敌人兵力活动了，各根据地压力增加，我各野战军受害，他们的困难就很难想象。我个人算不了什么，全党、全军的安全才是最重要的。这样办是错误的，必须改变。……

——摘自：廖志高《回忆毛泽东同志二三事》

苏 静
(时任东北野战军司令部作战处处长)

　　9月12日,首先在北宁路上之锦、榆、唐之间打响。以热河3个独立师袭击锦、榆段,截断与分别包围兴城、沙后所、绥中之敌。我原冀东11纵队一部向昌(黎)、滦(县)段破路迟滞华北敌人东援。第4、第9纵队切断义县与锦州的联系;8纵直插锦州以北要地葛文碑歼敌6个连,直逼锦州北郊,包围了锦州北薛家屯守军两个团。3纵和2纵5师接替4、9纵对义县的包围,作攻城准备。4纵直下锦州以西地区,于9月29日攻克兴城,进迫锦西,威胁葫芦岛,吸引了敌暂62师由锦州增援锦西。9纵进到锦州北郊,配合8纵,歼灭了薛家屯守敌两个多团,并占领锦州以北和东北之重要外围阵地。9纵25师74团1营1连插入锦州城北占领白老虎屯,击退了配有大炮、坦克和飞机支援之敌4个步兵团的连续反击,占住了制高点。7纵攻占高桥,配合4纵1个师攻占西海口、塔山,切断了锦西与锦州的联系。至此,我军完成了对锦州的包围。

——摘自:苏静《锦州攻坚战的回顾》

第八章

围打榆林，
国民党整编师被歼

∧ 1947年8月7日，蒋介石抵达延安视察。

胡宗南老实多了，十几万人马抱成一团，同行同宿，不敢分散。
我军突袭榆林城。邓宝珊说，共军是醉翁之意不在酒。
蒋介石亲临延安督战，扬言要一战而定陕北。
"留得青山在，不怕没柴烧。"彭德怀当即立断：撤兵榆林。
钟松比狐狸还狡猾，又躲过了我军伏击圈。
毛泽东说："老彭啊，打好了这一仗，下次我们要到蒋介石那里去打！"

1. 调敌北上，野战军围攻榆林

根据中央军委和毛泽东主席的战略决策，彭德怀指挥的西北野战部队的主要任务是，把陕北战场变成一个战略牵制区，把蒋介石的国民党战略预备队牵制住，把胡宗南的部队拖在陕北，以策应陈赓、谢富治纵队南渡黄河，出击豫西，协助刘伯承、邓小平指挥的大军挺进中原。

经过三战三捷、西出陇东和收复三边的战斗，把胡宗南打寒了心。吃一堑长一智嘛，以后，胡宗南轻易不敢出兵，十几万人马抱成一团，同行同宿，不敢分散。怎样牵制和消灭胡宗南呢？直接出击不行，弄不好还会被胡宗南倒打一耙。遵照中央军委的决定，彭德怀把陕北战场形势仔细地分析后，决定进攻榆林。我军攻打榆林，胡宗南必然派兵北上增援，这样一来他就无力南顾。夺取战略要地榆林后，我军可以取得兵员和物资方面的补充，进一步巩固后方。

榆林是一座塞外古城，地处陕西、山西绥远之要冲，战略地位十分重要。秦汉以来就是边防要塞，兵家必争之地。榆林城，北依秦、隋、明3朝修建的长城，西隔榆溪河是一望无垠的沙漠地带，南有横山、天柱山、堡子山，东面是天险黄河。经过上千年的修长城、设关隘、屯重兵，这里形成了易守难攻的防御体系。此地也是国民党军队进攻陕甘宁边区的一个重要据点，始终有重兵把守。此时，榆林是晋陕绥边区司令邓宝珊率领的国民党22军和胡宗南整编第24军第36师第28旅把守，总兵力为1.5万余人。榆林防区西与宁夏的马鸿逵部队，南与延安的胡宗南部队形成"品"字型布局，成犄角之势，北面与绥远的傅作义部队，东面与山西的阎锡山部队遥相呼应，形成全方位防御体系，也形成了对陕甘宁根据地的全面包围之态势。因此，出击榆林，必将牵一发而动全身，牵动整个西北战场。蒋介石也认为，若榆林不保，"不仅晋、绥、陕边区之匪可连成一气，且将予匪囊括河套，直接沟通俄、蒙国际通路之利。于是榆

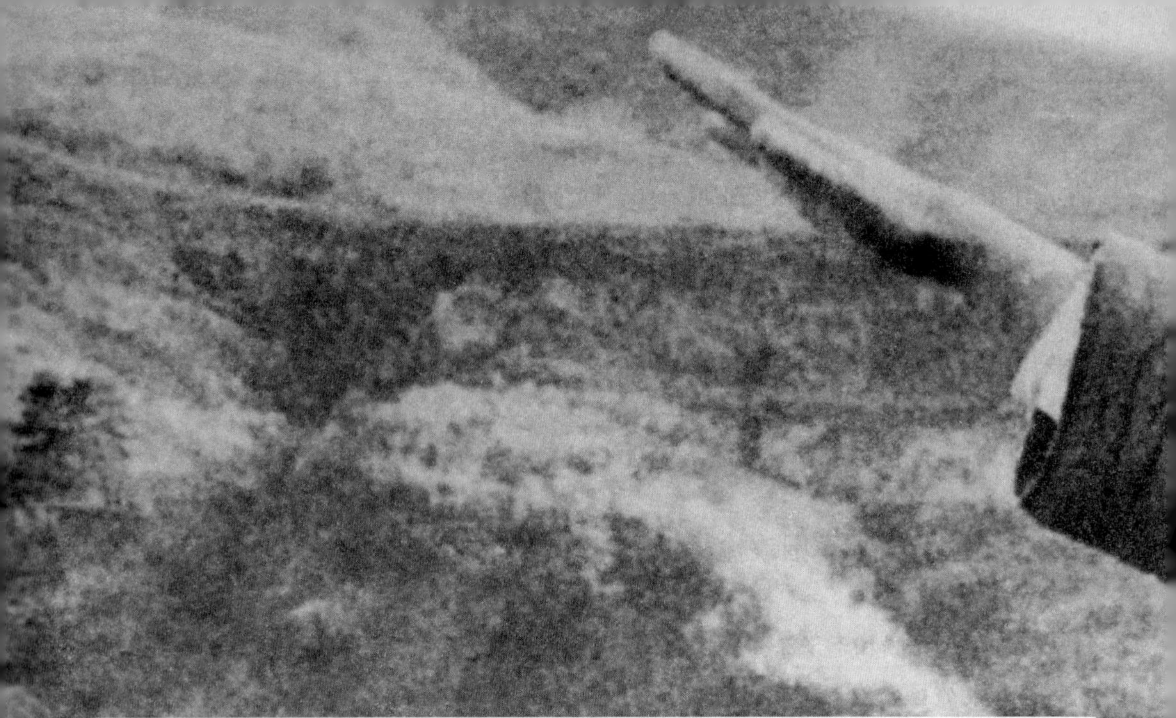

> 彭德怀司令员在动员大会上，号召部队向西府进军。

林成为匪我必争之要点"。

晋陕绥边区司令邓宝珊，名瑜，字宝珊。好读书，喜字画，是国民党军队中少有的儒将。他受共产党政治主张的影响，一直同许多共产党人保持着友谊。1937年日军攻陷太原、归绥、包头，乘胜大举西进，企图席卷大西北。国民党下令将驻防兰州的新编第1军军长邓宝珊调任榆林第21为军团团长兼第二战区北路军副总司令之职，阻击西进的日军。初到榆林，邓宝珊就派人与陈奇涵司令员共商协防之事，接着又与留守处萧劲光达成和平相处的默契。

邓宝珊为了榆林可谓竭尽内政外交之本领，一方面把供奉在百灵庙的成吉思汗灵位请到兰州安放，稳定蒙古王公难民动荡的心里，并把他们组编成5个游击支队，进驻到包头西面的黄河沿岸，骚扰日寇西进。一方面与第二战区司令长官阎锡山、第二战区北路军总司令傅作义联络，强化晋陕绥防御部署。终于功夫不负不心人，邓宝珊

陈奇涵

江西兴国人。土地革命战争时期，任中国工农红军第3军教导团团长，红3军、红4军参谋长，红一军团参谋长，江西军区参谋长，教导师参谋长，红十五军团参谋长等职。抗日战争时期，任军委教育局局长，绥德警备司令，军委参谋部部长，中国人民抗日军政大学第三分校校长，军委情报部第三室副主任等职。解放战争时期，任冀察热辽地区，东满军区副司令员，辽宁军区司令员，东北军区参谋长。

的苦心初步稳定了榆林的局面。抗战八年，西北局势比较稳定，邓宝珊在榆林的地位也与日俱增，无人能比。

在整个抗日期间，邓宝珊一直与陕甘宁边区保持着睦邻关系，协同八路军一起与日本鬼子不时打上几仗。还多次到延安，受到毛泽东、朱德等人的热情款待。1943年，蒋介石掀起第3次反共高潮，邓宝珊来到延安，和毛泽东彻夜长谈，政治上很受启发，更加对毛泽东感激钦佩。毛泽东对国际国内形势的分析，也让邓宝珊坚定了团结抗日的信念，和共产党将领贺龙、彭德怀、王震、萧劲光等来往更加频繁，书信不断。1944年12月毛泽东在给邓宝珊的信中说：

宝珊先生吾兄左右：

去年时间变换，先生尽了大力，我们不会忘记。八年抗战，先生支持北线，保护边区，为德之大，更不敢忘。去秋晤叙，又一年了，时局走得很快，整个国际国内形势都改变了，许多要说的话，均托绍庭兄专程面达。总之只有人民的联合力量，才能战胜外寇，复兴中国，舍此再无他路。如果对八路军抗战作一简单总结，这句话鄙意以为适当，未知先生以为然否？何时获得晤叙机会，不胜企望之至。专肃。敬祝

健康！

弟毛泽东
12月22日

邓宝珊看到毛泽东给他的亲笔信，心情激动不已，他为毛泽东的诚意和平易近人所感动。当然，他更赞成共产党的"统一战线"共御外侮的政治主张，从心里讨厌蒋介石打内战的政策。

1946年内战前夕的国民党六届二中全会上，邓宝珊看到国民党反共气焰很高，深感忧虑，情绪激愤地对蒋介石说：

"我愿意把领导拥护成华盛顿，而不愿意把领导拥护成拿破仑。"此言一出，蒋介石十分恼怒，取消了任邓宝珊为甘肃省主席的打算，并把他视为一块啃不动也嚼不出滋味的"腊肉"。

蒋介石对自己的不满和猜疑，邓宝珊看得很清楚，在和共产党

< 陈奇涵，1955年被授予上将军衔。

接触的日子里，他逐渐发现共产党要比国民党得人心，因此他不想参加内战。六届二中全会一开完，邓宝珊告个病假，一溜烟跑回到陕西三原老家养病去了。蒋介石心中窃喜，顺水推舟，立即派了心腹董钊去榆林主持工作。名义上任命董钊为副总司令，邓宝珊还是总司令，实际上是准备让董钊取代邓宝珊。

此时，榆林城的老牌守军是国民党第22军，军长左世允。蒋介石和胡宗南安排董钊去榆林取代邓宝珊的一个重要原因，就是董钊和左世允是同乡。老乡见老乡，两眼泪汪汪嘛，董钊应该能和左世允齐心共事，控制住榆林大局的。没成想左世允对邓宝珊忠心耿耿，对于董钊这位同乡却心存戒备，表面上一团和气，私下里却拉起了"拒董"的联盟。

董钊新官上任，剃头挑子一头热，除了到处转转，天天无所事事，军务政务都插不上手。不到半年，董钊受不了，心想还不如回去当他的整编第1军军长威风呢。他找到胡宗南，坚决提出告退，托词榆林非邓宝珊坐镇不可。

邓宝珊回乡养病，日夜牵挂的还是榆林。那里的民情，那里的山水，那里的长城……时时刻刻牵连着他的心。在榆林风风雨雨十年了，邓宝珊终于明白，自己离不开榆林，他和榆林城已经有了感情，结下了生死之缘。

蒋介石一面劝邓宝珊快回榆林，一面密令胡宗南想办法削弱邓宝珊的影响。毕竟榆林是名副其实的边疆要塞，蒋介石不放心啊。胡宗南也看在眼里，急在心上，对邓宝珊更是满怀戒心，如果榆林出了问题，他胡宗南再有本事，也是水牛掉进枯井里，有力无处使了。

1947年初，机会来了。胡宗南要大举进攻延安，蒋介石以加强榆林防守为理由，命令胡宗南将整编第36师第28旅2个团6,000余人空运到榆林。这一着不但加强了榆林防务，更重要的是给邓宝珊安了个耳目，全面监视邓宝珊。

整编第28旅旅长徐保，绝对是胡宗南的心腹。徐保是黄埔四期毕业的，打仗很勇敢，就是嗜赌成性，当团长后还是赌性不改。有一次赌瘾发作，竟把全团官兵的军饷一夜之间输个精光。此事传到胡宗南的耳朵里，胡宗南气坏了，一手拍着桌子，一手指着徐保的鼻子骂：

"混蛋，自古以来，哪个将帅是赌棍出身？"其实徐保心知肚明，胡宗南也是赌场中人，但是事关小命，不敢胡言，只好瑟瑟发抖。胡

∧ 1937年,时任国民党第二战区北路军总司令的傅作义。

< 刘景范,时任西北野战军后勤司令员。

刘景范

陕西保安（今志丹县）人。土地革命战争时期，任西北反帝同盟军第2支队1大队副大队长，保安游击队队长，中国工农红军第26军42师2团团长，陕甘宁边区苏维埃政府主席，中共陕甘宁省委书记等职。抗日战争时期，任陕甘宁边区政府建设厅厅长、民政厅厅长等职。解放战争时期，任陕甘宁边区政府副主席，西北野战部队和西北野战军后勤司令员，中共中央西北局常务委员等职。

宗南看着毕恭毕敬战战兢兢的徐保，反倒心生怜惜：

"没用的东西，下次看你再敢胡来，去，再领一个月的军饷给兄弟们吧。"谁也想不到，这一次竟成了徐保飞黄腾达的机缘。没过多久，徐保就升任旅长了。

徐保的岳父与邓宝珊原是老同事，私交甚好。徐保经常和邓宝珊来往，见面称邓宝珊伯父。因此胡宗南安插徐保不会引起邓宝珊的不满和疑心。

中共中央军委于7月31日宣布，西北野战部队正式定名为人民解放军西北野战军，彭德怀任司令员兼政治委员，张宗逊任副司令员，习仲勋任副政治委员，张文舟任参谋长，徐立清任政治部主任。下辖第1、第2、第3纵队又2个旅，共5万人。同时由彭德怀、习仲勋、张宗逊、王震、刘景范同志组成西北野战军党委前线委员会，彭德怀为书记。

西北野战军头顶炎炎烈日，三伏天进入毛乌素沙漠。毛乌素沙漠沙丘连绵起伏，无雨无风，热浪袭人。战士们个个汗流浃背，喉咙冒烟。彭德怀和张文舟骑着马行走在队伍中间，舍不得喝水，把水壶递给晕倒的战士，自己干裂的双唇结满血痂。彭德怀勒马大声说：

"同志们，坚持就是胜利，我们只带了6天的粮食，必须在6天内拿下榆林城。打下了榆林，水、粮食、弹药甚至兵源都有了。"铿锵的话语，令战士们振奋。宣传

∧ 20世纪40年代,彭德怀在延安。

∧ 抗战时期,时任第二战区战地总动员委员会主任委员的续范亭。

续范亭

　　山西崞县（今属定襄）人。1924年任国民党第3军第6混成旅旅长,新编第1军总参议等职。1931年"九一八"事变后,积极呼吁团结抗日。1937年9月起任第二战区民族革命战争战地总动员委员会主任委员,第二战区保安司令部司令,暂编第1师师长。1939年后任山西新军总指挥,晋西北边区行政公署主任,晋绥边区行政主任,中国解放区人民代表会议筹备委员会副主任委员等职。1941年因病休养,继续进行抗日救国工作。1947年病逝。

队员们边走边打着快板唱道：

同志们，向前看，
彭总走在最前面。
热不热，苦不苦，
想想长征二万五。
流汗多，喝水少，
全当咱洗个热水澡。
六天拿下榆林城，
邓宝珊出城来欢迎。
饭紧吃，水紧喝，
又送武器和弹药。
你说可乐不可乐，
你说可乐不可乐！

战士们都被逗乐了，行军的步伐更加坚定有力。

张文舟抹了一把汗对彭德怀说：

"是啊，拿下榆林城，什么都有了。只怕到时邓宝珊不太高兴啊！"

彭总哈哈大笑说：

"我和榆林城的邓宝珊很早就相识，我们待他不薄啊，抗战时期还接济过他粮食。蒋介石不信任他，他还惟命是从，现在还要派兵南下围攻我们。朱德总司令和他的好友续范亭劝过他，举兵起义，但此人优柔寡断，安于现状不愿行动。邓宝珊是邓宝珊，榆林城是榆林城，我们要分清。邓宝珊对共产党有感情，他下不了决心脱离国民党，我们这一巴掌打下去，也许能使他清醒清醒。"

张文舟接着说：

"要他率部起义，就得狠凑几下，不打疼，他还会安于现状，过着优哉优哉的生活的。"

彭德怀点点头，赞同地说：

"毛主席说过，邓宝珊是可以争取的，我看也是可以争取的，这次不痛敲他几下，他还不知要犹豫到何时呢。"说罢，策马急行。

邓宝珊得到西北野战军沿大、小理河出兵北上，要攻打榆林的情报后，感到有些茫然，甚是不解，背着手在桃林山庄来回踱着步

∧ 我军收复"三边"后，沿长城东进，直插榆林。

思索着：解放军真要攻打榆林，用得着使用武力吗？凭着和共产党多年的交情，怎么也得先礼后兵，通知一声吧。正想着，第22军军长左世允跑了进来：

"司令，彭德怀带领7个旅打过来了！"

邓宝珊仍然踱着步，慢条斯理地回答：

"有什么紧张的。我看共产党刚刚在三边开了会，制订了新的战略方针，想从内线转到外线反攻。陈赓已经率部南下，而彭德怀也要反攻胡宗南，打我们做什么呢？"

邓宝珊还在打着自己的小算盘，第28旅旅长徐保又慌慌张张跑了进来：

"伯父，彭德怀打过来了，我们怎么办呢？"

徐保的话问得邓宝珊有点扫兴，他皱皱眉头说：

"我和左军长正在商议此事，世侄多虑了，以我的判断，彭德怀在未消灭胡宗南之前，轻易不会攻打榆林的。"

徐保讪笑：

"伯父说得对。只是彭德怀的部队在三边休整了1个月，如果南下跟胡宗南作战，

∧ 我军在进军榆林途中穿越毛乌素沙漠。

兵力显得单薄,路途远队伍也拖不起呀。要是北上打我们,只有一两天的路程。……"

邓宝珊挥了一下手打断了徐保的话:

"我明白彭德怀是醉翁之意不在酒!"

左世允和徐保听得满头雾水:

"那是在干什么呢?"

邓宝珊似乎理出了头绪。微笑着说:

"彭德怀是想围城打援,调动胡宗南的部队北上,找时机吃掉胡宗南。"

邓宝珊精辟的分析着实让左世允长了见识,但是他内心还是有些发虚,便小心翼翼地附和道:

"司令高见!只怕彭德怀来者不善,我们还应小心提防。"

徐保也赶紧跟着说:

"还是小心为好,古人说得好,篱笆扎得紧,野狗钻不进。"

邓宝珊摆摆手,一脸自信地说:

< 时任西北野战军第1纵队司令员的贺炳炎。

"世侄不要担心，我心中有数。"

就在邓宝珊自信满满的时候，西北野战军高歌猛进，迅速扫清了秦塞、镇川堡、响水集等地的国民党守军。彭德怀要求部队加速进攻，务必将国民党军队歼灭在城外。

8月4日晚，邓宝珊得知情况后，明白了西北野战军真的是要攻打榆林了。邓宝珊毕竟行伍出身，临危不惧，迅速布防，把榆林城的第一道防线设在三岔湾。

彭德怀详细分析了邓宝珊的防御部署后，号召全体指战员打好这一仗，拿下榆林城。我军参战的兵力达到8个旅，连同绥德军分区的两个团，共有45,000人，是榆林国民党守军的三倍。作战的基本部署是：以第2纵队、新4旅、教导旅经镇川堡向鱼河堡、归德堡、三岔湾等地发起攻击。然后第2纵队包围城北和城西北部，新4旅包围城东南部，教导旅作为预备队。第1纵队和绥德军分区第4团、第6团围攻响水堡，1纵主力由武家坡向北渡过无定河，协同歼灭三岔湾之守敌，然后包围城南及西南部。以第3纵队和独立第5旅经杏树塔、银匠峁攻击流泉河、青云山。唐金龙指挥的独立第2旅西渡黄河后，由万户峪攻击高家堡、乔岔滩守敌后，包围榆林城东部。

西北野战军能征善战早就出了名。王震指挥的2纵在三岔湾公路上消灭了徐保82团的1个营。许光达带着3纵渡过黄河，拿下了乔岔滩和高家堡后，近逼到榆林城外。贺炳炎率领1纵也不落后，与2纵一起夹击三岔湾，两个多小时就俘虏了国民党新11旅2团团长周效武和第3营营长张梯青，击毙了1营营长萧炳南和2营营长魏长林。

贺炳炎

湖北松滋人。土地革命战争时期，任湖北独立团团长，湘鄂川黔独立师师长，红二方面军第6师师长，红二军团新编第5师师长等职。抗日战争时期，任冀中军区第三支队司令员，第358旅副旅长，鄂豫皖湘赣军区第3军分区司令员，江汉军区司令员等职。解放战争时期，任晋绥野战军独立第5旅旅长，第3纵队副司令员，晋绥军区副司令员，西北野战军第1纵队副司令员、司令员等职。

三岔湾的失利让邓宝珊清醒了,慌忙从桃林山庄搬入榆林城内。他此时心情坏透了。周效武、张梯青、萧炳南和魏长林都是他亲自带出来参加抗日战争的家乡子弟,一起出生入死多年,转眼间死的死,俘的俘。他更没有想到的是共产党真的会跟自己打仗。

在国民党的将领里面,邓宝珊算是比较讲义气的一个。一方面这是性格使然,另一方面,这与在抗日战争中与共产党领袖和高级将领有接触大有关系。他不但钦佩毛泽东、朱德、周恩来等共产党领袖的广阔胸怀和待人真诚的高尚人格,他也钦佩彭德怀、贺龙、王震等高级将领的直率、热情和高明的指挥才能。闲暇时,他还时不时地拿出毛泽东给他的信来反复阅读,细细品味。在他的心目中,早将共产党和国民党、毛泽东和蒋介石进行过无数次地反复比较,凭他的直觉对双方的优劣早有了一个基本的判断。但是,他早年受到的深厚儒家思想的忠君教育,使他还不能接受朱德总司令要他弃暗投明的劝告。对于一个手握重兵的高级将领来说,走出这一步实在是太困难了,不到万不得已实在不可能。再说你共产党现在才多大力量,想和国民党全面抗衡恐怕为时还早。即使从发展的眼光看,胜利的天平向共产党一方倾斜,也还得一些时间,他不能贸然地走这步险棋。但是,他还是摸不清彭德怀到底为什么要攻榆林?要说围点打援,这完全能够理解,这也是你共产党的基本战法,但现在看来不像呀!想吃掉我?量你彭德怀还没有那么大的胃口。想逼我就范?也太不讲义气了吧?抗战时期我们打交道不少,互相之间也都给过对方宝贵的支持,这点友谊还是有的,怎么能说打就打呢?想到这里,邓宝珊咬了咬牙,暗下决心,打就打吧!彭德怀,咱哥俩还没交过手呢,以我榆林城防和兵力,估计你也占不到什么便宜。

8月5日,邓宝珊在榆林城一所基督教堂内召开军事会议,重新布置城防。他采纳左世允、徐保的建议,决定除神木外,调集所有外围兵力入城,集中固守榆林城。他把全城划分为东西南北4个防区。以徐保的第28旅第83团守南城防区,第82团守南门外凌霄塔高地和三义庙据点。以左世允的第22军的工兵营、辎重营、火炮营等和总部特务营守西城防区。以徐之佳的第86师炮兵营、工兵连和通讯营守北城防区。以第257团和第86师直属队守东城防区。

8月6日,西北野战军全部集结到预定位置。把榆林城围得密不透风,连一只麻雀也别想飞过去。很快,各纵队就占领了榆林的

∧ 在榆林外围战斗中，我军攻克了三岔湾国民党军的堡垒。

外围阵地。彭德怀围着榆林城察看一圈，决定把南门外的凌霄塔作为主攻方向。这里居高临下，若突破凌霄塔高地，攻城任务也就完成了大半。

攻城的准备工作已做好，西北野战军只等着天黑实施总攻。突然间狂风大作，乌云满天，哗哗地下起大雨来，总攻的时间被迫推迟。彭德怀望着风雨交加的榆林城，一言不发。本想速战速决，趁邓宝珊军心未稳，一战功成，没想到一场暴雨反倒让邓宝珊有了喘息之机。

榆林城外到处都是西北野战军的战士，邓宝珊越想越发慌，哪里吃得下饭睡得着觉，连忙给蒋介石、胡宗南发报，要求火速增援。

2. 急速增援，蒋介石督战延安

远在南京的蒋介石得知榆林被围之后也坐不住了。他知道榆林不保，宁夏势必孤立，胡宗南也会失去北面的配合，无法独立支撑，必将影响西北战局，乃至打乱全国部署之局面，因此决定亲往延安督战。

8月7日上午，蒋介石乘专机在延安东关机场降落。为了讨蒋介石的欢心，胡宗南做了大量准备工作，特地让在西安的后勤部采购了进口的澡盆、马桶、沙发、席梦思等等，全部空运到延安城，还组织了庞大的欢迎队伍。

胡宗南带着裴昌会、薛敏泉、董钊、刘戡等军官和地方官绅们到机场迎接。舱门打开后，满脸疲惫之色的蒋介石走了出来。只见他一身戎装，向迎接的人群慢慢挥了挥戴着雪白手套的手。也许是舷梯高处风大，突然一阵风吹落了蒋介石的军帽，露出亮闪闪的光头来。蒋介石猝不及防，低声骂了一句，也不拾帽子径直走下舷梯。

看到这种情况，迎接的人们也不敢笑，急忙拥上前来，立正敬礼："热烈欢迎总裁来延安教诲。"蒋介石面无表情地和几个要员握了几下手，便匆匆登上等候多时的敞篷汽车向延安城内驶去。

道路两侧不仅士兵林立，还安排了群众夹道欢迎。学生们都不许上课了，拿着五颜六色的小旗乱舞。群众中还有人吹着唢呐，嘀嘀哒哒地喜不喜悲不悲。随行的人们也

▽ 国民党军攻占延安后，蒋介石亲往延安视察。

顾不上说什么，急匆匆地追着蒋介石来到城南的会议室。

胡宗南精心布置的盛大欢迎仪式——并没有引起蒋介石的好感，就连毛泽东、朱德住过的窑洞也引不起他的兴趣。

蒋介石带着同来的空军副总司令王叔铭、国防部作战司司长罗泽闿，心事重重地步入会议室。

会议桌旁胡宗南带着董钊、刘戡一干人挺胸而立：

"委员长好！"

蒋介石环顾一圈，也不让坐，阴沉沉地说：

"共匪延安受挫，但主力未损，戡平匪乱，一统中华仍需努力。各位重任在肩，要精诚团结，即使肝脑涂地也应在所不惜！"

众将官异口同声地答到：

"谨记教诲，愿为总裁赴汤蹈火，杀身成仁。"

蒋介石点点头，示意大家落座。然后问胡宗南：

"榆林告急，你有何想法？"

胡宗南额头有些冒汗，这几天光忙着迎驾了，榆林的事还未及考虑。他啪地一个立正：

"谨听校长喻示。"

蒋介石心中早有打算：

"此次榆林被围，我们要改变策略，不能稳扎稳打，要趁共匪胶着在榆林之机，迅速北上，占领陕北各地战略要点，用急进猛打的作战方法，伺机与共军主力决战。"

胡宗南奉承道：

"校长远见卓识，决策高明，我部立即执行。"

蒋介石接着讲：

"即令榆林守军坚守待援。董钊的整编第1军、刘戡的整编第29军从安塞、保安地区分两路向绥德、葭县方向急进。钟松率领整编第36师轻装前进，日夜兼行，火速驰援榆林，8月11日之前必须抵达。我再命令马鸿逵西进，两面夹击，把共匪的主力歼灭在榆林城外！"

胡宗南带领众将官全体起立，齐声高喊：

"愿为党国效忠，为委员长分忧！"

胡宗南近几个月和解放军交手屡屡受挫，现在也不敢冒进。想到正值雨季，大雨滂沱，道路泥泞，十几万大军北上急进，补给如何解决？连忙小声向蒋介石请示：

"补给问题怎么办？"

蒋介石胸有成竹，指着空军副司令王叔铭说：

"补给由空军负责，运输机集中到西安机场，全部空投补给。"

王叔铭立刻起立：

"保证完成任务。"

胡宗南大喜过望。蒋介石也站了起来，背着手走了两步说：

"这一战事关全局，马虎不得，要一战而定陕北。希望在座各位同舟共济，完成戡乱定国的使命。有功即赏，失职必杀！我在南京等着各位凯旋的喜讯。"

入夜的延安城凄风苦雨，董钊、刘戡和钟松连夜向蒋介石告别，率军北上直扑榆林。

此刻,等待了一天的彭德怀司令员大手一挥,对榆林城发起了全面进攻。刹那间,炮声隆隆,杀声四起,边塞要镇榆林火光冲天,弹片横飞。

担负主攻凌霄塔的是358旅716团和独1旅2团。战斗进行得相当激烈,防守的国民党第28旅82团3营,以一个营的兵力抵挡数倍于自己的解放军战士,依靠地形上的优势,打得出人意料的顽强。解放军战士更是置生死于度外,豁出命也要拿下凌霄塔。战斗一直持续到第二天清晨,凌霄塔高地被我军占领,国民党第28旅82团3营全部被歼。营长古遂东被击毙。

徐保负责防守城南,得知凌霄塔阵地丢失,一下子不知所措了。邓宝珊在指挥部里也坐不住了。他深知凌霄塔高地的重要性,这个阵地一失,大半个榆林城就失去了屏障,动摇了整个防御体系,士气将大受影响。他连忙找来徐保,也顾不上儒将风度和世交人情了,指着徐保的鼻子就骂:

∧ 榆林战斗中,我军发射的炮弹在敌碉堡上爆炸。

∧ 我军主动撤离榆林,向长乐堡方向转移。

"浑蛋!凌霄塔阵地关系到全城的安危,你马上给我夺回来,夺不回来,提头来见!"徐保无话可说,邓宝珊把凌霄塔阵地交给他是委以重任的,现在阵地丢了军法无情,邓宝珊不马上处理他,已经是很给面子了。

徐保无路可退了,当即命令第83团副团长王宗义指挥一个营的兵力,反攻凌霄塔。他瞪着通红的双眼对王宗义说:

"兄弟,这回就看你的了,拿不下凌霄塔,我陪你到黄泉路上喝酒!"徐保下令炮兵集中火力攻击凌霄塔,邓宝珊也命令其他方向的守军猛烈阻击解放军向凌霄塔增援。在敌军强大的火力攻击下,我军伤亡很重,不得不让出凌霄塔高地。

在靖边通往横山的道路上,钟松正率领国民党整编第36师急速前进。整编第36师可是胡宗南的王牌,全部是美式机械化装备。钟松40多岁,为人傲慢狂妄。此时坐在吉普车中,叼着雪茄,虽是阴天脸上还卡着大墨镜,不时训斥车外的士兵快跑。他对着身边的随从得意地说:

"我军此次经保安、吴起、横山，穿越毛乌素沙漠驰援榆林，彭德怀做梦也想不到吧？哈哈，我们快速到达榆林和邓宝珊内外夹击，我料共军插翅难飞。一战结束陕北战事，我36师威名传天下啊！"

钟松没想到，最后的结果，"结束"是结束了，不过不是他们"结束"共军，而是西北野战军把他们"结束"了。

西北野战军攻打榆林城的战斗仍在激烈进行。战士们冒着敌人强大的炮火，无数次攻击都没有奏效。虽然城西门曾经被攻破，但是敌军的炮火猛烈，我军冲不进去，伤亡较大。彭德怀听着前线传来的消息，看着作战地图，心想：真是小看了邓宝珊，他不是"腊肉"，是块硌牙的骨头！

8月9日，彭德怀向中央军委请示：

"榆林城西南面遍布水坑水道，东西两面又是沙漠，攻打榆林不易下手。现在榆林守军负隅顽抗，我军一时消化不了。鉴于这种情况，决定围城打援，留两个旅继续围攻，其余各部队准备歼灭正在快速赶路的整编第36师。"

就这样，钟松还在做白日梦的时候，中央军委已获悉他的行军路线，当天就致电给彭德怀，同意他在横山一带阻击钟松的第36师。

然而，钟松很狡猾，他临时改变了行动路线，不过横山，而是绕道长城外毛乌素沙漠，8月11日抵达横山以北，躲过了西北野战军的包围圈。

彭德怀看着地图想，钟松是个小狐狸，竟然不惜士兵劳累，半道绕进沙漠。

张宗逊汇报说：

"现在看来，钟松第36师明天就可抵达榆林，董钊和刘戡也到达了绥德，等待空军补充后就可向榆林进发。"

彭德怀点点头：

"榆林城工事坚固，敌人又很顽强。按我们的作战方案，两三天即可攻下榆林，现在拖了这么多天，说明不能硬攻，我们不能打消耗仗，留得青山在，不怕没柴烧。"

张宗逊说：

"继续攻城，钟松的36师一到，内外夹击，只怕战况不可估量了。"

彭德怀深思着，突然剑眉一扬，坚定地说：

"撤！我们撤出去！"

他抬头看着周围犹豫的目光,接着解释说:

"再打下去我们会被动。撤出来主动些,打的机会有的是,我们不能只盯着榆林,主要目的还是想办法吃掉胡宗南。像钓鱼一样,放长线钓大鱼,敌人上钩了,要拖一拖,瞅准机会再钓上来。"

12日凌晨,围攻榆林的西北野战军撤退了。2纵向长乐堡方向转移,其余向榆林东南方向集结。这一次攻打榆林虽然没有攻克,但是收复了横山、响水镇、鱼河堡、归德堡、高家堡等城镇地区,毙敌2,000余人,俘虏3,200余人,缴获大量迫击炮、重机枪、轻机枪、步枪。实现了调动胡宗南部队北上,配合晋冀鲁豫纵队南渡黄河的战略目的。同时,也削弱了榆林邓宝珊的军事力量,巩固了陕甘宁边区北线。

钟松率领国民党整编第36师不费一枪一弹进了榆林城。他现在自以为是解救榆林的大功臣,是榆林老百姓的大救星。钟松越想越得意,戴着墨镜更加目中无人。邓宝珊组织的欢迎仪式十分隆重,让守城部队和群众夹道欢迎,鞭炮齐鸣。邓宝珊亲自迎接,握着钟松的手,感激之情溢于言表:

"钟师长一路辛苦了。师长快速增援,解榆林百姓于水火之中,邓某万分感谢。"

钟松听得心花怒放:

"可惜,共军跑得太快,不然一战可定陕北!"

邓宝珊回想起连日战火惊心动魄,想起阵亡的家乡子弟,眼泪流了出来:

"我军将士用命不二,舍生取义,硬是用鲜血保住了这座古城!"

钟松一听不以为然地说:

"我36师一来,共军闻风逃窜,谅必不敢再回顾榆林了。"

邓宝珊一面向蒋介石为钟松请功,一面忙不迭地安排好酒好菜款待钟松。钟松几杯酒下肚,一扫连日行军的疲惫,双目放光和邓宝珊称兄道弟起来:

"邓兄,兄弟对付共产党很有心得,他们若是碰到了我,管保让他们好看。"

正在自吹自擂陶醉之时,胡宗南的一份电报发了过来,命令钟松率领整编第36师火速南下绥德,与刘戡会师,共同寻找共军主力决战。邓宝珊、钟松都喝红了眼,这份电报也没破坏丰盛招待融洽的气氛。钟松摇摇晃晃地站起来，拍着邓宝珊的肩膀说：

"邓兄，你把酒先温着，兄弟我也要来个温酒斩华雄，你等着我回来再喝。"

邓宝珊说：

"好兄弟，哥哥等着你的好消息。"

拉着钟松的手送到大门口，他没想到这一送竟把钟松送上了不归路。

3. 背水列阵，沙家店全歼钟师

胡宗南这份急电，是根据先进的电台测向仪器和空中侦察，确认我西北野战军主力已被压缩在米脂和佳县地区，中共中央包括毛泽东在内的首脑机关也在其中的判断决定的。这个判断，让胡宗南大喜过望。认为西北野战军主力已陷入绝境。南面有董钊、刘戡大军，北面有钟松的整编第36师，东边是滔滔黄河，西面是因连日暴雨而大发洪水的无定河。这次毛泽东插翅也飞不出这天罗地网了。胡宗南一拍脑袋猛地站起来，指着参谋长盛文说：

"这真是千载难逢的良机，这一战我们要将陕北共匪一网打尽，要一战功成，让蒋委员长也乐乐。"

盛文急忙奉承道：

"司令真是高瞻远瞩，见识非凡，我们应立即行动。"

胡宗南掩饰不住内心的兴奋，朗声说：

"对，绝不能让共军渡过黄河逃之夭夭。急令董钊、刘戡率领军北上，命令钟松日夜兼程挥师南下，形成南北夹击之势，围共军于榆林、米脂和佳县三角地区，全歼共匪总部和彭德怀的西北野战军！还要加上一句，一定要活捉毛泽东！"胡宗南摩拳擦掌，妄想干出一件惊天动地的大事来，让蒋校长大大地褒奖自己。董钊、刘戡接到命令，就连夜动身，兵分两路向北突进，寻求与西北野战军决战，寻找中共中央机关，活捉毛泽东。

告别榆林的钟松还在洋洋自得之中，他狂妄地说：共军可以吃掉别的部队，可就是吃不掉我的36师。此次南下，定能为党国立下奇功，名垂青史啊。

钟松正在得意的时候,怎么也想不到彭德怀那双犀利的眼睛早已盯上了他,盯上了胡宗南的这支王牌主力整编第36师。现在钟松率领孤军从榆林出来,给西北野战军提供了一个绝妙战机。

西北野战军从榆林撤退时,就作好了消灭第36师的准备。彭德怀命令第2纵队大张旗鼓地向长乐堡出发,用来迷惑敌军,其余主力部队全都静悄悄地隐蔽在榆林城不远处的归德堡。钟松一出城,西北野战军就准备好了。可是钟松像鲶鱼一样滑,不走归德堡而溜进了鱼河堡。

8月14日,毛泽东主席致电彭德怀:钟松的国民党整编第36师必经镇川堡,其目的是占领米脂县,如果集中兵力打钟松,在归德堡、镇川堡以东地区是好时机。彭德怀当即指挥第2、3纵队和教导旅、新4旅翻山越岭来到镇川堡,埋伏在公路两旁,做好了战斗准备。

国民党整编第36师

中央军嫡系部队,原第36军。师长钟松,隶属裴昌会之第5兵团,下辖第28、第123、第165旅。该师原隶属于整编第29军,转战于西北战场和晋南、豫西战场。沙家店战役中该师师部及所辖第123旅全部、第165旅2个团被人民解放军全歼。重建后的整36师仍由钟松任师长。运城战役中该师又被解放军歼灭了一个团。1948年春,该整编师编入裴昌会第5兵团,参加了西府陇东、澄和等战役。

没成想钟松怕中埋伏,不敢走公路,率领第36师从鱼河堡渡过无定河,走党家岔进入了镇川堡。这次伏击又没有成功。

8月15日,国民党整编第1军和整编第29军在绥德会合后,由董钊率整编第1军第1师的3个旅留守绥德;刘戡率整编29军和整编第1军的90师共5个旅的兵力,向葭县方向急速推进。16日,到达乌龙铺附近,和镇川堡的整编第36师南北相距不足百里。

8月17日,西北野战军隐蔽集结于镇川东北石窑坪、柏树塬地区准备战斗。西北野战军的将领们在一孔窑洞内召开军事会议,研究歼敌策略。彭德怀说:

"钟松此人平素刚愎自用,现在自恃驰援榆林有功,更加猖狂。

兵法上说，骄兵必败。我们要抓住他孤军南下的机会消灭他。"

张文舟接着说：

"36师虽是机械化部队，但是经过长途奔波已是疲惫之师，战斗力已经削弱，也该受点教训了。"

王震走到地图前边指点着边说：

"我军现在北面是浩瀚的毛乌素沙漠，东面是黄河，西面和南面是无定河和刘戡大军。现在的形势是侧敌侧水，本是兵家大忌，在夹缝中打大仗要小心谨慎才是。"

彭德怀接着说：

"王震说得有道理，如何打？怎么样打？要仔细研究。这一仗是有风险，但是不打，我军就摆脱不了困境，不打，毛主席和中央前委的处境就更加危险。"

张贤约说：

"榆林城没攻下来，战士们都窝着火呢，彭总胸有成竹，我们也有必胜的决心。"

这时，作战参谋报告说："彭总，根据最新情报，国民党第36师又行动了。"将领们不约而同地聚了过来，目光一齐落在参谋手中的电报上。原来，钟松将第36师分成两个梯队，以刘子奇的第123旅为前梯队，由镇川堡向乌龙铺方向移动。钟松自己率其余部队沿金鸡河向沙家店方向移动。

王震看了大笑起来：

"这个钟松真是脑子发热，这是伸过屁股来让我们打嘛。我们还客气什么？"

张文舟分析道：

"看来钟松是想快点跟刘戡会合呀。"

彭德怀果断地说：

"绝不能让他们会合。现在第36师孤军行动机不可失，我们要速战速决。"

8月18日凌晨，西北野战军彭德怀司令员发布作战命令。我军集中了5个旅的兵力，进入预定地点，作好战斗准备。

遵照胡宗南"迅速追击，勿失千载良机"的命令，钟松率领着师部和第161旅组成的后梯队，行进在沙家店西边的道路上。他兴奋地盘算着："共军主力已经被压缩在佳县、米脂、榆林3县之间，董钊的第1军和罗列的第1师占领了绥德和米脂。刘戡的5个旅封锁了黄河沿岸大小渡口，这样的局势只要我36师挥戈南下，全歼共军主力如探囊取物。运气好的话还能活捉毛泽东，那就是奇功一件。到时胡宗南也会对我礼让三分的。"钟松忘乎所以地想着，不知不觉钻进了彭德怀的伏击圈。

彭德怀站在山顶上举着望远镜观察着敌军的动向。一声"打"，西北野战军就与敌人交上了火。可是突然间乌云滚滚，狂风暴雨不期而至，钟松趁机带着他的残兵败将连滚带爬地撤退到了沙家店。彭德怀抹了一把脸上的雨水说：

"可惜，这场大雨救了钟松的命。这一仗关系到党中央毛主席的安全，我们必须要打。下令各部队要做好打硬仗的准备，雨停就开战。"

满身泥泞、落汤鸡一样的第36师撤到了沙家店。这时，钟松从他的白日梦中清醒过来，感觉有点不大对劲。派出的侦察兵也报告说："多处发现有共军大部队行动的迹象。"看来，西北野战军的主力就在周围。想到此，钟松不禁冒出一身冷汗，连夜督促士兵抢修野战工事。钟松仓促备战，刘戡也未在意，还是率军向北搜索共军主力。

彭德怀根据掌握的敌情判断，刘戡、钟松并没有摸清西北野战军的作战意图，于是就地调整了部署，命令新4旅来阻击回援的刘子奇第123旅。

8月20日清晨，连日的大雨知趣地停了下来，山头上响起了西北野战军嘹亮的冲锋号声。第1、2纵队密切配合，在张家店、张家坪和常辛庄向国民党整编第36师部和第165旅发起了猛烈攻击。一时间枪炮声大作，沙家店方圆十几里内，西北野战军战士的冲杀声震天动地。

沙家店内钟松惊惶失措，求救电报雪片般地飞向胡宗南和刘戡。胡宗南也没料到四下逃窜的共军竟有如此战斗力。一面让钟松固守待援，一面电令刘戡急速驰援。钟松

∨ 20世纪40年代，王震（右）与陈赓在一起。

同时急令刘子奇带领前梯队也撤回沙家店。此时刘子奇和他的第123旅距离钟松所在的沙家店虽只有15公里左右,但中间隔着高山,想要撤回,谈何容易。

刘子奇听着沙家店方向紧密的枪炮声,明知凶多吉少,但也不敢违抗军令,只好带着第123旅硬着头皮往前走。没想到刚到常高山,就掉进了西北野战军的口袋。新4旅从正面和右侧攻击,教导旅从背后杀来,四周的制高点全被我军占领,刘子奇只剩下挨打的份了。西北野战军的口袋越扎越紧,第123旅被炮火挤在一条狭长地带,左冲右突没有用,回头撤退吧,也已无路可退。刘戡派来的增援部队整编第55旅,连个鬼影子也见不着,一切都不可挽回了。刘子奇面对西北野战军战士的枪口,举起了双手。

沙家店国民党整编第36师的炮火,也无法阻拦英勇的解放军

< 沙家店战役中,我军战士正向前沿阵地运动。

∧ 沙家店战役中，我军炮兵正向敌阵地轰击。

战士，阵地一片片被攻占。钟松不再狂妄，除了再发电报求援外，无计可施。延安胡宗南一看情况紧急，给刘戡发来最后通牒："钟师如有不测，拿你是问！"

下午1点，为了赶在刘戡援军到达之前消灭第36师，彭德怀发出了动员令。

"全体指战员：彻底消灭敌第36师，是我们西北战场由战略防御转入战略反攻的开始。是我们收复延安解放大西北的开始。为着人民的解放事业，继续发扬你们无限的英勇精神，立刻消灭敌第36师，活捉钟松，号召你们今日黄昏之前完成战斗任务。"

彭德怀司令员的动员令，立即传达到西北野战军全体指战员，战士们士气大振，奋勇争先，向着沙家店猛冲，直杀得国民党士兵们纷纷举手投降。主要阵地全部被我军占领。刘戡率领的增援部队被西北野战军第3纵队和绥德军分区第4团、第6团阻击得寸步难行，只能望沙家店而兴叹。

∧ 我军某部指挥员在沙家店战役中观察敌情。

黄昏时，整编第36师师部和第165旅盼不到援兵，已无力抵抗。见败局已定，钟松和第165旅旅长李日基换上老百姓的服装，趁着夜色的掩护逃跑了。

此次战役，西北野战军歼灭国民党整编第36师师部和第165旅、第123旅6,000余人，俘虏了第123旅少将旅长李子奇，开创了一次歼灭敌人一个整编师的先例，粉碎了蒋介石对陕北的重点进攻，扭转了西北战场的局面。从此，西北野战军从被动防御转为主动反攻。

毛泽东听到了胜利的消息后，高兴得一下子站了起来。任弼时也直嚷嚷着让警卫员拿酒来。彭德怀亲自给毛主席打电话汇报：

"李得胜同志，"话还没有说完，毛主席就抢着说："我是毛泽东！"彭德怀拿着电话也爽朗地笑起来。毛主席大声对着话筒说：

"老彭啊，这一仗打得好啊！这下子陕北这盘棋就活了，全国这盘棋也活了。明天我和恩来、弼时同志去看望你们，向你们祝贺！"

听说毛主席、周副主席、任弼时同志要来看望大家，指战员们都高兴得跳起来。彭德怀指示各部队，抓紧时间打扫战场，把俘虏和缴获的武器、物资算准确，明天当面向毛主席汇报。

第二天吃过早饭，毛泽东、周恩来和任弼时同志很快就来到西北野战军司令部。彭德怀率领着正在召开会议的团以上干部到村口迎接。毛泽东紧握着彭德怀的手说：

"老彭啊，你瘦了，你们太辛苦了！"彭德怀说："主席，你们日夜为全国的战事操劳，又要行军，你们更辛苦！"

毛泽东和周恩来、任弼时与前来欢迎的团以上干部一一握手问候。干部为在紧张战斗间隙中能见到毛主席和中央首长莫不感到无上的荣光。

大伙簇拥着毛泽东等来到了开会的地方，毛泽东在主席台中央坐定，不用彭德怀提议，便开口说："同志们，你们看到了吗？沙家店战斗的胜利，是一个真正的转折点，从今天开始，我们已经把战争的主动权从胡宗南手中夺回来了！在这以前，是他赶着我们打，追着我们打。现在是我们专挑他的要害打。"说到这里，毛泽东笑了，在场的干部们也都会心地笑了。毛泽东接着说："但是，我们还有困难，还有一个敌人必须战胜，那就是饥饿！俗话说，人是铁，饭是钢，一顿不吃饿得慌。饿肚子的滋味我们大家都尝过了。陕北这个地方人少粮食少，人民群众太苦了。下一步我们要打出去，到蒋管区去打，到胡宗南家门口去打，他早就给我们准备了大米白面，你们想不想去吃啊？"

"想！"一句话说得大家都哈哈大笑起来。

战争宽银幕

❶ 我军某部在山区行军。
❷ 我军战士正准备爆破敌堡。
❸ 我军在战斗中向前沿运动。
❹ 我军某部炸毁敌第一道前沿工事后,继续向纵深发展。

[亲历者的回忆]

习仲勋
（时任西北野战军副政治委员）

　　为了贯彻中央军委关于"三军（刘邓、陈谢、陈粟）配合，两翼（陕北、胶东）牵制"的战略部署，西野主力于7月30日挥师榆林，以调动胡宗南主力北上，配合陈谢兵团迅速渡河，南进豫西。

　　虽两次攻城未克，但却歼守敌邓宝珊部5,200余人，达到了诱敌董钊、刘戡、钟松率10个旅北上榆林的目的。

——摘自：习仲勋《英明的决策伟大的胜利》

★★★★★

苏 静
（时任东北野战军司令部作战处处长）

9月12日，首先在北宁路上之锦、榆、唐之间打响。以热河3个独立师袭击锦、榆段，截断与分别包围兴城、沙后所、绥中之敌。我原冀东11纵队一部向昌（黎）、滦（县）段破路迟滞华北敌人东援。第4、第9纵队切断义县与锦州的联系；8纵直插锦州以北要地葛文碑歼敌6个连，直逼锦州北郊，包围了锦州北薛家屯守军两个团。3纵和2纵5师接替4、9纵对义县的包围，作攻城准备。4纵直下锦州以西地区，于9月29日攻克兴城，进迫锦西，威胁葫芦岛，吸引了敌暂62师由锦州增援锦西。9纵进到锦州北郊，配合8纵，歼灭了薛家屯守敌两个多团，并占领锦州以北和东北之重要外围阵地。9纵25师74团1营1连插入锦州城北占领白老虎屯，击退了配有大炮、坦克和飞机支援之敌4个步兵团的连续反击，占住了制高点。7纵攻占高桥，配合4纵1个师攻占西海口、塔山，切断了锦西与锦州的联系。至此，我军完成了对锦州的包围。

——摘自：苏静《锦州攻坚战的回顾》

第九章
贺龙借粮，
大军兵围清涧

△ 人民群众运粮支援我军作战。

缺粮！缺粮！缺粮！彭德怀面临两个敌人，一个是胡宗南，一个是饥饿。

贺胡子向兄弟解放区借粮。

彭德怀说：我们现在还吃不下这么大的肉丸子。

清涧久攻不下，伤亡严重，彭德怀急了。

许光达致信黄埔校友廖昂：劝兄认清形势，弃暗投明。

1. 筹集粮草，岔口截击歼敌军

  沙家店战斗在大家胜利的笑声里结束了，部队回到驻地开饭，炊事班的战士们却发了愁：西北战场上仗越打越顺，粮食却越来越少。无论干部还是战士，整天都处于半饥饿的状态下。当地有一种"钱钱饭"，是把黑豆、糠秕、树皮和野菜做成稀饭。可是就连这种钱钱饭，部队也不能经常吃上。部队饿急了，只要是绿色的，几乎见什么吃什么。中央也跟着一起饿肚子。毛泽东也和大家一样吃野菜和树皮。

  彭德怀深深地感觉到，在西北战场有两个敌人，除了胡宗南就是饥饿。这两个敌人都不可轻视呀。

  "兵马未动，粮草先行。"这是几千年战争总结出来的经验。熟读兵书的毛泽东自然十分重视后勤保障问题，延安保卫战之前就下令部队多储备、多节约。可是战事连连，再怎么节约还是供应不上。就地筹粮吧？

  陕北处于黄土高原，土地贫瘠，农业生产落后，产量很低。这两年陕北和山西北部雨水不调，旱灾严重，粮食的收成仅有丰年的四五成。而且三月以来，胡宗南的部队入侵陕北，一路烧杀抢掠，破坏极其严重，使本来就贫瘠的土地更加荒芜了。兵荒马乱的形势让老百姓到处躲藏，根本顾不上播种。人民子弟兵更不能跟群众争粮食吃。思来想去，毛泽东只有打出贺龙这张牌。

  晋绥一直被看成是陕北的大后方。当彭德怀指挥部队在陕北驰骋纵横的时候，要粮、要人、要枪向谁去要？只有找陕甘宁和晋绥联防军司令贺龙，他总管后方嘛！贺龙全力支援，要什么给什么。不但亲自把1纵、2纵、3纵送过黄河，而且在彭德怀的"三战三捷"酝酿期间，连续几次送来大批枪支弹药，保障了战斗的胜利。

  8月中旬，毛泽东给贺龙发来一封急电：

请你们迅速分赴各县大力动员粮食,只要有7,000至1万石粮食,即保障作战计划之完成。

没过几天,8月27日,中央军委又发来急电:

野战军南下,已无粮食携带,着从速令绥德、延安两地区沿途筹粮。

一封封电报,犹如千斤重担,压在贺龙心上。粮食、粮食!能否保证粮食供应,成为西北战场解放战争能否胜利的关键!

贺龙明白粮食的举足轻重。当时,西北野战军已发展到6万人,中共中央、陕甘宁边区各机关、部队、学校及游击队约2万余人。这8万余人每月需粮1.6万多石,还不

延安大学

坐落在革命圣地延安,是由毛泽东亲自命名,中国共产党创办的第一所综合大学,成立于1941年,从前身院校算起,建校为1937年,先后由著名的陕北公学、中国女子大学、泽东青年干部学校、延安鲁迅艺术文学院、自然科学院、民族学院、新文字干部学校和行政学院合并而成。延安大学努力贯彻学以致用的方针,培养了大批优秀的专业人才,为抗日战争和解放战争的胜利,作出了重要贡献。1958年,延安大学恢复重建,郭沫若亲笔题写校名。

> 西北野战军与胡宗南部作战期间,后方的贺龙担负起了筹粮的重任。

包括河东晋绥军区部队和地方工作人员所需粮食。然而,陕甘宁、晋绥两区加在一起,人口仅400余万,而且一样的贫瘠,在当地筹粮谈何容易。最后贺龙下定决心"借粮"。到哪里去借?向兄弟解放区!

9月,通过周恩来向晋冀鲁豫解放区要了十万石粮。可是,路途遥远,哪有力量前去运粮?贺龙派西北野战军后勤部供给部长薛兰斌,带着延安大学在晋绥的1,000多名师生组成运输队。一路上,沿途各地的男女老少根本无需多做动员,一听说粮食是运给毛主席的,人人帮忙肩扛车运,还把自家的粮食贡献出来,场面十分感人。为了保护这些"命根子",贺龙精心组织了护粮队,把阎锡山派来的抢粮部队打得落花流水,顺利地把粮食送到黄河边上,由任弼时接了过去,一直运到西北野战军的驻地。

1947年冬季来临前,西北野战军准备南下作战。他们急需越冬的被服装具和长途南

进的经费。彭德怀再次急电贺龙。贺龙想了个好办法,让商人们将陕甘宁特别是晋绥区的土特产贩到国统区。这样就可以较快地筹措到所需的钱和物资。

贺龙任命绥蒙军区副政委张达志为陕甘宁晋绥游击司令。他不怕战火连天,路途遥远,带两个骑兵团,一个到关中,一个到晋南,把土特产卖掉,换成需要的各种物资,棉花啦、布匹啦、鞋袜啦,或者换成金子、银元。换好的物资和钱,不用运回来。在路上只要是碰到西北野战军的部队,要钱给钱,要东西给东西,只需打个收条就行。张达志活跃了一个冬季,换回了大量金钱和物资,一直到1948年2月,胜利完成了贺龙交给他的这一特殊任务。

几十万军队,在陕北这个缺粮、缺钱、缺各种物资的地方长期作战,真是太不容易了。从某种程度上说,西北战场打的就是粮食!胡宗南的几十万大军,不仅被彭德怀磨垮、拖垮,而且还被自己的肚子饿垮。相比之下,解放军笑得更响。他们不仅有一个横刀立马的彭大将军,还有一个保障有力的贺胡子!

2. 兵分两路,攻克两延围清涧

陈谢兵团遵照党中央和毛主席的战略决策南渡黄河,出击豫西,直捣陕西潼关,威胁西安。关中告急!西安告急!胡宗南后院起火。蒋介石吓出了一身冷汗,连夜飞到西安,亲自部署防御,迅速从运城、榆林等地调集兵力在西安、潼关、洛阳一线布防。

胡宗南审时度势,不由得想起盛文曾经提出的建议:放弃延安,收缩兵力,以逸待劳。但这是无论如何也做不到的。目前,全国军事形势的日益恶化,蒋介石也只有在延安身上做做政治文章了。最后,胡宗南只能按蒋介石的意图来做决定了:他把大批主力部队撤回延安和关中附近休整,这样可以更加靠近西安,以保证西安后方的安全,同时派部队固守绥德、清涧、瓦窑堡三地作为保护延安的屏障。

这一举措,马上就遭到了身边高级幕僚的反对。

驻守清涧的整编第76师师长廖昂,更是跳着脚地反对:

"简直就在瞎胡闹嘛!怪不得人家都说,胡宗南也就只能当个排长,我看当个班长还差不多!"

∧ 我军某部急速南下，前往预定地点阻击敌军。

是的，这个部署太危险了。让绥德、清涧、瓦窑堡成了孤军，解放军想吃掉这3城的守军真是易如反掌。何况这3城距离延安较远，能起到多大的屏障作用呢？廖昂的说法的确不无道理，可是胡宗南的道理更硬。这3城是延安腹地的重要据点，如果放弃这3地，就等于放弃整个陕北。这样一来，就等于自己承认失败，蒋介石和国防部哪能饶得了自己呢。

8月26日，董钊率主力部队从绥德以北沿咸榆公路南下延安。28日，毛泽东急电西北野战部队：全军立即转至敌之先头，阻敌南进。29日又要求西北野战军以3天至4天急行军赶到石嘴驿、九里山一线，夺取先机，置敌死命。

彭德怀立刻让一部兵力急速南下，在敌军前面的岔口村设伏。另一部则在敌军身后追击。9月1日，敌军浩浩荡荡地来到了岔口村。突然公路两旁的高地响起了枪炮声。一时间，子弹、手榴弹不断在敌群中炸开，敌军被打得七零八落。这一仗，胡宗南的主力部队8个旅都被西北野战军围在了这里，如果能一举歼灭，那么就会"一次性"地结束陕北战事。可是，敌军的人数比我军多出好几倍，而且都是装备精良的主力部队，到了第3天渐渐地占领了公路两侧一些高地，双方僵持不下。

< 时任西北野战军第3纵队政治委员的孙志远。

孙志远

河北定县（今定州）人。土地革命战争时期，任中共定县中心县委书记，东北军骑兵第2师教官等。抗日战争时期，任冀中人民自卫军党代表，八路军第3纵队政治部主任，中央党校第二部副主任，晋绥军区政治部副主任、第3分区司令员，晋绥野战军独立2旅政治委员等职。解放战争时期，任晋绥野战军政治部主任，西北野战军第3纵队政治委员，第一野战军1兵团政治部主任等职。

站在高处的彭德怀放下望远镜，对身边的参谋说："看来我们现在还吃不了这么大的肉丸子，命令部队撤退吧。"

经过3天的激战，胡军虽未全军覆没，也伤亡被俘4,000多人，士气再次遭受重大打击。军心动摇，惶惶不可终日，仓皇向南逃窜。

这样，绥德、清涧、瓦窑堡已经成了黄土高原上的几座死城。西北野战军的作战箭头开始向这些位置延伸。经过大半年的作战，西北野战军比刚刚撤离延安时壮大了很多。现在彭德怀手中已经有了5个纵队：

第1纵队，辖358旅、独1旅，张宗逊任司令员，廖汉生任政委。

第2纵队，辖359旅、独4旅，王震任司令员兼政委，彭绍辉任副司令员。

第3纵队，辖独2旅、独5旅，许光达任司令员，孙志远任政委，贺炳炎任副司令员。这个纵队是7月末，贺龙根据中共中央军委的指示调给西北野战军的。

九月，中央军委又组建了第4纵队，王世泰任司令员兼政委，阎揆要任副司令员。辖警备第1旅、警备第3旅和骑兵第6师。

第6纵队，罗元发任司令员，徐立清任政委，张贤约任副司令员。下辖教导旅和新4旅。

> 时任西北野战军第4纵队司令员的王世泰。

王世泰 ————————◀—

陕西洛川人。土地革命战争时期,任中国工农红军第26军2团团长、第42师3团团长,陕北省委军事部副部长等职。抗日战争时期,任陕甘宁边区庆环军分区司令员,保安司令部司令员,陕甘宁晋绥联防军警备3旅政治委员,关中军分区司令员等职。解放战争时期,任陕甘宁晋绥联防军司令员,陕甘宁野战集团军副司令员,西北野战军第4纵队司令员,第一野战军4军军长、第2兵团政治委员等职。

彭德怀把部队分成两路,内外线协同作战,互相配合。2纵、4纵组成外线兵团,统归王震指挥,任务是开辟黄龙根据地,既解决粮食困难,又能迷惑敌人,使胡宗南误以为西北野战军的主力南进了。1纵、3纵、6纵留在内线,各个击破延安以北孤立据点之敌,并准备打援。

王震接到命令后,指挥已在关中的4纵由白水北上黄龙,自己则率第2纵队悄无声息地绕过延安,翻过大劳山、小劳山,来到了南泥湾。

对王震来说这是故地重游啊。当年陕北根据地开展大生产运动的时候,王震的359旅把这里建设成了"陕北的好江南"。可现在胡宗南留给王震的南泥湾,是面目全非了。那块镌刻着毛泽东和贺龙题词的碑石已被推倒,刷在墙上的标语也早已被铲得看不清了。当年鲁迅艺术学院演出《打渔杀家》和《三打祝家庄》的礼堂被砸烂了,房屋、窑洞的门框、窗户,都被拆下去修了工事。庄稼地里杂草丛生,整个南泥湾一片荒凉。359旅的战士们回想起从前丰收的场面,回想起毛主席、朱总司令视察南泥湾的情景,再看看眼前被国民党兵摧残过的南泥湾,人人心里都升起了一团怒火。

王震率部队从南泥湾出发,一鼓作气拿下了国民党在黄龙设治局的所在地石堡。

< 1944年，贺龙和时任359旅旅长的王震在延安。

此时王世泰的4纵也已开进了黄龙山区。"二王"胜利会师后，第一个目标就是韩城。韩城是黄河西岸的渡口要津，晋陕两省贸易交通的枢纽，物资丰富。2纵和4纵攻克韩城后，得到了大量的补充。战士们听说还要打黄龙，一个个精神大振，摩拳擦掌就准备着大闹黄龙了。

彭德怀看到自己的设想初步实现，放心地把目光落在了清涧城。

清涧城位于延安和绥德之间，是咸榆公路上北上榆林和南下西安的交通要冲，成为威胁我党中央腹地的一颗钉子，现在由国民党整编第76师驻守。中将师长廖昂利用这里地势险要，易守难攻的特点，在外围几十平方公里范围内，修了坚固的防御工事，碉堡、铁丝网、地壕、地雷一片片，一层层。城西的笔架山是核心阵地，那里不只有钢筋水泥工事，还有一个炮兵阵地。廖昂亲自视察过工事阵地，他得意地向胡宗南吹嘘说，清涧固若金汤。

10月1日，第3纵队及教导旅攻克延长、延川两城。第1纵队攻占清涧以南的三十里铺，切断了清涧与延安之敌的联系，围攻清涧的时机已经成熟了。

1947年10月2日，彭德怀发电报询问中共中央军委的电报询问:

敌430团改为701团，是否在清涧城？如该团在清涧城，即有6,000余人，不易攻克；如已他调，则决心攻夺清涧。

中央军委当天就回电说:

据我们所得情报，430团已随90师南去。清涧确实情况及工事配备，可用包围试攻方法了解之，如有希望则坚决攻取，否则可临时停止。

3. 围城攻坚，廖昂无奈成俘虏

10月6日，清涧城外围作战打响了。清脆的枪声打破了秋夜的寂静。我军攻势猛烈，但敌人占据着有利地形，顽强反击。1纵、3纵发扬勇敢、顽强的战斗作风，很快扫清了马其原、钟楼山等地，跟敌人胶着在了笔架山。

廖昂此时再也没有了"固若金汤"的自信，求援的电报早就发出去了。他在指挥所里坐卧不安，就等着西安的消息。这边参谋长刚刚把回电拿到手，廖昂一把就抢了过来，瞪大眼睛急速看下去。看完后，却把电报往地上一摔，咬牙切齿地说：

"浑蛋！都火烧眉毛了，还说共军主力南下了。跟着这样的长官，只有死路一条！"说完瘫坐在椅子上。

参谋长刘学超悄悄捡起电报，原来上面写着：

据察清涧城外只有敌部一个旅，并非主力。着仍照现态势固守，并将战情详查具报。

求援无望，廖昂只能打起精神来，挥着手枪，督促各阵地坚守，尤其是笔架山是必须死守的地方。廖昂坚信，只要这个核心阵地还在，清涧城就能控制在自己的手中。

笔架山地势高，四周都是几丈高的悬崖峭壁，天然的峭壁再加上廖昂多次人工的切

∨ 清涧战斗中我军的机枪阵地。

< 余秋里，1955年被授予中将军衔。

余秋里

　　江西吉安人。土地革命战争时期，任红军大学第四分校连政治指导员、红六军团政治保卫队队长，红二军团团政治委员等职。抗日战争时期，任军委直属政治处副主任，总政治部组织科科长，八路军120师支队政治委员、团政治委员、旅政治部主任、旅政治委员等职。解放战争时期，任晋绥野战军旅政治委员，第一野战军1军副政治委员。

削而更加险峻。敌军防守的火力，也密集而强大。担任主攻任务的358旅手里的炮弹有限，攻击了几次都被打退了，而且伤亡很大。这可急坏了彭德怀。他把红蓝铅笔一扔，扭头就往门外走。1纵司令员张宗逊赶快追上去问：

"彭总，你去哪里？"

"我去看看笔架山，想点办法，不能让战士们白白牺牲！"

"彭总，太危险了，你不能去呀。"张宗逊一听，紧张得不知道该怎么办才好。

"这里你是攻城总指挥。有你坐镇就行了。"彭德怀边说边走，很快就看不见人影了。

358旅的旅指挥所就设在前沿阵地上，旅长黄新廷和政委余秋里看到彭德怀，急忙迎上去握手。彭德怀不等他们说话，拉着黄新廷的手，边走边说：

"走，上前面看看去！"

黄新廷和余秋里一听大惊失色：

"彭总，这里危险！"

彭德怀也不理睬，一口气走到阵地前边，看到战士们有的在捆炸药包，有的在准备云梯。他一一细细看过，又站到高处向敌人阵地望去。此时前沿阵地的枪声就一直没停过，子弹呼啸着飞来飞去。黄新廷看到这种情况，向身边的两个战士一挥手，3个人一言不发地上前连拉带抱就把彭德怀给拽了下来。还没等彭总发脾气，一块弹片落在刚才站的地方，掀起的黄土落了大家一身。

亲自观察了形势，彭德怀立刻召集359旅的领导干部商量如何调整火力部署，同时又在各营连召开民主会，总结经验教训，准备再战。

清涧城里的廖昂也沉不住气了，拼命发电报求救，最后连司马懿的名句都用上了："能战则战，不能战则守，不能守则走，既不能战，又不能守，又不能走，其余二事惟死与降耳！"这回，胡宗南才真的相信清涧危急，马上派刘戡带兵驰援。同时，还让飞机飞临清涧上空，投粮投弹，竟然还给廖昂投下了30亿法币，以激励将士。这的确给廖昂带来了一丝希望。但他却不知道，彭德怀早已把新4旅埋伏在甘谷驿，就等着刘戡出现了。

10月9日，1纵再攻笔架山。这次，把716团作为突击队，团长储汉元亲自率领尖刀连，下决心一定完成任务。战士们在陡壁上挖了许多防弹坑，一步步向上爬。同时集中火炮，充分利用有限的炮弹，发挥威力，支援步兵的进攻。

趁着夜色，716团3营9连摸到了山顶，成功地端掉了靠南边的4个小碉堡。紧接着独1旅2团也攻占了靠北边的一个大碉堡。储汉元立即组织1营、2营连续进攻，经过一夜的激战终于拿下了笔架山——而储汉元则永远地留在了山顶。解放后这座山改名叫"汉元山"，人民永远不会忘记为它流淌鲜血的勇士。

在发起攻击3天3夜后，许光达率第3纵队兵临清涧城下。许光达与廖昂在黄埔军校时是同班同学，分手20年后，两人重新在战场上面对面了。

望着武装到牙齿的清涧城，许光达心里想：清涧外围虽然已经扫清，但城里仍然有相当多的兵力，廖昂心存侥幸，负隅顽抗等待援军，若是强攻，我军必定伤亡惨重。最后，许光达掏出纸笔，给廖昂写了一封信，晓以利害，劝他投降。若廖昂能降，则兵不刃血。即使廖昂不肯投降，至少可以动摇他的军心。

廖昂拿着许光达的信，默默地看了一遍又一遍。连参谋长刘学超和第24旅旅长张新走进来都没发现，嘴里还在轻轻地念着："清涧朝不保夕，破城在即。我念及与你同窗情谊，不忍亲睹城破之日你身陷囹圄，故陈说利害，劝兄认清形势，迷途知返，弃暗投明。我党的政策历来是既往不咎，立功有赏。你若能率部起义，使生灵免遭涂炭，乃我民众之大幸，望兄三思。"

看着许光达的信，廖昂心里像打翻了五味瓶，不知是个啥滋味。他血压升高，心乱如麻，一时不知是降还是战。刹那间，脑海里又闪过黄埔军校里那个小学弟许光达的形象：年龄虽小，却极其聪明干练，言语谈吐常出惊人之语，在班里是人人佩服的"事事通"。那时，他和许光达虽说不是最亲密的朋友，却也觉得情投意合，是他当时最佩服的有限几个人之一。如果不是国共纷争，各为其主，他和许光达很可能成为最亲密的朋友。现在，危难当头，生死存亡就在一念之差，许光达还不忘他这个学兄，一封信情真意切，指明前程，他完全相信，许光达并不是在玩什么政治辞令，说的完全是事实。但是，20年的军旅生涯，可以说他是青云直上，深得上峰的信任，也养成了一种骄横的脾气，现在怎么能说投降就投降呢？要知道，投降对于一个军人来说，就是最大的耻辱！再说他又抱有侥幸心理，盼望刘戡的援军到来。

这时张新报告说：

"师座，现在共军已经开始攻城，咱们要不要组织力量突围啊？"

刘学超说：

"突围太冒险了，刘戡大军已到清涧城西南地区，指日可到。"

张新一听急了，大声嚷嚷起来：

"刘戡什么时候救援成功过？不突围只能坐以待毙。要不，咱们就干脆接受共军的主张，投降算了！"

廖昂得知援军已近，又强硬起来，严令抵抗，拒绝投降。

见廖昂毫无投降的意思，许光达便指挥部队全面攻城。廖昂本来以为只要凭借坚固的防御工事一心固守，待刘戡一到，西北野战军必会退却，就像榆林一样，自己也就会转危为安了。他几乎是数着时间过日子，一分一秒都是煎熬，可没想到，刘戡到了清涧西南，却再也没有了前进的消息。原来，这时彭德怀为了保障攻克清涧，又派教导旅南下，协同新4旅共同阻击刘戡了。

10日晚，西北野战军对清涧城发起总攻，攻势越来越猛，很快

∧ 时任西北野战军第3纵队司令员的许光达。

∧ 清涧战斗中,被我军俘虏的国民党军官兵。

＜ 我军攻上清涧城头。

东城门被攻破了。败退的国民党兵毫无章法地涌进城来。

　　枪炮声越来越近,师指挥所的军官们一个个人心惶惶,开始收拾东西准备逃跑。廖昂的心情坏到了极点,想起那30亿法币,他的气不打一处来,叫勤务兵统统烧了它。看着院子里的熊熊大火,廖昂面如死灰。张新和刘学超看着平时威严如虎的一师之长在危急时刻的所作所为,都感到大势已去。他们俩悄悄地商量着,现在是突围还是投降？张新是个武官,嗖地拔出手枪,着急地又说:

　　"现在突围已经晚了。不成功便成仁,咱们陷入绝境,是为党国尽忠的时候了。"

　　刘学超一把拉住了他:

　　"慢着,事已至此,我们都尽了力,也没什么可遗憾的了。张旅长,让兄弟们自己走吧。我听李昆岗说,共产党是真的优待俘虏,你我再也不必担心了。"

　　经过一昼夜激战,清涧终于被攻克,共歼灭国民党军8,000余人。许光达带领指挥部进入城内,迎面碰上战士们押着一队俘虏走过来。许光达勒马站在路边查看。当他看到一名俘虏时,用手一指说:"你抬起头来!"那名俘虏抬起头,正是廖昂。

"廖昂出列！"许光达厉声说。

廖昂又把头低下，眼睛看着地面，向前轻轻地迈出两步。

许光达跳下马来，改用平和的语气对廖昂说：

"廖师长，我写给你的信看到了吗？"

廖昂还是低着头，一声不吭。许光达又说：

"看来是收到了。看在我们是黄埔校友的情份上，我才给你写了那封信。我们共产党的政策，一向是宽待俘虏，既往不咎。你这个做师长的一定也早有耳闻。可为什么偏偏要自取灭亡呢？蒋介石的反动统治眼看就要垮台，胡宗南已经龟缩西安，眼看就自身难保了，你却还要为他们卖命。你看看，这全城牺牲了我们多少战士，还有那么多你们的兄弟，他们都是人民的儿子呀！难道你去黄埔军校学习就是为了残杀人民吗？"许光达越说越激动，廖昂颤声说：

"我有罪！我有罪！"

许光达停了停，一摆手说：

"你走吧，战俘营里好好反省，我等着你重新做人，后半生能为人民做点有益的事情。"

"我一定！我一定！"廖昂一迭声地说。

打扫完战场，11日下午西北野战军撤出了清涧。负责阻击的新4旅、教导旅也闪开了道路，让刘戡通过了。

晚上，刘戡来到清涧城外，眼看着清涧城一片黑暗，悄无声息，不由得跺脚叹气。从占领了延安开始，刘戡就成了"救火"大队长。每当胡军有部队告急，刘戡就奉命扑过去救援，却总是因为西北野战军的阻击功败垂成，最后受斥责的还是他。这次又是如此。清涧城外的刘戡害怕中了共军的埋伏，连城也不敢进，就地给胡宗南发报。胡宗南看到清涧落得如此结果，也着了慌，干脆命令绥德和子长两地的守军跟随刘戡大军一块南撤。此时也顾不上会遭到蒋介石的训斥了，毕竟保存实力要紧呀！

事到如今，胡宗南再也无心恋战，他垂头丧气地把指挥所迁至西安，延安让刘戡驻守，将主力撤到延安以南休整。

战争宽银幕

❶ 我军部队进行射击训练。
❷ 我军某部战士们正在突围途中。
❸ 战士们发起冲锋与敌激战。
❹ 我军主力作战略转移,分路行军突围。

[亲历者的回忆]

廖汉生
（时任西北野战军第1纵队政治委员）

  1947年陕北大旱，许多地方颗粒无收，加上胡马军队的大肆洗劫，搞得老百姓生活很苦，我军吃饭也很成问题。我们常常处于断粮状态，主要吃南瓜和南瓜叶子，有时只能吃当作马料的黑豆，把黑豆压扁与粗糠、野菜熬成糊糊，陕北老百姓叫它"钱钱饭"，即使是这样的东西也不能吃饱。粮食成了制约我军继续在陕北生存、行动、战斗的大问题。因此党中央、毛主席叫贺老总挂帅抓后方，搞粮食，保障野战军的作战。贺老总动员晋西北人民勒紧腰带，抠出小米子，用毛驴一驮子一驮子地给我们运来。为了运这些粮食，晋西北的毛驴都不知累死了多少！我军北上打榆林，背的就是贺老总从晋西北运来的小米子。

——摘自：《廖汉生回忆录》

张 新

（时任国民党军整编第29军76师24旅旅长）

终于，清涧战役开始了，时在1947年10月1日。清涧城防，经几个月的准备，较前充实，阵地坚固，粮弹充足，更加地形易守难攻，所以在被解放军围攻的前五天，战斗虽然激烈，但我不告急，不讨救兵。再三天，前沿据点失守，四面楚歌，但总认为主要阵地还在，犹有防御能力。为了保存力量，我主张突围，而廖昂怕死，认为胡宗南既电告刘戡、陈武星夜驰援，大军指日可到，何必冒此大险。彼此屡有争执，终因廖昂不肯而作罢。后两天清涧古城被围，不行了。解放军将领张宗逊将军（与廖黄埔同期同学）来信号召起义，廖遇我面面相觑，无言而罢。既不起义，解放军下令最后攻击。现在是弹尽援绝了。在那最后关头，我百感交集：埋怨胡宗南指挥无能，埋怨刘戡按兵不动，埋怨陈武畏缩不前，埋怨廖昂坐失良机。埋怨这，埋怨那，独独没有埋怨自己打的是什么仗，干的是什么事。10月10日黄昏，看来一切希望都已没有了，终于来临。11日拂晓清涧城被攻破了……

——摘自：张新《清涧战役》

第十章

决胜宜瓦,
刘戡举枪自尽

∧ 1947年10月,毛泽东与周恩来在陕北神泉堡。

毛泽东亲自起草《中国人民解放军宣言》：打倒蒋介石！新中国万岁！
新式整军运动，使人民解放军无敌于天下。
胡宗南急了，急令刘戡驰援宜川，若丢了宜川，军法处置。
一贯对蒋介石忠贞不二的刘戡，举起左轮手枪，结束了自己的性命。
刘戡抗日时有功，彭德怀命令好好装殓其尸首，并通知其家属将尸首运回。
1948年4月22日，胜利的红旗重新插上了延安城头。

1."打倒蒋介石，解放全中国"

西北野战军与清涧守军激战的时候，毛泽东正在葭芦河边的神泉堡。

陕北的秋夜是宁静的，天空中的星星悄无声息地闪着光芒。陕北的秋夜又是热闹的，不知名的小虫正在趁着最后的温暖起劲地叫着。皎洁的月光照进窑洞，柔和地照着坐在桌边沉思的人。毛泽东没有点灯，只是燃起了一支烟，在烟雾袅袅中浮想联翩。

回想起这两年国内斗争的形势，从最初艰难的重庆谈判，到顶住国民党的全面进攻和重点进攻，现在终于拉开了战略反攻的序幕。这其中既有惊心动魄，又有大智大勇，处处波澜起伏，险象环生……毛泽东思绪万千。夜色中隐隐约约地看着窗外的山峦草木，丰收的场景正符合毛泽东此时的心情。他深吸了一口烟，点亮油灯，笔走龙蛇：

中国人民解放军，在粉碎蒋介石的进攻之后，现已大举反攻。南线我军已向长江流域进击，北线我军已向中长、北宁两路进击。我军所到之处，敌人望风披靡，人民欢声雷动。整个敌我形势，和一年前比较，已经起了基本上的变化……

这就是著名的《中国人民解放军宣言》。在最后，毛泽东写到：

我们是伟大的人民解放军，是伟大的中国共产党领导的队伍。只要我们时刻遵守党的指示，我们就一定胜利。

最后，他用饱含激情的笔墨，奋力喊出："打倒蒋介石！新中国万岁！"
毛泽东抬头望着东方新露的曙光意犹未尽，又继续起草了《中国人民解放军总部关于重新颁布三大纪律八项注意的训令》，还修改了《中国人民解放军训令》和《中国人民解放军口号》。

10月10日，新华社全文播发了毛泽东起草的这个《宣言》和两个《训令》，使中国共产党、人民解放军和全国人民受到了极大的鼓舞，感到中国革命新高潮真的来到了。

10月11日，毛泽东又把西北战场的情况和作战经验向各军区做了通报。正在绥德地区休整的西北野战军人人欢欣鼓舞，彭德怀却感觉到更大的责任和压力。中共中央在陕北，毛主席在陕北，保证他们的安全是自己不容推卸的责任。保卫党中央成了彭德怀作战的第一目标。

这时中央军委发来电报，给他出了道选择题：

（一）现地寻找打刘戡，如能歼一二个旅意义很大，但不知能寻得机会否，粮食有办法否；（二）以两个纵队打榆（林）、神（木）、府（谷），一个纵队南下会合二王（王震、王世泰）开辟渭北；（三）不打现地之敌，也不打榆林，全军南出洛（川）、中（黄陵）、宜（君）、同（官，即铜川）。以上三个方案何者为宜，请考虑电告。

彭德怀召集西北野战军旅以上干部开会商量之后，决定选择第二种方案。他始终以为，如果打下榆林，不但可以巩固后方，更重要的是，可以保证党中央的安全，并解除了下一步南下的后顾之忧。

可是没想到榆林还真是块难啃的骨头。上次攻打失败后，榆林的守军又重新加固了工事。这次攻打榆林，虽然西北野战军很快扫清了外围的据点，可是榆林城坚炮利，仍无法突破。马鸿逵的援兵到了，邓宝珊的援军也到了。再加上西北野战军在沙漠地区连日作战，补给大成问题，连肚子也填不饱，十几天过去了，伤亡达到4,000多人。部队只能再次撤出。

2. 新式整军，诉苦三查士气高涨

寒流来袭，初冬的陕北一片萧瑟。

彭德怀的心中也像裹着严霜，冷嗖嗖的。4,000多人的伤亡，这让他在感情上无论如何也接受不了。战士们穿着单衣、饿着肚子扛枪上战场，再加上这支队伍的人员素质和阶级觉悟都还没有得到提高，所以一旦打起仗来，就暴露出了许多问题。

从撤出延安以来，西北野战军经过9个月作战，取得了辉煌的战绩。部队中新成员

∧ 在"诉苦"教育中，战士们互相帮助，弄懂了为谁扛枪，为谁打仗的道理。

不断增加，主要是补充了大批俘虏兵，当时称为解放战士，这在整个西北野战军中占到了70％，个别的部队甚至达到了80％。在严酷的战争环境中，战斗频繁，政治思想教育跟不上。不少解放战士虽然也是穷苦人家的子弟，但是只凭一股热情参加了人民解放军。战斗期间休整时间少，思想教育工作较弱，使他们阶级界限模糊，不明白是为谁当兵，为谁打仗。还以为"当兵吃粮"，像在国民党军那样，吃谁家的粮就当谁家的兵。这样，在我军物资供应极端困难的情况下，他们怕艰苦，违反群众纪律的现象不断发生，情绪也极不稳定。干部中也有个别人因为打了几个胜仗，就骄傲自满起来。第二次打榆林时，滑头兵多了，斗志不强，弄虚作假，不坚决执行任务的多了起来，严重地影响了部队的战斗力。

> 土改运动中,翻身农民愤怒控诉地主的罪行。

彭德怀整夜整夜地思考,窑洞的灯光一直没有熄灭过。最后他拉着新任的副司令员张宗逊下了部队,而且还强调各级指挥员都要深入连队,尤其深入支部,发动全体指挥员做政治工作。

彭德怀来到了358旅。这个旅的714团在几次战斗中都勇往直前,屡立战功,彭德怀就是要来看看,为什么714团的战士们能保持这么高昂的战斗热情。

经过详细了解才知道,"诉苦"工作在714团已经开展得有声有色。战士们都出身贫寒,在家里受尽了地主的压迫和欺凌。解放战士更有别样的苦,在国民党的部队里,被长官和老兵欺负,挨打挨骂是家常便饭。通过诉苦,解放战士知道了现在是为人民当兵,为解放自己的家乡父老而作战。打起仗来也就有了积极性。

彭德怀敏锐地感觉到,这正是自己苦苦思索找寻的好办法。

11月4日,彭德怀亲自召开各纵队旅长、政委以上干部会议,安排了冬季整训计划,大张旗鼓地在整个西北野战军开展"诉苦和三查"活动。

整训,从国民党和共产党两军的对比教育入手,发动士兵诉苦,开展诉苦运动,引导干部战士深入挖掘造成这种苦难的根源,就是蒋介石政府所代表的大地主大军阀集团的统治。结合解放区正在搞的轰轰烈烈的土改运动,让战士们明白,要想保卫胜利果实,只有握紧枪杆打垮蒋介石的军队,推翻国民党的统治,建立新中国。解

土改运动

中国共产党领导的废除封建剥削的土地所有制,实行"耕者有其田"的农民土地所有制的革命运动。在党的"依靠贫农,团结中农,有步骤地、有分别地消灭封建剥削制度,发展农业生产"的土地改革总路线和总政策指引下,发动广大群众开展阶级斗争,没收地主阶级的土地,分配给无地或少地的农民,从政治、经济上打倒地主阶级,解放农村生产力。第二次国内革命战争时期,在苏区进行了土地革命。第三次国内革命战争时期,解放区进行了土地改革。中华人民共和国成立后,全面地进行了土地改革,到了1952年9月,全国范围内的土地改革基本完成。

∨ 经过"诉苦"和"三查"教育,战士们思想觉悟大为提高。纷纷表示:不打倒蒋介石,决不罢休。

放战士大多数都是穷苦农民出身，几乎每个人身上都有一笔血泪账，都亲身遭受过地主与国民党政权及其军队带来的种种痛苦。他们深埋心底的惨痛记忆再一次浮现在眼前，此时此刻有了倾诉的机会。无论是解放战士还是原来的老兵，这才发现大家都有着同样的出身，同样的遭遇，同样的血泪。过去解放兵、子弟兵间的隔阂和不团结的现象，被阶级友爱代替了。广大指战员通过诉苦这个深刻而实际的阶级教育，把苦变成恨，把同情变成友爱，弄清了个人和阶级，弄懂得了"苦从何来，仇向谁报"。战士们发自肺腑地喊出强烈呼声："穷人要翻身，打倒蒋介石！"纷纷表示，一定要用手中的枪为天下穷苦大众报仇，在战场上立功。

在提高了阶级觉悟的基础上进行"三查"：查阶级、查工作、查斗志。有的部队还自觉地查工作、查经济、查纪律、查领导等等，形成了自上而下、自下而上的群众自我教育运动。干部战士的立场更坚定了，斗志更旺盛了，党和群众的关系更密切了，威信更高了。

1948年1月，全军上下投入了轰轰烈烈的群众性大练兵。诉苦三查激发起的热情都表现在苦练狠练作战技能上了。通过练兵，使勇敢与战术、技术密切结合起来，部队的军事水平大大提高。战士们射击、投弹几乎天天进步。还熟练了对迫击炮、爆破筒等较新武器的使用技术。

经过3个月的整训，部队面貌焕然一新。部队的政治和军事素质大大提高，战斗力空前增强，为转入外线作战作好了准备。

1948年1月底，彭德怀就整军运动向毛泽东、周恩来等中央领导人进行了汇报。毛泽东听后兴奋地说：

"我们从中央苏区起，就想找到一个教育俘虏兵的好形式，这次诉苦三查的办法把这个问题解决了。"周恩来也大加赞扬，说诉苦三查做得好，是壮大人民军队的法宝，创造了政治工作的新方式。

毛泽东把这项运动正式定名为"新式整军运动"，相继在全军展开。很快，1948年3月，西北野战军取得了宜川战役的胜利。毛泽东指出：

"这次胜利，证明人民解放军用诉苦和三查方法进行的新式整军运动，将使自己无敌于天下。"

1948年1月20日，春节刚刚过去，中共中央在米脂县杨家沟驻地召开了第一次前委扩大会议。会议给西北野战军定下了由内线作战转入外线作战的任务。规定西北野战军的任务仍然是钳

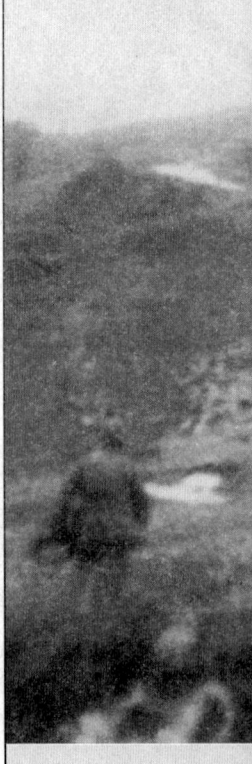

宜川战役

1948年春,西北野战军经过新式整军运动后,以主力5个纵队转入外线作战。2月24日,以一部兵力突然包围宜川城,主力隐蔽设伏于宜川西南地区。至3月1日,在宜川西南瓦子街全歼敌增援的两个整编师。3月3日,解放军乘胜攻克宜川城,又歼敌1个旅。此役共歼敌1个整编军部、两个整编师部、5个旅约3万人,从根本上改变了西北战场的局势。

∧ 在瓦子街战斗中,我军向敌阵地发起冲击。

> 我军正开往宜川前线。

制和打击胡宗南，继续配合刘邓、陈粟、陈谢转战中原。胡宗南虽然连吃败仗，但主力仍在，所以对胡宗南，中共中央慎之又慎，要求西北野战军稳扎稳打，不求速胜。

彭德怀考虑到，只有南下才能有效地牵制住胡宗南。南下有三个目标：延安、洛川和宜川。其中宜川的兵力是最弱的，只有两个团。宜川是胡宗南苦心营造的关中屏障，地理位置非常重要。东可控制黄河渡口，北与延安只有两天路程。出击宜川，胡宗南不会坐视不管。1947年10月，王震曾率2纵和4纵占领了宜川，但后来董钊带兵来援，敌强我弱的形势下，王震就主动放弃了。现在再打宜川，既能牵制住胡宗南，又能得到2纵、4纵的配合，形势对我有利。

经毛泽东和中央前委批准，彭德怀决定出击陕中，夺取宜川，准备打援，大量歼灭敌人有生力量。

∧ 我军冒雪向瓦子街挺进。

3. 高歌猛进，西北野战军攻宜川

　　中国人民解放军3路大军挺进中原，蒋介石为了策应河南作战及保守关中，命令胡宗南由陕北方面抽调兵力，裴昌会以胡宗南的副主任身份，用西安"绥署"指挥所名义，组成一个裴昌会兵团东出潼关。而胡宗南从回到西安就没在公共场合露过面。他天天关起门来默默无声，连连失败打击得他就好像一个大病未愈的人。当初执行《攻略陕北作战计划》的狂热，进占延安时的"英雄气概"，在他身上已经看不到一丝一毫了！这次又调走了整编第1师、整编第36师和整编第30师，胡宗南顿感全身虚弱无力。这无异于在他大病的时候不但不输血，反而还要抽血。在陕北战场上，他再也不能像从前一样主动寻找我军主力决战，而是生怕遇见我军主力了，只能被迫利用

地方武装采取机动防御。胡宗南又把驻陕北部队的人事和编制调整了一番:董钊就任陕西省政府主席,不再担任整1军军长职务。整编第90师师长严明伤好归队官复原职,师长不用陈武代理了。原属整编第1军的整编第27师、整编第90师,划归整编第29军建制。以整编第17师何文鼎部和陕西保安第11团守备延安,以整编第76师第24旅张汉初部守备宜川。主力整编第29军两个整编师为机动兵团,刘戡的第29军军部,驻在洛川,整编第27师王应尊部,除一部分兵力用于维护洛川至延安的交通外,主力也驻在洛川附近。整编第90师严明部全部集中在黄陵附近,向北可策应延安、宜川作战,向南可拱卫关中,保护西安。

1948年的春节来临了,解放军进入春季整训,胡宗南的部队也趁机休息。胡宗南为了稳住军心,下令让在陕北的旅长以上军官回西安过春节。一时间,酒绿灯红,脂粉飘香,军官们下馆子进戏院,喝酒打牌,歌舞升平,都乐不思蜀。

当我军受命围攻宜川的3纵和6纵突然出现在宜川城外时,驻守在这里的国民党整编第24旅旅长张汉初才大梦初醒:原来解放军打的是自己的主意啊!

前几天,张汉初就得到了解放军主力大举南下的通报,但他摸不透解放军的意图所在。解放军忽东忽西,17日又停了下来(进到金沙镇、甘谷驿、延长后,17日又开了个旅以上干部会讨论此次行动的细节)。张汉初猜测,解放军可能打算收复延安,也就松了口气。殊不知才过了5天,解放军就神不知鬼不觉地打上门来了。

张汉初的第一反应跟他的同僚们没什么两样,先给胡宗南发报求援!

其实,刘戡、严明、王应尊、邓钟梅一伙人,这时已经被胡宗南统统从春节的戏院酒馆里赶回了前线。接到张汉初的电报,胡宗南立刻紧张起来,命令刘戡就近指挥整编第27师和整编第90师,一共两万多兵力,即日赶往宜川解围。

2月25日,刘戡这个总是被解放军牵着鼻子东奔西走,出力不讨好的军长又上路了。

张汉初心惊肉跳地赶到城外阵地上,在援军没到来之前,他只能依靠这些工事进行抵抗了。行伍多年,张汉初当然知道守城不能只靠工事。可是他手下的3个团,其中两个都跟他关系微妙,貌合神离。一个是赵仁团，一个是蔡钟芳团，在他任整编第27师副师长时就关系不和。当整编第24旅在清涧全军覆灭，旅长张新被俘后，胡宗南不甘心失败，要重建第24旅，任命张汉初当旅长。宜川的形势比较危险，张汉初心里一百个不愿意，最后还是军令难违，硬着头皮上任了。令他比较欣慰的是，宜川的城防搞得很坚固。早在阎锡山时期，城四周就已经建了许多永久性、半永久性的工事和掩体。胡宗南接防后，借着进攻延安的热乎劲，由蒋介石出面请了好多外国军事顾问到这里考察，更是不遗余力地拉了几千民工搞了几个月，壕沟挖了一条又一条，碉堡修了一座连一座。张汉初去年10月份来到这里后，下狠心又把防御工事加强了一遍，宽的更加宽，深的再挖深。宜川本来就四面环山，城西的外七郎山、城北的老虎山、西北角的太子山、东北的凤翅山等几座天然屏障，山势险峻，碉堡密布。张汉初相信宜川的防御能力决不亚于榆林。就共军手里的那些废铜烂铁，打宜川还差远呢。

　　25日，西北野战军3纵和6纵向宜川城发起了攻击，从城西到城东全面展开。张汉初的意图很快就让西北野战军的指战员们识破了。他想坚守内外七郎山和凤翅山这两个防御要点，凭借坚固工事，等待救援部队的到来。外七郎山用第71团1个营驻守，内七郎山则以3门火炮为中心。凤翅山配置迫击炮两门，由第70团团长蔡仲芳亲自带领团部和下属两个营镇守。而城北的老虎山和西北的太子山，只派了小股部队驻守。解放军就先收拾这些外围阵地，很快就先后拿下了老虎山、万灵山等要点，敌军如潮水一般退进城中，破城的危险已步步逼近。

　　这下子张汉初着了急。时间整整过了两天，还没见到刘戡大军的影子！张汉初抓起笔，亲自起草了一封加急电报，请求胡宗南急速来援，不然宜川不保！

　　刘戡来得慢，让彭德怀也着了急！现在刘戡的手上还握有整编第27师和整编第90师，随时保持着机动状态，以致西北野战军的每一步行动，都必须考虑到刘戡的存在。所以，彭德怀这次决心要一口吃掉刘戡，即使吃不掉，也要咬掉他的大部分，让他再无出击之力，彻底解决陕北战场的后顾之忧。

　　谁知道刘戡这次带着队伍开进得异常谨慎。他暗忖：从前在羊马河、在清涧奉命救援，彭德怀都没有把自己率领的机动兵团定为主要打击目标，只派小股部队阻止自己前进。虽然翻山越岭吃了不少苦，也丢尽了面子，但总算保得平安。但这次不一样了！解放军大批人马绕过延安南下，要是论起来，打兵力薄弱的宜川根本用不了这么大的气势。万一共军这次又玩起围城打援的把戏，自己可就危险啦！

于是，刘戡细而又细地派出整编第90师第61旅和整编第27师第47旅，分别沿公路南北两侧搜索前进，就怕中了解放军的埋伏。

从刘戡主力所在地到宜川有3条路：一条是沿洛宜公路经瓦子街到宜川；一条是由黄陵、洛川经石堡到宜川；还有一条是由黄陵、洛川沿洛宜公路以北的金狮庙梁到宜川。3条道比较起来，第一条路程最近，但地势险要，易受伏击。第二条路程较远，也同样有被设伏的可能性。第三条道路翻山越岭路窄山高，遭伏击的可能小，可是重火器不易通过，行军速度较慢。刘戡现在谨小慎微，他很倾向于走第三条路。但是，胡宗南就不一样了，第一，他急于解宜川之围，第二，认为我军只有3个纵队在宜川，没有那么多的兵力，能吃下他的一个军，他极有可能命刘戡走第一条道路。

到底刘戡从哪条路上钩，是彭德怀急需要掌握的情报。因此，彭德怀事先命令我军的情报人员，希望3日之内弄清敌人的行动情况。这时打入国民党第7补给区的我党地下工作者杨荫东送来情报：胡宗南下令整编第29军自洛宜公路经瓦子街到宜川的作战计划。彭德怀收到情报后，高兴地说：

"太好了，真是及时雨呀！应该给他们记功！"于是，马上决定在瓦子街设伏。

瓦子街是洛宜公路的咽喉，是一段长约15公里的峡谷，两侧都是高山，公路从中间穿过。只要刘戡走洛宜公路，就势必要过瓦子街！而我军要想吃掉刘戡两个整编师这么多兵力，也一定要借助这种天然的"口袋地形"。只要刘戡钻了进来，就会像李纪云在青化砭那样，进来容易出去难。

彭德怀命令3纵继续攻打宜川，6纵的新4旅留下16团，教导旅留下第1团，这两个团由教导旅旅长陈海涵统一指挥，听从3纵调遣。其余部队全部开向瓦子街方向参加合围整编第29军的战斗。具体部署是：1纵安排在观亭附近隐蔽，待刘戡过后截断其退路，然后从左侧后攻击；2纵迅速强渡黄河，边行军边准备，部队到达指定位置立刻投入战斗，进攻刘戡右翼；4纵由北向南击敌左翼，最后合围全歼刘戡。

风雪交加中，战士们踩着遍地泥泞，兴冲冲地去参加瓦子街战斗，经过"诉苦三查"的官兵，那昂扬的斗志压都压不住，人人跃跃欲试。可部队在山沟里埋伏了两天，还不见刘戡的人影。彭德怀的眼睛一直盯着刘戡，他抓起电话要通了3纵司令员许光达：

"光达，抓紧攻城！逼刘戡走快点！"

其实，刘戡现在已经走到离瓦子街不足25公里的永乡了，正准备宿营。先头部队整编第27师师长王应尊，接到情报，说在永乡东北约25公里之观亭附近，发现有解放军的部队。王应尊立刻又加派了侦察营前去勘查。

观亭确实有解放军,就是第1纵队。他们把王应尊所派的侦察营围了起来,很快一个营就损失了。只有个别士兵跑了回去。王应尊根据败兵反应的情况,感觉到解放军在观亭的队伍决不是一小股地方武装,而是训练有素的解放军主力。他连夜坐着吉普车去报告刘戡。

"军座,我看不妙啊。"王应尊忧心忡忡地说,"如果共军的目标是宜川,怎么会在观亭集结重兵呢?我看这是冲着我军来的呀。"

∧ 我军向瓦子街方向运动。

刘戡也觉得情况不对,只是他作为一军之长,丧气话总不能还没打仗就由自己的嘴巴里说出来。他想了想,反问道:

"王师长,依你之见呢?"难得军长这么民主,王应尊赶快把自己的意思表达出来。其实也很简单,就是先集中力量打观亭,解除本部的侧翼威胁,然后由观亭前往宜川解围。他说,就地形上看,打了观亭之后就可以由观亭沿着一条山梁直抵宜川城下,行军速度也不会受多大的影响。

刘戡思量着,根据现在的情况,惟有先集中力量解决解放军的阻击部队,才有可能解宜川之围。所以他连夜向西安绥署发了封加急电请示胡宗南。

偏偏当晚胡宗南在跟几个亲信喝酒，也许是想一醉解千愁吧，胡宗南一杯又一杯，几个月来的憋屈丧气让他越喝越多，最后真的醉得不知自身是谁了。刘戡这么十万火急的事情，也惊不醒他。在西安绥署值班的副主任、参谋长们哪个又敢作主？更改作战方案，胡长官醒酒后追究起来谁敢承担？既然胡长官都醉得不醒人事，干脆自己也就一块醉了罢。

26日的整个晚上，胡宗南在醉生梦死中度过，刘戡则在等待的煎熬中度过，宜川的张汉初，却是在越来越激烈的枪炮声中度过。事到如今，张汉初走又走不了，降又不愿降，只能坚守待援了。这时，3纵为了吸引刘戡快点来援，使出了全身解数，以全面进攻之势对宜川发起了猛攻。时间到了27日零时，许光达再次命令部队加强攻击。这一回攻势更猛，独2旅在城西北角用炸药包炸开了个口子。解放军战士们端起枪就要往里冲。许光达考虑到城外的凤翅山还没有攻下，这时冲进城去，敌军居高临下，我军伤亡太大，于是连忙下令，就在口子附近进攻，不得进城。

这样一来，却把张汉初吓出了一身冷汗，使他在旅指挥部里坐立不安。解放军攻势如潮，援军再不赶到，自己可就见不着明天的太阳了。他连连催促电报兵，向胡宗南发电告急、告急、再告急！

4. 宜瓦大捷，刘戡全军覆没而自戕

27日上午，胡宗南从醉梦中醒来，竟然还惦记着宜川。一连声地问宜川的军情。秘书把张汉初昨夜发的几封电报都拿过来，胡宗南脸色顿时阴沉下来。一个晚上局势就恶化到如此程度？"刘戡呢？他是干什么吃的？"胡宗南厉声责问。秘书也不敢回答，只小心翼翼地把刘戡的电报放在了胡宗南的面前：

"这是刘军长发来的急电。"

"什么？他还急电？"胡宗南一股怒火冲上来，"宜川危如累卵，他还磨磨蹭蹭！贪生怕死之徒！"胡宗南怒不可遏地拍着桌子。对参谋长盛文说：

"命令刘戡，绕过阻击部队，赶到宜川是第一要务。宜川不保，拿他是问！"

刘戡一干人苦等了一夜，就等来这个电报，真让他们欲哭无泪。刘戡阴沉着脸，一言不发。"要不，咱们再请示一下？"王应尊小心地问。刘戡好像是根木桩子已经僵硬得不会动了，好久才颤抖着嘴唇说：

"通知部队，原路前进！"

刘戡无可奈何地带着队伍上路了。这一天行军，倒是平静如常，只有两侧山中侦察部队传出的零星枪声。天黑了，他们走到了瓦子街以西的小村宿营。王应尊的前锋部

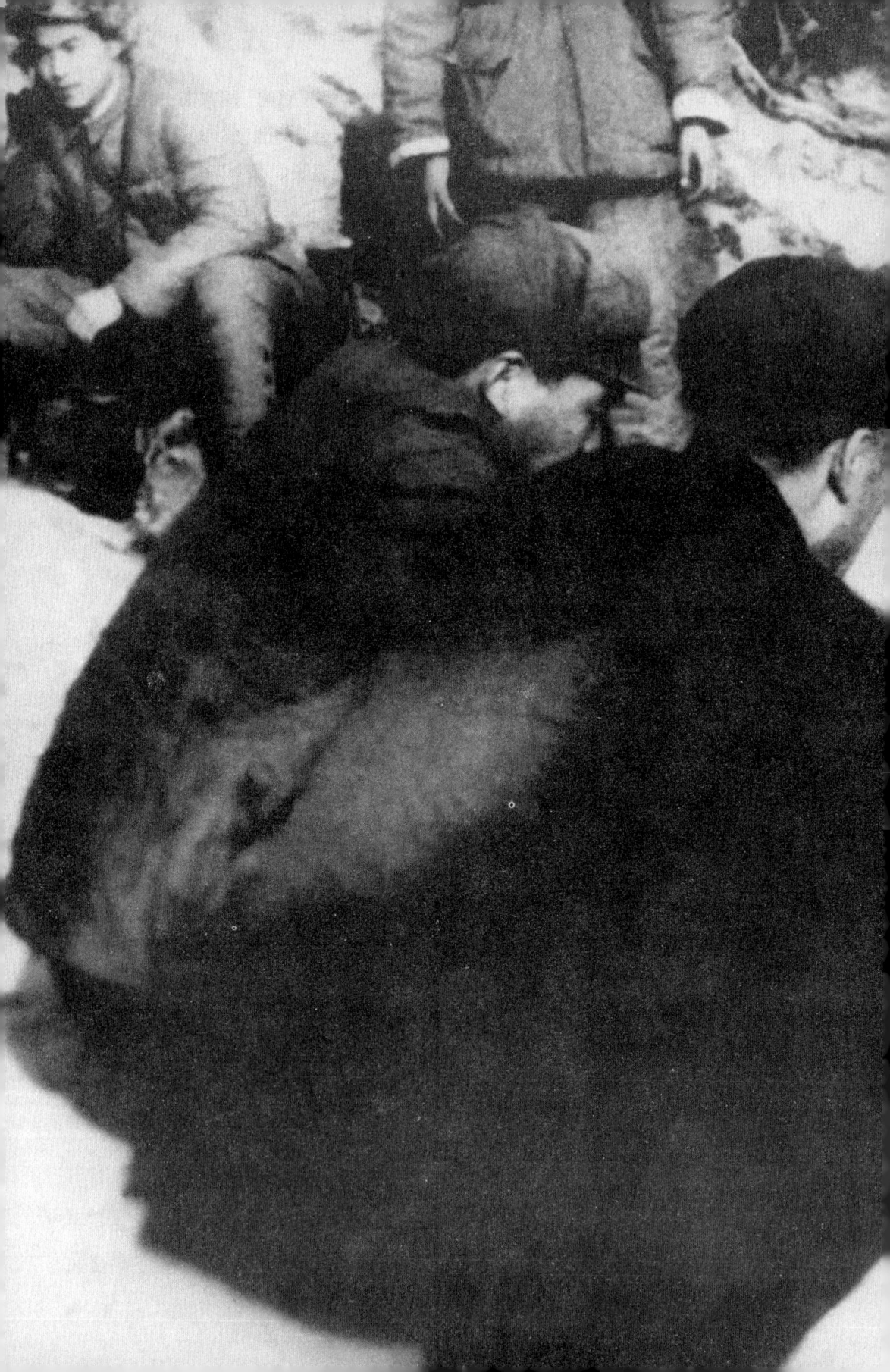

∧ 在瓦子街战斗中，彭德怀（右一）与甘泗淇（右二）等人一起研究作战方案。

队再次汇报，瓦子街以东发现解放军警戒部队，还有人亲眼看到了解放军在那里加强工事。这下子王应尊简直是嚷着对刘戡说：

"军座，现在情势太清楚啦，共军就等着打咱们了！再不做决定，后果不堪设想啊！"

刘戡叹了口气，再次给胡宗南发去了电报。同时把两个师的师长、参谋长和第29军参谋长找来共同分析情况，也算是危急时刻的患难与共吧。他们看看自己的第27师只有3个团，前天还损失了大半个营。第90师呢，有5个团，不过也缺少了一个营。宜川既然拼命求救，估计解放军主力在宜川附近起码也有3个纵队。这样算来合围自己的兵力少说也有两个纵队。看来在人数上自己不占优势。现在要想保全自己，还得完成解围宜川的任务，只能是行动迅速地进至宜川城附近，与守军第24旅取得联系。对于来自共军阻击部队的威胁，既然胡长官不让打，那么至少可以要求多派飞机掩护。

这边还没商量完，西安的电报又到了。这次胡宗南的口气更加强硬，训斥刘戡为一己私心而置关中战略要地于不顾，警告他如果贻误了战机，就要军法处置。在这种情况下，刘戡决定：仍按原定路线向宜川前进。整编第27师和整编第90师的各派一个旅，分别在公路北面和南面的山梁搜索前进，其余部队沿公路跟进。速度要快，遇到共军且战且走，不得拖延，争取一天内到达宜川。

第二天，刘戡一路上心惊肉跳，不停地左顾右盼，神色慌张，就怕中了解放军的埋伏。自军部所在的队伍前天发现观亭有解放军时，他就紧张得连一句话也说出来了。

其实，我军1纵就在观亭附近的山沟里埋伏着，等刘戡的部队全部通过观亭后，1纵立即跟进，尾随第29军向瓦子街方向前进。

彭德怀举着望远镜，时刻观注着刘戡的一举一动。

整编第29军带着辎重，部队拖拖拉拉，足足拉长有十几里路。傍晚时分，这支队伍在一片恐惧中通过了瓦子街口，渐渐进入了解放军的伏击圈。

彭德怀一挥手，"打！"命令随着信号弹和发令枪，迅速传到了西北野战军的各个部队。霎时，枪炮声大作，硝烟滚滚，刘戡担心了一天一夜的事，最终还是发生了。

贺炳炎、廖汉生带着1纵迅速从后面赶了上来，把刘戡的退路严严实实地封锁住了。

片刻的惊慌过去后,王应尊按照头天晚上商量好的计划,马上命令第27师展开反攻,企图迅速击破解放军正面阵地,向东靠近宜川,与张汉初部会师。而右翼的第90师本来是沿瓦子街以南的山梁前进,现在派出先头第181团,向南翻山爬梁,打算突围而去。原来刘戡大军的左右两翼,是想分成两路突破。

下午一点半左右,公路两边的高地上,在响过一阵激烈的枪炮声之后,突然沉寂了下来,原来刘戡左右两侧的突击,都宣告失败了。

向前走,攻不动。王应尊提出把部队全部撤回瓦子街以西。可是宜川在东面,现在撤退怎么向胡宗南交代呢?刘戡也不敢私自撤退。何况后路也已经被解放军截断了。王应尊又提出,据白天观察,公路南侧火力较弱,我们应该立即向南面撤退。其实这一点刘戡也早已看得清清楚楚。解放军的火力是从正面、左侧面和后面打来,惟独右侧面枪声稀落。这是因为我军第2纵队应该在这个位置伏击,可是因为路途较远没有及时赶到。刘戡可不知道是这个原因,当时他想了好久,还是觉得这里面有文章。刘戡不敢确定,心想:"彭德怀要合围我们,哪有在三面都布置兵力,唯独留出一面的道理呢?"

第90师师长严明说:

"我看,多半是声东击西,说不定,翻过南面那道山梁,就有更大的阴谋在等着我们!"这话说到了刘戡的心里。这时天空下起了雨,慢慢的雨又转成了雪,而且越下越大。3个人的心里比下雪还要冰冷。

刘戡万般无奈,勉强做了决定:"今天哪儿都不走,就地宿营,严密警戒,准备明日突破,顺公路一举突到宜川。"

29日,雪下得更大了。早晨五点,刘戡的部队就集合好了。逃命的心理让他们顾不上寒冷。第27师派出掩护部队,以连为单位,交互占领公路北侧的小山头,掩护该师和第29军军部,向宜川行进。战斗又开始了。野战军居高临下凭借险要地形,渐渐缩小了包围圈。刘戡着急了,如果再不想办法,恐怕就会全军葬身此地了。他打电话给王应尊,立即派部队到南面山梁,探明情况。

南面的山梁蜿蜒在瓦子街东南方,是对瓦子街实行弧形包围的天然屏障。如果被刘戡军队抢占,他们就可以利用这个高地做支撑点,成为侧翼的有力掩护,还极有可能从这里突围出去,绕到宜川去解围。

2纵已经不分昼夜地连续赶路赶了3天3夜。可还没有按时到达预定地点。彭德怀只能从其他纵队抽出少量兵力先行攻占。这么大规模兵团作战,哪方面都缺不了兵力。所以,这面山梁的火力很薄弱。王应尊派出一个团很快就抢占了有利地形。

贺炳炎果断地要通了黄新廷的电话:

"黄旅长,我知道你们的任务也很重,但是这个缺口必须补上。你马上派出一个团,不惜一切代价一定抢占这个目标!"

2纵的意外缺席,让彭德怀安排的这个铁笼子敞开了门。刘戡很可能从此逃出,在这紧要关头,把这么重大的任务交给了第358旅,黄新廷、余秋里备感欣慰。他们俩决定从第715团抽出一个营和第714团一起上。

第714团团长任世鸿深知这是围歼刘戡战斗中的关键一战。自己只能打好这一仗,完成对刘戡的包围。他马上带着队伍出发了。

这时,王应尊的部队也发现这里是自己能逃命的惟一通路。他们也摆出拼命的架势,跟解放军叫起了板。他们集中炮火全力向这边打过来,解放军战士躲闪不及,倒下了一片,鲜血染红了雪地。

4连3排8班战士刘三黑,是青化砭战斗中解放入伍的,四川人。他身高一米八几,力气很大,挑水从来不用扁担,一手提起一只水桶,快步如飞。他家祖祖辈辈给地主扛活,父亲40多岁就得了痨病死了。他弟兄3个,大哥给东家往船上装货,掉

▽ 我军战士在炮火掩护下冲向敌阵地。

在河里淹死了。他娘哭得死去活来，向东家磕了18个响头，才求来一副白茬薄板棺材，算是把大哥埋下地。第二年二哥在给东家锄大秋时，被抓了壮丁。家里只剩下他和老娘相依为命。娘为两个儿子哭瞎了眼，全靠刘三黑一人养活。谁知在他19岁那年，天擦黑的时候，他从地里干活回来，想赶快回家看看娘，迎面来了一队兵，不由分说就把他抓住，拖着就走。他大声呼喊："长官，长官，你们放了我吧，我家里还有一个瞎了眼的老娘啊！你们放了我吧，我娘还等着我给她做饭呀！"尽管他又哭又喊，他还是被抓了兵，送上了战场。

在连队召开诉苦大会上，刘三黑哭得死去活来，一米八几的大个子，扒在地上直撞脑袋："娘啊，娘啊，你现在怎么样了？不孝儿在这里给你磕头了！"全连战士都被他的苦情感动得泪水横流，"打倒蒋介石！""解放全中国！"的口号声震天动地。

经过诉苦运动，刘三黑才彻底认清了为谁当兵，为谁打仗的道理。此时他把满腔怒火都集中在了刺刀尖上，连续撂倒3个敌人。这时，又有七八个敌人同时向他扑来。他一杆枪前突后刺，舞得轮圆，活像长板坡上的赵子龙。也有敌人的血，也有他自己的血，把他的军衣都浸透了。敌人被这个黑脸大汉的气势震慑住了，连连后退，但又被拿着手枪的长官逼了回来。

这的确是生死之战！敌人知道，只有冲出这个缺口才有活路。他们仗着人多势众，拼命往上冲，眼看又有七八个敌人将右腿已负了伤的刘三黑围在了中间。在这千钧一

发之时，排长带着3个战士向他这边杀来。这一拨敌人被消灭了，另一拨敌人又猫着腰冲上来。这时，刘三黑身上已多处负伤，双腿已站不起来了。他知道，自己拼刺刀已经不行了，便把身上仅有的3个手榴弹用一只手拿着，另一只手抠出了3个拉环。他躺在地上一动不动。当成群的敌人冲到他眼前时，刘三黑呼地站了起来，大声喊着："狗娘养的，不怕死的，来吧！"只听"轰"的一声巨响，十几个敌人飞上了天，刘三黑与敌人同归于尽了。

714团的战士们新仇旧恨一齐涌上了心头，眼里迸射出仇恨的火花。趁着硝烟未散，几个战士猫着腰冲到了敌人阵地前，轰隆隆扔过去几个手榴弹。巨响过后，敌人阵地上的火炮哑了。714团所有部队都冲了上来，在那个小小的山头上，展开了最原始的搏斗。为了报仇，为了雪恨，为了打倒蒋介石，解放全中国，714团的战士们早已置生死于度外！他们用青春和热血，用理想和胸膛堵住了这个缺口，把刘戡的几万人马围在了瓦子街一线。

王震的2纵赶到了，总攻的号声吹响了。解放军战士从四面八方排山倒海般压向国民党整编第29军。刘戡看得心惊肉跳。他登上小山坡，看着阵地上拼杀的场面和白雪上喷洒的鲜血。他不明白，为什么解放军战士能如此勇敢？他更搞不清楚，是什么力量让那些瘦弱的身躯迸发出如此势不可挡的战斗力？

公路北侧，第27师在中午的时候，总算把解放军顶住，占领了乙庄以东、丁家湾北侧一带高地。可是等到下午，第27师全线出击，企图再夺占北边的主梁，扩大战果的时候，还是被解放军压了下来，而且损失惨重。第31旅旅长周由之、第47旅旅长李达，全部阵亡。第27师再没有力量进攻了。

与此同时，南边大山梁上，第90师受到了解放军2纵的猛攻，陷入苦战，渐渐不支，情势越来越紧张了！

经过了一天激战，刘戡第29军两个师的机动部队基本上打光了。全军已经丧失了1/2。

刘戡眼看着大势已去，只有向西安发出十万火急的告急求援电报。此时，胡宗南也知道大事不好了，他赶忙把薛敏泉、盛文连夜找来商量对策。可是事到如今，谁能有什么对策！天降大雪，飞机飞不过去。裴昌会兵团尚在潼关，远水解不了近渴。而守备延安的整编第17师又势单力薄，不敢出援。留守洛川的整27师第91团等部，进到瓦子街以西的小寺庄就被解放军1纵击退。西安能做的也只是雪停后派几架飞机去壮壮声势了。现在的形势，第29军师以上指挥官都看得很清楚，如果再不突围，等待他们的就是死亡。

王应尊再次提出：3月1日半夜，集中仅存的兵力，沿公路向西一举突过瓦子街，虽然要遭到严重的损失，但有冲出去的可能。刘戡此时也深知，东进宜川已无望，想

∧ 我军向国民党军第90师师指挥所发起攻击。

活命只有向西逃。从第一次国内革命战争到抗日，一直到现在，刘戡可谓身经百战，战斗经验丰富，此刻他明白，自己部队的军心已经动摇，斗志已经瓦解，要想在今夜突出重围，只能祈祷上苍给个奇迹了。

解放军的攻势愈来愈猛，锐不可当。前线失利的消息不断传来，指挥官也一批批地倒下，其中有整编第90师师长严明、整编第53旅副旅长韩指针、整编第158团团长何怡新……

下午1时左右，公路北侧的刘军阵地全垮了。两点钟不到，南面的阵地也被解放军攻破了。人民解放军离刘戡的军指挥所仅有100米。解放军"缴枪不杀"、"解放军优待俘虏"的喊话声已清晰可闻。刘戡知道败局已定，不由得万念俱灰。"不成功，便成仁"，绝不做苟且偷生汉！刘戡对蒋介石的反共事业可谓忠贞不二。1933年，蒋介石纠集50万兵力，向井冈山中央革命根据地发动第四次"围剿"，命令刘戡任第83师师长。刘戡在战斗中，右眼被流弹射中，从此人称"独眼将军"。现在这位独眼将军仍执迷不悟，竟以左轮手枪自杀身亡，年仅42岁。

刘戡一死，全军军心大乱。到3月1日下午4时，公路两侧的敌军阵地全部被我军占领。残敌1万多人龟缩在一条沟内，在解放军强大攻势下纷纷投降。虽然这时

天气转晴，胡宗南把西安机场能调动的飞机全部派来助战，可是扔再多的炸弹也挽救不了败局。下午5时，瓦子街战斗以解放军的彻底胜利而告终。刘戡兵团2万多人，整编第27师（第31旅部带一个团、第47旅部带两个团缺1营）和整编第90师（第53旅和第61旅共5个团1个营）在战斗中伤亡5,000余人，1.8万人被俘。同时有大批旅长以上的军官被俘，只有王应尊趁黑夜脱离了俘虏行列，两天后跑回西安。

天色渐晚，枪炮声慢慢停下来，瓦子街又恢复了冬夜的平静。解放军各部队马不停蹄地奔向宜川。

3月3日，解放军一举攻克宜川。张汉初看到刘戡的下场，哪里还有心抵抗。他决定趁夜色出走，也不管守城的第24旅的官兵了，自己逃命要紧。不能大摇大摆地出城门，只能悄悄地从城墙缺口上跳下来。哪里想到自己平日养尊处优，到了关键时刻手脚甚是笨拙，一不小心摔了腰，走也走不动，被我3纵的战士给抓了个正着。原任第24旅旅长的张新就是被我军俘虏的，现在接任张新任第24旅旅长的张汉初也同样被俘虏了。更有戏剧性的是，不久继任张汉初任旅长的于厚芝又被俘虏了。后来在解放军的战俘学习班上，胡宗南的第24旅前后3任旅长居然重逢，这世界真是太狭窄了。想来那时他们3人必定是相顾无言，啼笑皆非，感慨万千的。

宜瓦大捷消息乘着欢快的电波，像长了翅膀一样飞到了杨家沟。周恩来向中央机关的同志兴奋地宣布：

"彭老总又打了大胜仗！刘戡也被打死了。"

他幽默地说：

"刘戡这个人我们都很熟悉了，一年来我们走到哪里，他就追到哪里，是个坚定的'追随者'嘛，一心妄想把我们消灭，结果搞来搞去把自己给消灭掉了。"

应该看到，刘戡在抗日期间还是有功的。他曾奉命率部驻防北平密云县，以其民族恨、爱国心跟日本侵略军艰苦周旋，忻口之役，毙敌4万余人，沉重打击了侵华日军嚣张气焰，被誉为"杰

< 1948年3月3日，我军乘胜攻克宜川。

出的抗日将领"。就是从这一点上考虑，彭德怀派人将刘戡等人的尸首好好装殓，入土掩埋，并在坟墓前立木牌，写上各自的名字。彭德怀还委托陕北新华通讯社发布一条消息，其大意是：国民党整编第29军军长刘戡和整编第90师中将师长严明等追随蒋介石打内战，进攻我陕甘宁边区，已于3月1日在宜川战斗中丧命。念其在抗日战争时期对日作战有功，对国家和人民作出过贡献，特将其遗体，用棺木装殓，埋葬于宜川城西羊道村。听此广播之后，其亲属若有意前来搬运，我解放区军民将予以方便和配合。"

刘戡、严明之妻在西安得到这个消息，如雷轰顶，立即向胡宗南哭闹要求派人前去搬尸。胡宗南也只得照办。谁知派去搬尸的人在进入解放区之前，就遭到渭南国民党驻军以"加强防务"，不得随便进入共匪地区为名，进行阻拦。后经反复协商多次请示，才让他们进入宜川。他们到达宜川后，当地政府以礼相待，彭德怀还特地批准将严明的儿子严守礼从俘虏营里释放出来，让他回去协助母亲料理父亲的后事。当严守礼得知搬运父亲的遗体受到国民党的百般刁难时，气得跺脚大骂。

宜川大败，蒋介石大为震怒，很快就亲笔传令将胡宗南撤职留任，将参谋长盛文撤职查办，押送南京候审。追晋刘戡为国民革命军陆军上将。

在此以前，我西北野战军对胡宗南部队，只能一个旅一个旅地歼灭，到了宜川之战时，便可以一个师一个军地歼灭了。宜瓦战役，创造了西北解放战场的空前纪录。经过这一战之后，西北战场的整个形势，亦已随之改观。毛泽东为人民解放军总部发言人起草的评论《评西北大捷兼论解放军的新式整军运动》中说：

这次胜利改变了西北的形势，并将影响中原的形势。

4月初，胡宗南发现我军要攻打宝鸡。便赶快命令裴昌会率领的第5兵团向宝鸡进发，并令马步芳部向长武、亭口合兵，同时撤回孤悬在几百里外的延安守军整编第17师，要第17师沿延安至铜川的公路回转关中，南下与洛川之兵会合。但第17师上上下下，都被沙家店和宜川的战斗给吓怕了，不敢再沿公路线南下。他们想最好是把必要的重武器由飞机运回，其余的就干脆毁弃。这样丢盔弃甲之后，部队行动才方便。第17师师长何文鼎等人，为了掩蔽撤退的消息，还特意故作镇静。直到4月21日清晨，到处响起了毁坏物资的爆炸声，人们才知道他们要弃城逃跑。

何文鼎像惊弓之鸟，率第17师仓皇撤出延安，沿东路向南撤退。4月26日，当进到史家河，又与许光达率领的解放军第3纵队相遇，被打得落花流水，前面又有洛河挡路，只好再次抛弃所有重武器和一切辎重，涉水过河。幸好何文鼎跑得较快，被卫兵前拉后推第一批过了河，逃到了蒲城。第17师丢下15门火炮和8辆坦克，48辆汽车和 7 辆美式吉普车,以及大量弹药,500 伤员和 3,000 多名士兵全成了解放军的俘虏。后来,何文鼎被胡宗南和蒋介石臭骂了一顿,撤职查办了。

随着最后一批国民党兵从延安撤出,我延属军分区游击队就排着整齐的方队进了城,把红旗再次插到延安城门上。想想一年前蒋介石在"国大"自吹自擂占延安的"辉煌战绩",真是一个天大的讽刺!

从 1947 年 3 月 19 日,毛泽东、周恩来等最后一批撤出延安,到 1948 年 4 月 22 日,延安获得第二次解放,前后是 1 年零 1 个月又 3 天。彭德怀率领西北野战兵团,遵照毛泽东制定的"推磨"战略,把一个活蹦乱跳的胡宗南,磨累、磨瘦、磨垮了。面黄肌瘦的陕北人民,用自己的一腔赤诚和有力的肩膀,将自己的子弟兵推向了胜利,将中共中央送过了黄河,将西北野战军送上了解放全国的胜利战场。

▽ 1948 年 4 月 22 日,我军胜利光复延安。这是某部步入庆祝延安光复大会会场。

❶ 我军各部队纷纷举行誓师大会。

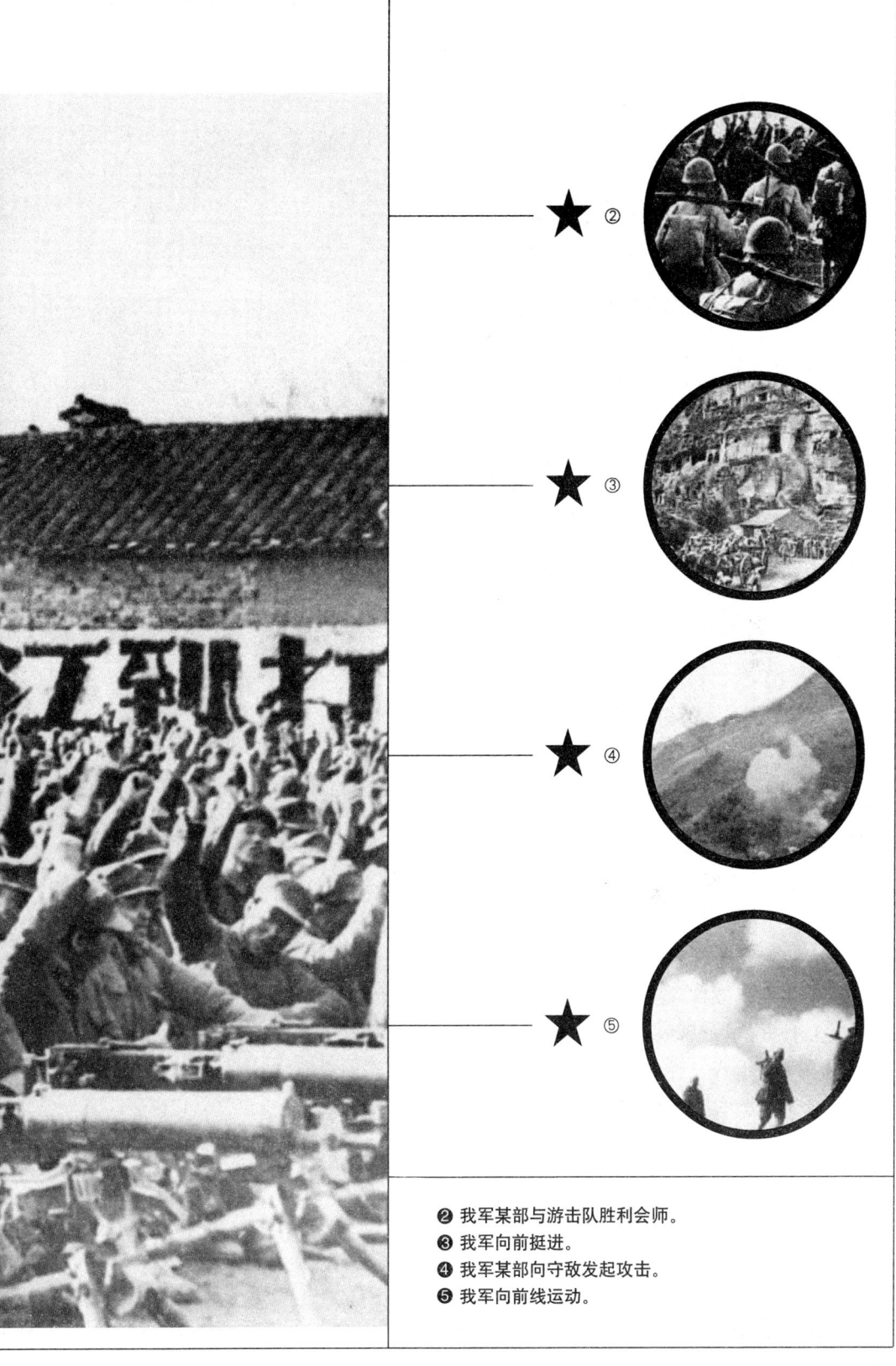

❷ 我军某部与游击队胜利会师。
❸ 我军向前挺进。
❹ 我军某部向守敌发起攻击。
❺ 我军向前线运动。

[亲历者的回忆]

彭德怀
（时任西北野战军司令员）

　　经过这次运动之后，群众纪律好了，上下级之间、军民之间相互关系好了，这就是群众自己教育自己。

　　这种诉苦会的形式是很好的，红军和抗日时期，都没有找到这种形式；要是早找到这种形式，对争取俘虏兵加入红军，扩大红军的成绩，要快、要大得多。

　　毛主席把这种做法推广到全军，并誉为"新式整军运动"。

——摘自：《彭德怀自述》

陈子干

（时任国民党军整编第29军17师12旅旅长）

  1948年4月21日4点多钟，四山阵地陆续响起了巨大的爆炸声，在黑暗的夜空中，高高低低的阵地上燃烧着大小不同的火焰，防守部队把带不走的器材弹药等物资炸毁，作出发准备了。天色渐亮，部队陆续出发。行军序列是按第48旅、师部、第12旅的次序。第12旅离开延安时，已经8点多钟了。看看四山林立的高碉低堡，纵横交错的削壁深沟，都是10年来胡宗南部封锁陕甘宁边区所作工事的经验积累，如今却成了封锁自己分割兵力的工具。脱离这个环境，大家都有海阔天空、如释重负的感觉，皆情不自禁地表现在脸上。撤离之前，也曾考虑到脱离阵地后，万一受到袭击的问题，因而在主力部队撤离后，都还留置一部分兵力担任掩护。约在9点钟以后，部队才完全离开延安向南转进。

          ——摘自：陈子干《胡宗南部撤出延安的经过》

《聚歼天津卫》　《解放大上海》　《合围碾庄圩》　《进军蓉城》
《保卫延安》　　《血拼兰州》　　《喋血四平》　　《剑指济南府》
《鏖战孟良崮》　《席卷长江》　　《攻克石家庄》　《总攻陈官庄》
《围困太原城》　《登陆海南》　　《兵发塞外》　　《重压双堆集》

1.部分图片由解放军画报社供稿

摄影作者(按姓氏笔画排列)：

于天为	于庆礼	于成志	于坚	于志	于学源	马金刚	马昭运	马硕甫	化民	孔东平	毛履郑
王大众	王文琪	王长根	王仲元	王纪荣	王甫林	王纯德	王国际	王奇	王学源	王林	王述兴
王青山	王春山	王振宇	王晓羊	王鼎	王毅	邓龙翔	邓守智	丕永	冉松龄	史云光	史立成
田丰	田建之	田建功	田明	白振武	石嘉瑞	艾莹	边震遐	任德志	刘士珍	刘长忠	刘东鳌
刘叶	刘庆瑞	刘寿华	刘保璋	刘峰	刘德胜	华国良	吕厚民	吕相友	孙天元	孙庆友	孙候
安靖	成山	朱兆丰	朱赤	朱德文	江树积	江贵成	纪志成	许安宁	齐观山	何金浩	余坚
吴群	宋大可	张平	张宏	张国璋	张举	张炳新	张祖道	张崇岫	张鸿斌	张谦宜	张超
张颖川	张熙	张醒生	张麟	时盘棋	李丁	李九龄	李久胜	李书良	李夫培	李文秀	李长永
李风	李克忠	李国斌	李学增	李家震	李晞	李海林	李基禄	李清	李维堂	李雪三	李景星
李琛	李锋	李瑞峰	杜心	杜荣春	杜海振	杨绍仁	杨绍夫	杨玲	杨荣敏	杨振亚	杨振河
杨晓华	沙飞	肖迟	肖里	肖孟	肖瑛	苏卫东	苏中义	苏正平	苏河清	苏绍文	谷芬
邹健东	陆仁生	陆文骏	陆明	陈一凡	陈书帛	陈世劲	陈希文	陈志强	陈福北	周有贵	周洋
周鸿	周锋	周德奎	孟宪彪	孟昭瑞	季音	屈中奕	林杨	林塞	罗培	苗景阳	郑景康
金锋	姚继鸣	姚维鸣	姜立山	祝玲	胡宝玉	胡勋	赵化	赵良	赵奇	赵明志	赵彦璋
郝长庚	郝世保	郝建国	钟声	凌风	唐志江	唐洪	夏志彬	夏枫	夏苓	徐光	徐肖冰
徐英	徐振声	流萤	耿忠	袁汝逊	袁克忠	袁绍柯	袁苓	贾健	贾瑞祥	郭中和	郭良
郭明孝	钱嗣杰	陶天治	高凡	高礼双	高帆	高宏	高国权	高洪叶	高粮	崔文章	崔祥忱
常春	康矛召	曹兴华	曹宠	曹冠德	盛继润	章洁	野雨	隋其福	雪印	博明	景涛
程立	程铁	童小鹏	董青	董海	蒋先德	谢礼廊	雁兵	韩荣志	鲁岩	楚农田	照耀
路云	熊雪夫	蔡远	蔡尚雄	裴植	潘沼	黎民	黎明	冀连波	冀明	魏福顺	

(部分照片作者无记载：故未署名)

2.部分图片由gettyimages供稿